珞珈政治学评论

武汉大学政治与公共管理学院 主办
《珞珈政治学评论》编辑委员会 编

第三卷
VOL.3

WUHAN UNIVERSITY PRESS
武汉大学出版社

图书在版编目(CIP)数据

珞珈政治学评论.第3卷/《珞珈政治学评论》编辑委员会编;武汉大学政治与公共管理学院主办.—武汉:武汉大学出版社,2010.7
ISBN 978-7-307-07602-0

Ⅰ.珞…　Ⅱ.①珞…　②武…　Ⅲ.政治学—文集　Ⅳ.D0-53

中国版本图书馆 CIP 数据核字(2010)第 019334 号

责任编辑:胡国民　詹　蜜　　　责任校对:黄添生　　　版式设计:詹锦玲

出版发行:**武汉大学出版社**　　(430072　武昌　珞珈山)
　　　　　(电子邮件:cbs22@whu.edu.cn　网址:www.wdp.com.cn)
印刷:武汉中远印务有限公司
开本:720×1000　1/16　印张:22　字数:314 千字　插页:1
版次:2010 年 7 月第 1 版　　2010 年 7 月第 1 次印刷
ISBN 978-7-307-07602-0/D·979　　　定价:34.00 元

珞珈政治学评论

（第二卷）

目　录

政治起源与政治秩序

西方政治起源理论的
"自然"与"人为"之辩

◎刘俊祥

【摘　要】　从古希腊开始，政治自然主义与政治人本主义就在西方政治起源思想中相互交合，先后形成了自然生成论、人本自然生成论、自然人为生成论、人本人为生成论以及人本自发生成论等几种政治起源理论。一般来说，古希腊和中世纪，奉行古代的自然生成论、人本自然生成论和自然人为生成论。西方近代则产生了社会契约论者的人本约定论和马克思的劳动人本论等人本人为生成论。在西方现当代，又出现了新人本约定论、新人本自然生成论和人本自发生成论等政治起源理论。它们历史地反映了西方政治起源理论关于"自然"与"人为"争辩与交融。

【关键词】　西方　政治起源理论　政治自然主义　政治人本主义　争辩与交融

一、政治自然主义与政治人本主义
在西方政治起源思想中的交合

在西方政治法律思想中，自然法意味着一种普遍的理性法则或规则，它是从宇宙的自然（本性）或人的自然（本性）中引申出来的社会生活规则，这种规则指引着人们判断是非善恶，人类也正是在自然法（理性规则）的指引下，才认识到要通过订立契约或

3

通过其他人为方式进入政治国家（社会）从而获得一种社会秩序，以保护天赋权利和利益。因此，自然法学说是用来说明社会、政治（国家、政府）的起源和性质的重要理论方法。可以说，自然法的观念以及社会契约（或政治契约）理论在古希腊之后一直成为西方政治思想中一项重要内容，也是西方法治政治观的一个重要理论基础。

从广义上讲，自然法思想包括了契约论，但从哲学本体论来看，两者却是既有联系又有区别的两种思想观念。根据哲学本体论①，政治的起源包括前后相继的两个方面，即政治本原和政治生成。首先，对于政治的本原问题，西方自然法学家认为，政治始源于"自然理性"即某种自然法则，但由于对"自然理性"有不同的认识，从而形成了西方政治起源思想方面的政治自然主义与政治人本主义。政治自然主义认为，政治的本原（或始基、逻辑起点）是超然于人的宇宙的自然②或理性。而政治人本主义则认为，政治的本原是人的自然或理性。在政治本原上，虽然政治自然主义与政治人本主义之间一直存在着论争或对立，但是，由政治自然主义转向政治人本主义是西方政治思想发展的一个基本趋势。其次，对于政治的生成即政治如何从"自然"中生成的问题，在西方思想家中又有自然生成论与人工生成论（或人工造成论）两种观点的分歧与论争。亚里士多德在《形而上学》一书中指出，事物的发生

---

① 可以根据古希腊本体论哲学思想，将本体论划分为三个基本原理，即本原理论、生成理论以及本质理论。而政治的本质也可以从政治本原和政治生成两个方面来观察和认识。

② 在亚里士多德看来，"自然"一词有七种含义，即①起源或诞生；②事物所由生长的东西，即它们的种子；③自然物体中运动或变化的源泉；④构成事物的基质（primitive matter）；⑤自然事物的本质或形式；⑥一般的本质或形式；⑦自身具有运动源泉的事物的本质。但是，"事物的本质（essence）或本性"是"自然"一词的最基本含义。

或生成有三种情形：自然生成、人工造成和自发产生。① 所谓自然生成，主要是指本体的生成，即动植物之类的生成。人工造成是指由人为技术造成的东西，人造的事物不是自然生成的，而是由人的技术造出来的，所以叫做"制造"。而所谓自发产生，并不是在以上两种以外的第三种，而是指以上两种的变态或者说是例外情况。② 实际上，西方政治生成的思想也主要表现为这三种生成观点的区别和争论。从这个意义上讲，社会契约论或政治契约论和自然法思想是有关政治本原或政治生成问题的不同思想观念，自然法思想不能包括契约论。实际上，它们往往有矛盾以致对立。不过，西方政治思想家更多的是将自然法思想与契约论结合起来，分析社会、政治的起源。

自然法思想与契约理论是西方有关政治起源的重要理论基础，但不是唯一的理论基础。实际上，对于政治的本原与政治的生成，在西方存在着更为广泛的包括自然法思想与契约理论的"自然"观念和"人为"观念之间的争论与结合。正是在这个意义上，可以将西方有关政治起源的思想，划分为以下几种思维模式，即自然生成论、人本自然生成论、自然人为生成论、人本人为生成论以及人本自发生成论等。

二、西方古代的自然生成论、人本自然生成论和自然人为生成论

自然生成论是人类最原初的政治本体观念，它认为政治本源于人之外的宇宙自然，并且是自然而然地生成的，与人的本性和活动无关。探寻世界万物的本原是古代希腊思想的特点之一，古代希腊文化一开始，便注重揭示宇宙的自然或本原。因此，作为西方政治

---

① 参见汪子嵩：《亚里士多德关于本体的学说》，人民出版社 1983 年版，第 121 页。

② 参见汪子嵩：《亚里士多德关于本体的学说》，人民出版社 1983 年版，第 122 页。

发源地的古希腊，其早期的思想家便是自然主义者，是政治起源上的自然生成论者。在他们看来，政治现象包括在宇宙整体之中，城邦政治生活源于宇宙理性。比如，德谟克利特认为产生于大自然的人类，最初过着和野兽一样的生活。后来，出于对自然的恐惧和共同利益，人类才逐渐懂得了互相帮助和共同行动，并聚集为群体，建立了最早的社会组织。于是，城邦国家的形成也是自然发展的结果。

不过，以智者运动为开端，古希腊开始了从自然主义向人文主义的转化，他们从关注宇宙"自然"转向研究社会与政治的"自然"。从而，就形成了政治自然主义与政治人本主义即自然（Physis）与约定（Nomos）的分歧、论争以及它们之间的不同关联，并影响至今。对此，肯尼斯·米诺格说得很明白，"古希腊哲学就起源于探索这样一个难题：城邦一方面是自然的产物，另一方面又是人工的创造。"① 在这个思想进程中，苏格拉底开创了政治起源上的"人本自然生成论"。恩斯特·卡西尔指出，在希腊哲学中，划分苏格拉底和前苏格拉底思想的标志恰恰是在人的问题上。② 苏格拉底提出了要从人自身寻求城邦政治生活生成的终极原因，以人的自然（理性）来说明人类为什么要过城邦的政治生活。并且，在苏格拉底那里，对话、理论就是提示本原，就是对人先天即有的但处于遮蔽中的本原的唤起，因此，城邦政治就是相对于人的政治本性的自然生成。亚里士多德继承并发展了这种"人本自然生成论"，奥特弗利德·赫费指出，亚里士多德在《政治学》中，"叙述了一种政治人类学，其划时代的论断是人的政治本性"③。即

---

① ［美］肯尼斯·米诺格：《当代学术入门政治学》，辽宁教育出版社1998年版，第13页。

② ［德］恩斯特·卡西尔：《人论》，上海译文出版社1985年中文版，第6页。梯利说，苏格拉底"是人本主义的，因为它研究人"（见梯利：《西方哲学史》，商务印书馆1995年版，第9页）。

③ ［德］奥特弗利德·赫费：《政治的正义性——法和国家的批判哲学之基础》，上海译文出版社1998年版，第225页。

"人是天生的政治动物"这一命题集中反映了古希腊从自然主义转向人文主义,从人的本性分析社会政治生活的起源和性质的政治人学方法。在亚里士多德看来,人具有社会政治本性(理性即自然),"人自然要过城邦政治生活",城邦的本原是人的政治本性而非超人的宇宙理性。同时,亚里士多德又认为,城邦政治是自然演化的结果而非人们订立契约的产物。

而柏拉图在古希腊政治自然主义与政治人本主义的论争中则走上了另一条路,即"自然人为生成论"。波普尔认为,柏拉图是自然主义者,因为,"柏拉图的理念是事物的原型或起源,是事物之理,事物存在的理由——是事物得以存在的恒定而持久的原则。它是事物的品质、理想和完善。"①"形式或理念不仅给柏拉图提供了时间和空间中的各种发展的起源或始点(尤其是人类历史发展的起源或始点),而且给他提供了对同类事物之间的相似性的解释。"② 在此意义上可以说,柏拉图的城邦是"自然的",是城邦中内在的或原有的或天赐的东西,因此,城邦是人类基于宇宙理性(政治理念)不得不建立的,实质上,这是古希腊的政治起源的自然主义思想的延续。但另一方面,柏拉图在《理想国》和《法律篇》中提出,社会的起源是一种约定,一种社会契约,由此可见,在柏拉图那里,城邦是人根据城邦固有的本性(理念)通过约定而创造的,也就是按照城邦的"自然"而不是根据人的"自然"创造城邦。所以,波普尔认为,"柏拉图有意地把某些约定主义的思想甚至是契约理论的某些形式同他的自然主义结合在一起"③。之后,伊壁鸠鲁从政治生成的契约论方面发展了柏拉图的"自然约定论"。他认为,政治国家是由人们相互的契约而建立起来的。

---

① [英]卡尔·波普尔:《开放社会及其敌人》第1卷,中国社会科学出版社1999年版,第55页。

② [英]卡尔·波普尔:《开放社会及其敌人》第1卷,中国社会科学出版社1999年版,第59~60页。

③ [英]卡尔·波普尔:《开放社会及其敌人》第1卷,中国社会科学出版社1999年版,第152页。

于是，马克思和恩格斯认为："国家起源于人们相互间的契约，起源于 contrat social（社会契约），这一观点就是伊壁鸠鲁最先提出来的。"① 而斯多葛派则继承了赫拉克利特、柏拉图政治本原论上的自然主义，认为政治国家也是合乎自然的制度，政治本源于世界的"自然"即支配包括人在内的整个世界的逻各斯或称自然法。也就是说，政治本源于人顺应理性，遵守自然法，过道德的生活。而古罗马的卢克莱修则用唯物主义观点，第一次详细地描绘了原始的自然状态，并用契约论观点解释了政治国家的起源。②

古罗马的思想家则在新的条件下继承和发展了古希腊政治起源上的"自然人为生成论"和"人本自然生成论"。徐大同教授指出，"西塞罗吸取了斯多葛学派的自然法思想和伊壁鸠鲁的契约论观点，结合罗马的现实需要，对罗马法学政治观作了理论上的阐述。"③ 一方面，在西塞罗看来，政治是源于自然的人为约定，即国家与法律即政治始源于自然理性，同时，人的理性又能够认识和把握自然的法则。他又认为国家是人类约定的产物，政治国家是"人民的事业"，是来自人民的协定。但另一方面，西塞罗似乎又认为，政治国家是基于人天生的社会性并通过历史演变而起源的，因为他相信"人不是孤立的或非社会的存在④"，正是人的天生的社会性，使人民必然结成国家。这表明，西塞罗又继承了亚里士多德在政治起源思想上的"人本自然生成论"。

西塞罗这种试图协调政治起源上的自然主义与人本主义的努力，到了中世纪就变成了如何协调神与人的关系即政治神本主义与

---

① 《马克思恩格斯全集》第 3 卷，人民出版社 1965 年版，第 147 页。
② 详见马啸原：《西方政治思想史纲》，高等教育出版社 1997 年版，第 130~131 页。
③ 马啸原：《西方政治思想史纲》，高等教育出版社 1997 年版，第 108 页。
④ 徐大同：《西方政治思想史》，天津人民出版社 1985 年版，第 70 页。

政治人本主义的关系与协调问题。① 其主要代表人物是欧洲中世纪神学政治思想家托马斯·阿奎那。他认为，政治起源于"自然"，这种自然首先是指人的自然即人的本性。列奥·施特劳斯指出，阿奎那政治哲学的基石是亚里士多德的自然概念。与所有其他动物相比，人尤其是政治的和社会的动物。公民社会对人来说是自然的，但它不是由自然赋予的东西，而是为人的本性所倾向并且是为人的理性本性的完善所必需的东西。② 因为人是天生的社会和政治动物。因此，它首先是从人的"自然"中推出政治法律现象的产生。但另一方面，他又说：上帝是人和人性的创造者，社会和国家既然是由于人性的需要，上帝是一切政治权力的来源，国家只是上帝的一个仆人。那么，上帝才是政治权威的终极创造主。当然，由于阿奎那更多地强调自然、理性与人的自然禀性的一致性，因此可以说，经过中世纪基督教哲学家们的改造，自然法中的理性精神变得更切近人的自然本性。于是，人的本性与神的本性相反相存于阿奎那的政治哲学观念中。新托马斯主义的最大代表雅克·马利坦在此基础上提出了"以神为中心的人道主义"。他从阿奎那那里引申出所谓的人的"个体性和个性的分别"。他认为，历史上的古典人道主义否定了人类命运中最深刻的东西即人的超自然性，把人和上帝分开，这是一种"以人为中心的人道主义"。而他的"以神为中心的人道主义"强调了人的超自然本性并把它与上帝联系起来，因而，才真正恢复了人的尊严。他还说，"以人这一存在的本质为依据的发生作用的常态"是一种"本体论要素"③，也就是说，自然法根源于人的本性的必然要求，是有关人的行为的理想方式，是正

---

① 实际上，本体论上的神本主义是古希腊自然主义发展的结果。古希腊自然主义往往把"世界理性"归为"神性"，因此，人类的正义、法律和政治就最终本源于神意。之后，柏拉图、亚里士多德、斯多葛派、西塞罗也在不同程度上把自然法、自然理性归结为神的意志。

② ［美］列奥·施特劳斯等：《政治哲学史》，河北人民出版社1998年版，第275～276页。

③ ［法］马利坦：《人和国家》，商务印书馆1964年版，第83页。

当与不正当的分水岭。

三、西方近代的人本约定论

近代启蒙思想家在政治本体论上是真正的政治人本主义者，因为不论从本原论上还是从生成论上，他们都从人的理性和人的行动来观察分析政治的起源，是"人本约定论"① 者。其基本理念就是人们所熟知的近代自然法与契约论。首先，从政治的本原来看，他们抛弃了神本主义，倡导人本主义，主张从人自身、人的理性去考察社会、政治的本原。他们认为人是理性动物，理性是人的固有属性，是人区别于其他动物的本质属性。理性是审核一切的依据，自然法是人的规则本性或法律理性。自然法就是一种从人的自然本性中引申出来的普遍的理性法则，它引导着人们判断是非善恶，告诉人们该做什么，不该做什么。"他们认为，法现象不是植根于自然和神，而是植根于人本身，即置根于人的理性意识。按照他们的解释，自然法中所指的'自然'就是人类共同具有的合理的精神。因而，自然法是理性的法。人之所以能够认识的运用自然法，就因为人有理性。"② 因此，它也是我们决定和判断社会政治问题的最高价值准则。如格劳秀斯认为，自然法是一切法的依据，它是建立在人性基础上的。他说，人有理性、驯良和爱好交往等特点，便是自然法形成的基础，自然法实际上就是上述人性特点的反映，它是人类的一种永恒的绝对的行为准则。洛克也认为，理性和社会性是人的天性，自然法正是从这种人性原则中引申出来的"理性与公道的规则"③，对自然法

① "人本人为生成论"因其在政治生成上的不同观点又可以分为主张契约生成的"人本约定论"以及主张通过其他人为方式生成的"人本人为论"，如马克思的"劳动人本论"等，关于政治起源的"劳动人本论"，这里不作论述，可参见刘德厚：《广义政治论》（武汉大学出版社 2004 年版）和刘俊祥：《人本政治论》（中国社会科学出版社 2007 年版）。

② 吕世伦：《现代西方法学流派》上卷，中国大百科全书出版社 2000 年版，第 7 页。

③ ［英］洛克：《政府论》下卷，商务印书馆 1983 年版，第 7 页。

的理解与遵从是人作为上帝的创造物的本质所具有的属性。孟德斯鸠认为，"法律，要它支配着地球上所有人民的场合，就是人类的理性。每个国家的政治规则和民事法则应该只是把这种人类理性适用于不同的情况"。"自然法源于人的生命本质"，自然法"所以称为自然法，是因为它们是单纯源于我们生命的本质"，它们是人们要建立社会之前的自然状态中所接受的法律①，也是衡量社会政治法律制度的价值准则，具有至高无上的地位。从政治的生成来看，启蒙思想家们一般认为，人类在自然状态下基于自然法（即人的规则理性）而享有自然权利，但人类的理性认识必须建立政治社会或政治国家，才能更好地保障其自然权利，于是，人们便订立契约，制定法律，建立社会和国家及政府。于是，就产生了以法律规则为本位的法治政治。

四、西方现当代的新人本约定论、新人本自然生成论和人本自发生成论

在启蒙思想家之后的西方近代社会和现当代社会，政治思想家们在政治本体论上大都继承和发展了政治人本主义。不过，在政治生成方面又对近代启蒙思想家的"契约论"进行了反思或批判，在此基础上形成了"新人本约定论"、"新人本自然生成论"和"人本自发生成论。"新人本约定论"主要是针对启蒙思想家本体论上的"个人主义"即强调政治社会源于人的个体本性，提出并强调人的社会政治本性。他们继承了亚里士多德等人的社会本性的观点，认为，最初的人不是生活于社会之外的独立的个人。霍尔巴赫在反驳关于个人完全存在于虚构的自然状态的说法时，认为人天生就诞生于社会之中，不过，国家又是社会契约的产物。狄德罗也否认人在自然状态下是彼此孤立实体的论断。他指出，人就其本性来说是一个社会动物，愿意过社会生活，而且，原始的自然秩序与国家秩序之间并没有显著的区别，从自然秩序到国家秩序不是突然

---

① ［法］孟德斯鸠：《论法的精神》上册，商务印书馆1982年版，第4页。

发生的，它有一个长期演变的过程，而完成这个过程的方式是协议或契约。费希特也是一个"人本约定论"者，认为人具有天生的社会性，而国家就起源于人们共同的协议。康德也认为，政治国家本源于作为目的的人也作为本体的人即"社会的个人"。他将人的个体性与社会性结合起来，认为人具有"非社会的社会性"，因此，在人性模式的设定上属于"社会个人主义"。而对于政治的生成，康德认为只有从"原始契约"才能解释国家建立的基础和程序。由于契约的缔结，人们放弃自己外在的自由，从而获得了法律主宰的自由。各个人的意志联合成一个"公共意志"，国家也就产生了。即是通过社会契约，放弃以私人权利为基础的自然状态，进入以公共承认的法律为行为准则的文明社会，也就是进入了国家状态。①

西方的新自由主义者在政治本体论上继承了这种以人的社会个体性、理性为本原，通过人的约定行为创造政治国家的思想即"新人本契约论"。如现代新自由主义的奠基人格林认为，政治源于人的道德本性，人与其他动物的本质区别在于人有道德，人是一种道德的存在物。而任何个人的道德发展必须与整个社会其他成员的道德发展相一致，任何个人的自我满足与自我完善有赖于社会其他成员的发展与完善，孤立的个人不可能享受幸福的生活。他认为，正是这种道德要求，产生了家庭，部落和国家制度。因此，国家制度是道德要求的产物，政治机构与社会生活则是道德观念的具体体现形式。现代自由主义的重要代表人物罗尔斯，在批判传统契约论的基础上提出和论证了政治生成方面的"新契约论"。② 他把社会契约论传统看做是道德哲学的一部分，更新了康德的视角，创

---

① 当然，在康德看来，尽管契约是国家建立的基础，但这只是就国家产生的道理上讲的，事实上并不是真实存在的。

② 罗尔斯认为，传统的契约论有致命的缺陷，必须通过某些简化的手段，以高度的思辨的形式加以修改。他说，"我一直试图做的就是要进一步概括洛克、卢梭和康德所代表的传统的社会契约理论，使之上升到一种更高的抽象水平"。（参见罗尔斯：《正义论》，中国社会科学出版社 1988 年版，序言第 2 页）

造了一种全新的自由主义道德观。在他看来,人们所需要的道德秩序是以某种方式来源于人性本身,并与人们共同生活在社会中的各种要求相联系。其政治本体思想的基本思维逻辑是,人们基于自己的本性订立社会契约,选择社会政治生活的正义原则,于是,公平的政治法律制度就产生了。不过,罗尔斯的新契约论与传统的契约论相比,在自然状态的限定(即原初状态)、人们在该状态中所处的状况(无知之幕后的相互冷淡)、订立契约的目的(获得应用于制度和个人的正义原则)以及契约的内容(两个正义原则)等方面都有显著的不同,他以一种全新的理论改变了传统契约论的形式与内容。

总体而言,"新人本自然生成论"不是从超然于人的宇宙自然或神等,而是从人的利益、经验以及人的意志和行为中去寻求政治的本原和生成,因此,在本原论上,他们是政治人本主义。但这种理论与启蒙思想家的"人本约定论"又有所区别,首先,在"新人本自然生成论"那里,作为政治本原的不是"理性人",而是"经验人";其次,在政治生成上不是约定或契约生成,而是自然或自发生成观念。"新人本自然生成论"者抛弃了规范分析式的自然法与社会契约理论,运用非理性的、实证的、功利主义的理论与方法分析社会政治的产生和性质。从这个意义上讲,他们并不注重对政治作"应然"式的本体论分析,而是在对人的理性作出不同程度怀疑的基础上,倾向于从人的利益需要、人的意志分析政治国家的合法性基础。这种理论的主要代表有黑格尔、爱尔维修、边沁、休谟、狄骥的经验与实证主义以及保守主义思想等。黑格尔哲学体系的出发点是作为世界的本源的所谓"绝对观念"。"绝对观念"在客观精神阶段的发展表现为"意志","绝对观念"在客观精神阶段表现为"自由意志"的发展过程。于是,"自由意志"也就成为黑格尔政治学说的基础和出发点,并贯穿于其政治学说的始终。黑格尔的所谓"自由意志"实际上就是人的本质。政治国家是从"自由意志"中"生长"出来的,也就是从人的政治本性中生成,因此,黑格尔是政治人本主义者。而且,他这里的"人"

也是"社会的个人"①，他认为，"人生来就已是国家的公民，任何人不得任意脱离国家。生活于国家，乃为人的理性所规定，纵使国家尚未存在，建立国家的理性要求却已存在"。② 从政治生成的角度，黑格尔批判了启蒙思想家关于个人天赋自由的自由观。他认为，法律和政府并不是像社会契约论者所言，是由人们出于功利的目的凭空造出来的，而是自然而然地"生长"出来的，是道德和精神发展的必然结果。也就是说，法律和政府与人的自由是天然相关的。功利主义者爱尔维修认为18世纪启蒙思想家用自然法和契约论来说明国家起源的理论，"是一种虚构，一种猜测，一种纯粹的逻辑幻想"，他说，虚构的时代已经过去，必须要用现实的功利主义的眼光来重新考虑国家及其起源问题。在边沁看来，功利原则是国家产生的唯一根据，功利从来就是政治的唯一目的，也是政府存在与活动的根据，因此，人的功利本性而非人的理性是政治的本原。边沁还认为，国家是社会发展的必然产物，是由早期的人类社会发展而来的，因此，"无需对国家的起源做历史的追溯，国家的存在不过是一个事实问题。只要一部分人形成了对另一部分人或另一个人的服从习惯时，这些人便组成了政治社会即国家"③。休谟继承了这种功利主义的"人本自然生成论"。他也抨击理性主义人本论和"契约论"，坚持经验主义人本论，以"经验的人"作为政治的本原。在政治的生成方面，休谟正是以习惯和经验来解释各种

---

① 黑格尔对个人主义进行了批判，认为"个人主义既伪造了个人的本质，也伪造了社会的本质。说它伪造了个人的本质是因为个人的性灵和理性乃是社会生活所创造。""个人主义还伪造了社会各种制度的本质，因为它只把社会制度看作是非本质的东西，同人格的道德与精神发展无关，把社会制度只看成是功利的辅助，是被凭空造出来以满足人们不合理的愿望的。从历史观点看这是错误的，因为语言、政府、法律和宗教不是被人发明而是'生长'起来的。从伦理的观点看也是错误的，因为这种思想把自由同制约人的倾向的习惯、法律和政府分割开来。"参见［美］乔治·霍兰·萨拜因：《政治学说史》（下），商务印书馆1986年版，第723、724页。

② ［德］黑格尔：《法哲学原理》，商务印书馆1982年版，第83页。

③ 张桂林：《西方政治哲学——从古希腊到当代》，中国政法大学出版社1999年版，第225页。

政治与法律制度的产生。他认为，社会和政府的产生对于人类来说是必然的、自然的、是基于习惯的。"出生于家庭之中的人出于需要维持社会的存在，这是一种自然的倾向，同时也是出于习惯。同样的生物随着进一步的发展，为了维持规则而开始建立政治社会。"① 因此，在他看来，政治和法律制度并非起源于人的理性设计，它们不过是在长期的实践中人们为求方便而在无意中创造的各种规则的堆积。而在狄骥看来，政治国家是社会"自然分化"的产物，当社会集团产生"政治化"，那些强制服从他们意志的就是统治者；那些被迫服从一种强制权力的人，就是被统治者。统治者之所以能使被统治者服从，是因为他们是强者。这种分化就标志着国家的产生。因此，国家是在原有的、由连带关系形成的社会集团的基础上和范围内，经过"自然分化"产生出来的。狄骥认为，"在人类的一切大小社会中，我们如看到一个人或一部分人具有强加于他人的一种强制权力，我们就应当说已有一种政治权力，一个国家存在了"②。

在政治本体论上，保守主义者（不论传统保守主义者还是新保守主义者）走上了第三条道路即"人本自发生成论"。他们思想的独特性首先在于，对作为政治本原的人的"人性模式"设定，既不是启蒙学者式的"理性主义"，也非休谟式的经验主义，而是有限理性主义。其次，对于政治生成，他们既不同意自然生成论也反对约定生成论，而是主张政治的"自发"生成。保守主义的奠基人英国政治家埃德蒙·伯克基于"保守的理性主义"，认为人的理性，尤其是个人的理性其认识能力是非常有限的，以此为出发点，对那些被他认为只会空谈抽象的自由与权利的理论家，尤其是认为人有权利根据自己的意志选择政府的社会契约论者极为不满。这就决定了他不可能认为人们的权利来自在历史上某个时刻订立的一项社会契约。他认为政治源于自然（历史、文化习惯）而非理

① David Hume. Of the Origin of Government in David Hume. *Political Essays.* Edited by Knud Haakonssen, Cambridge University Press, 1994, p. 20.

② ［法］狄骥：《宪法论》（第 1 卷），商务印书馆 1959 年版，第 469 页。

性的契约。即是说，他强调政治不是源于人的理性而是社会的历史过程，是一种习惯的产物，而人们获得一种社会性的习惯需要在漫长的历史过程中点点滴滴的积累。因此，他强调政治和法律制度不是契约而是历史的产物，社会和政治体制是整个自然秩序的一个有机组成部分。在现代西方，政治本体论上"人本自发生成论"的典型代表是哈耶克。首先，哈耶克是基于人性"无知"的"渐进理性主义"者，他在《法、立法与自由》一书中强调，威胁人类自由的几乎永不枯竭的思想源泉在于人类理性的自负，声称自己和波普同属于"渐进的理性主义"。其政治哲学的基础是"无知论"的人性说，与休谟一样，他对人的理性也持怀疑的态度。但在《自由秩序原理》一书中，他说，"我们在本书中所持的反唯理主义的立场（antirationalistic position），绝不能与非理性主义（irrationalism）或任何对神秘主义的诉求相混淆。我们所主张的，并不是要废弃理性，而是要对理性得到确当控制的领域进行理性的考察。"① 其次，哈耶克提出了自然（本能）与人为之间"自生自发秩序"（或自发秩序）。他区分了"自发秩序"和"人造秩序"两种类型，认为人为秩序（或组织）是人为设计形成的，是一种有助于实施某个先定的具体目标的集体工具。因此，他否定了各种主张依据人的理性人为设计和集中控制社会秩序与社会生活的政治理论。而自发秩序则是每个人在追求各自目的的过程中自动形成的，即由"诸多并未明确意识到其所作所为会有如此结果的人的各自行动"② 自发形成的。因此，"自发秩序"不同于"人造秩序"，其突出的特点是社会、政治规则和秩序进化的自发性质。而且，这种"自发秩序"又不同于"自然秩序"，哈耶克认为，秩序的进化最主要的是规则（或行为准则）的进化，这种规则的特点，一是它不是出自本能，而是来源与本能和理性之间的传统、学习和模

---

① ［英］哈耶克：《自由秩序原理》（上册），三联书店 1997 年版，第 81 页。

② ［英］哈耶克：《自由秩序原理》（上册），三联书店 1997 年版，第 67 页。

仿。因此，哈耶克虽然强调规则和秩序进化（文化进化）的自发性，但并不认为文化进化和生物进化是一回事。相反，他非常反对社会达尔文主义，认为这种理论与那种认为人可以有意识地创造或设计规则与秩序的观点是一样荒谬绝伦的。总之，在哈耶克那里，政治秩序的生成既不是自然的、生物的进化，也不是有意识的理性设计创造，而是介于两者之间的"自发"生成。

（刘俊祥　武汉大学政治与公共管理学院教授，博士生导师）

西周天命观及其政治意义分析

◎付小刚

【摘　要】　周初统治者在继承和改造殷人观念的基础上，构建了系统的天命观，阐述天命作为周代殷商的依据，突出了王受命的过程，天赋予统治者权命的目的是为了保民。西周天命观在政治上具有重要的意义，为周朝的统治提供了合法性论证，界定了政权更迭的规则，也塑造了周朝统治者的道德意识。西周天命观在逻辑上存在着矛盾和缺陷，后世儒家通过重新确定天与人的关系，建构内圣外王的理想政治模式，使以天命观为核心的意识形态进一步精致化，为君主制提供了长久的合法性基础。

【关键词】　天命观　合法性　儒家

“天命”作为中国文化的核心命题之一，已有许多学者对其进行过探讨，不过大多数研究都是从哲学和文化的角度展开。从天命观在西周发展成为一个系统的思想体系的过程来看，它首先应该是一个政治命题。尽管西周天命观是由殷人对天的观念演变而来，带有一定程度的神秘色彩，但是，经过西周统治者的改造和阐释，天命观融入了对于政治现象和历史规律的思考，并利用它为周王朝的统治提供了合法性的支撑。西周天命观经过儒家的进一步精致化，成为了国家意识形态的核心部分，在民间天命论也有广泛的信仰基础。直至晚清，由于受到西方思想和理论的冲击，天命观才丧失其在政治上的地位。由于西周的天命观直接奠定了君主统治的理论基础，因此，对天命观及其政治意义的分析是非常必要的。本文试图从西周天命观的起源、内容和它的政治功能作一概括性的描述，并进一步分析西周天命观的内在矛盾和缺陷，以及后世儒家对它的进一步发展。

一、西周天命观的基本内容

在殷商时期，人们就存在对上天的崇拜。《礼记》记载："殷人尊神，率民以事神。"殷人最初称至上神为"帝"，"天"字逐渐由"帝"字演变而来。"帝"和"天"名虽异而义实同。《说文》解释其字义，说："天者，巅也，至高无上也，从一从大。"殷人在对待天与人间政治权力的关系上，已经有初步的君权天授的观念。如关于商的起源，《诗经·商颂》有"天命玄鸟，降而生商"的说法。在《商颂》中还记载了商对夏的征伐，"有夏多罪，天命殛之"、"夏氏有罪，予畏上帝，不敢不正"。商王以上承天命自任，把对社会的统治和行政措施说成是秉承上帝的意志。盘庚迁殷，文献也称"先天有服，恪谨天命"，"天其永我命于兹新邑"（《尚书·盘庚》）。到商朝最后一个王纣的时候，他面对即将败亡的局面，仍不甘心，称："呜呼！我生不有命在天！"（《尚书·西伯戡黎》）

在殷周递嬗过程中，周人对天命观念进行了改造，如武王在出征誓师时就斥责纣王自恃天命而不思悔悟，曰："吾有民有命。罔惩其侮。"（《尚书·泰誓》）将民与命并列，反映出周人已经认为仅仅有命是不够的。

西周以一边远小国取代殷商，建立之后统治并不稳固，一直存在着合法性危机。殷商遗民甚至西周国民都存在着对统治者的不信任。武王克商之后，在镐京夜不能寐。弟周公来访，问为什么睡不着。武王说："我未定天保，何暇寐！"（《史记·周本纪》）殷商占据中原，力量强大，文明程度发达，在周人眼里，是"天邑商"。"小邦周"取代"大邦商"，其正统性如何被众人认可，成为迫在眉睫的问题。而且，既然周能灭商，意味着周也可能为后来者所灭，周怎样才能避免这种厄运呢？武王在建商两年之后就去世，成王即位，因年龄尚幼，由周公摄政。周公在殷人"天"和"帝"观念的基础上，较为系统地阐述了天命观，为周朝的正统地位找到了合理的解释。这些思想主要保留在《尚书》和《诗经》两部经典著作中，使传统的天命观念增加了更多的理性内涵。天仍然是世间的主宰，但是同时具有了惩恶扬善的人格，从自然之天变成了伦理之天。具体来看，西周天命观的内容主要包括以下几个方面：

1. 天命是周取代商的依据

周公在针对不同的对象发布的文告与演说中，都强调天命对殷亡周兴所起的作用。在《尚书·君奭》篇中他告诉召公："天降丧于殷，殷既坠厥命，我有周既受。"殷商的灭亡是天降下灾难的结果，殷商丧失天命之后，周朝受命。他在《多士》篇中对殷朝的遗民说："尔殷遗多士！弗吊，昊天大降丧于殷。"在《立政》篇对成王同样是说："其在受德暋……帝钦罚之，乃伻我有夏，式商受命，奄甸万姓。"而在召公发表的《召诰》中，他对成王说："皇天上帝，改厥元子……有王虽小，元子哉！"天会改变元子的归属，殷纣王失去元子地位，而周成王年纪虽小，却有元子身份。成王在其发表的《大诰》中继承了相同的观点："天休于宁王，兴我小邦周。"因此，从上述记载来看，周朝初期的统治者普遍认为，殷商灭亡是上天决定的，周替代殷商，不过是"恭行天之罚"（《尚书·甘誓》），周的兴旺也是天的意志，民众特别是殷商遗民应该服从天的命令，接受周的统治。

2. 王受命

相对于殷人关于天命的观念，西周天命观还突出了受命的过程。上天更改了国（朝代）的命运，具体承接天命的则是王。如"商罪贯盈，天命诛之。予弗顺天，厥罪惟钧。予小子夙夜祗惧，受命文考，类于上帝，宜于冢土，以尔有众，底天之罚"（《尚书·泰誓》上）。而《康诰》宣称："天乃大命文王，殪戎殷，诞受厥命。"通过突出受命给具体个人的过程，一是使"王"变成了特殊的个人，他是天命的承受者，从而具有了崇高的地位。二是建立了天命和人之间对应的关系。人尽管处于被动的地位，但王的统治是天命的表现，可以和天进行交流。三是明确了受命是一个不断的过

程，每一个君主都要受命，这也意味着一个朝代统治的确立，不是一劳永逸的，有可能在某位君主主政时发生天命转移。

3. 天命的实质为权命

王承受天命，天是至高无上的，因此王同时也获得了人间的统治权，臣民必须服从天的代言者——王。《多士》即谓"予大降尔四国民命"，天降新命，人君受命，也就是天降新王给臣民，所以臣民也应服从新天命而接受新王、领受新王命。因此臣民不可再"惟威惟虐，大放王命"（《康诰》）。

4. 天赋君主予权命的目的是为了保民

西周天命观和殷商天命观的不同之处在于，周朝统治者建构了一个天民同一体。天是万物的创造者和主宰者，"惟天地万物父母，惟人万物之灵，亶聪明，作元后，元后作民父母"，而且天眷顾民，"惟天惠民"，天和民在某种程度又是一体的，"民之所欲，天必从之"，"天视自我民视，天听自我民听"（《尚书·泰誓》）。人民和天也可以做感情上的交流，民哀则自然吁天，而昊天亦哀四方民疾，并且一心为民求新民主以安保民，此即《召诰》有谓："夫知保抱携持厥妇子，以哀吁天……呜呼！天亦哀于四方民。"

所以，在西周的天命观中，天赋予给君主权命的目的是为了保民。"天佑下民，作之君，作之师"（《尚书·泰誓上》），而且天在选择受命的对象的时候，有特定的标准，这就是德，"皇天无亲，惟德是辅。民心无常，惟惠之怀"（《尚书·蔡仲之命》），有德的标准就是能够"敬天保民"，这就形成了一种天命有德、以德配天的意识，以德取位是对有德的奖赏。因此，天由原来不通情理的一家之神，变为赏善罚恶的正义的化身，有了道德伦理属性，天命的降临是以统治者的道德条件为依据的。

二、西周天命观的政治意义

周朝统治者建构起天命观的意识形态体系，在政治上具有重要的意义，也对后世产生了长久的影响。

1. 为周的统治提供合法性论证

天命观解释了君主权力的来源。通过对"天降丧于殷"以及有周受命的过程的描述，确立了王朝更替来自于天的命令，同时也确立王权是由于受天命而获得的。民众基于对天的信仰，也须服从王的统治。这就将王权和天的权威联系起来，明确君权天授，并且通过各种庄严的仪式予以强化。在古代社会，民众还处于合法性建构格局中的被动地位，即合法性不是主要构建在民众主动表达同意的基础上，而是以民众的默认或者接受为基石。

天命观界定了君主与臣民的地位和关系，对政治秩序做了基本的安排。在周初的文献中，天是神圣的、无所不能且广袤无边的，因此也被称为"皇天"、"昊天"等。他是万民顶礼膜拜的对象，也是最高的主宰，一切权力的来源。天命作为天的命令，也因此被称为"大命"、"元命"、"成命"等，如《尚书·君奭》所载："君奭！在昔上帝，割申劝宁王之德，其集大命于厥躬。"而受命之人，即王也拥有了人间最尊贵的身份，他是天之子，亦谓"天之元子"，《召诰》中召公说皇天上帝革除殷命即谓："改厥元子兹大国殷之命。"勉励成王则说："有王虽小，元子哉。"王作为天子是唯一的，因此可以用"一人"代表天子。在商周时期，君主常自称"予一人"，《康诰》谓"则予一人以怿"，《多士》谓"非我一人奉德不康宁，时惟天命"，又谓，"予一人惟听用德"。从天、天命以及天子的这些尊称别号来看，王作为天子获得了不同一般人的崇高地位。

西周天命观一方面将君主视为天之元子，另一方面也通过建构天民同一体，规定了君主的目的是敬天保民，天通过体察民意，决定天命的归属。通过民情—君德—天命的结构形成了对君主统治一定程度的制约，民以集体的身份，获得了一定的政治地位，西周天命观也因此奠定了中国传统政治文化中民本主义的基础。

2. 界定政权更迭的规则：革命

周公为了论证周革殷命的合法性，还将天命观扩展到夏商周三代。天命不仅是王统治民众的依据，更是朝代更换的历史规律。他对周革殷命最详细的论证发表在对殷遗民的训话《多士》中："尔殷遗多士！弗吊，昊天大降丧于殷；我有周佑命，将天明威，致王罚，敕殷命终于帝。肆尔多士，非我小国敢弋殷命，惟天不畀允罔固乱，弼我；我其敢求位？惟帝不畀，惟我下民秉为，惟天明畏。"在这篇对殷商遗民的训话中，周公指出：上天降大丧于殷，不是我们小邦周敢于妄自取代殷命，实在是上帝之命，不敢违抗。而且他还对殷革夏命作了解释："上帝引逸，有夏不适逸；则惟帝降格，向于时夏。弗克庸帝，大淫泆有辞。惟时天罔念闻，厥惟废元命，降致罚；乃命尔先祖成汤革夏，俊民甸四方。"当年有夏淫逸，废弃天命，上天便命殷人的先祖成汤革夏。这件事殷人有书面记载："惟尔知，惟殷先人有册有典，殷革夏命。"在《多方》中有同样的记载："惟帝降格于夏，有夏诞厥逸，不肯戚言于民……天惟时求民主，乃大降显休命于成汤，刑殄有夏。"

周公用"殷革夏命"的历史来说明殷周递嬗的合理性，二者都是天之所命，这种历史主义的论证，不仅证明了周革殷命的合法性，也为"革命"本身的规则树立了合法性，"汤武革命，顺乎天，应乎人"，具有了政治上的典范效应。

基于天命观基础上的革命说，分离了君主个人与君主制的合法性，使得政权的更替停留在改朝换代的层次上，并不触动君权天授的政治范式。革命首先是更改政权掌握者的过程，需要使用暴力，重新确立国号，改正朔，易服色，甚至对前朝统治者进行肉体上的消灭。天命的转移在实践上判断的标志就是政权的易手，因此革命的规则实质是成王败寇。另一方面，革命尽管是改朝换代的过程，但也是重新受命的过程，它不过是君权天授这一政治范式在实践中再一次的复制。因此天命观使得古代中国在政体方面保持长久的稳定性，君主制的合法性极少受到怀疑。新君上台即使要变更政治符号，诸如改正朔，易服色，但也特别强调正统的观念，以标榜天命的转移和承接，保持文教传统的一贯性。

3. 塑造了周朝统治者的道德意识

根据天命转移和王朝更替的规律，周朝受天命代殷而立，"皇天改大殷之命，维文王受之，维武王大克之"，但是天命不常，如果后继者无德，也会失去天命。因此，周初王朝怀有强烈的殷鉴不远的忧患意识："我不可不监于有夏，亦不可不监于有殷。我不敢知曰：有夏服天命，惟有历年；我不敢知曰：其不延……我不敢知

曰：有殷受天命，惟有历年；我不敢知曰：其不延。"(《召诰》)

而《酒诰》则是周公为提醒周人毋蹈殷之覆辙而作，他总结了殷商灭亡的深刻教训，乃是荒腆于酒、淫逸无度而大伤民心，以致丧失天命："在今后嗣王酣身，厥命罔显于民，祗保越怨不易。诞惟厥纵淫泆于非彝，用燕、丧威仪，民罔不盡伤心。惟荒腆于酒，不惟自息，乃逸。厥心疾很，不克畏死；辜在商邑，越殷国灭无罹。弗惟德馨香、祀登闻于天，诞惟民怨。庶群自酒，腥闻在上；故天降丧于殷，罔爱于殷：惟逸。"

因此，周公认识天命的保守需要人君不断进行修德，《君奭》篇中周公对召公说："今汝永念，则有固命，厥乱明我新造邦。"他甚至说："天不可信，我道惟宁王（文王）德延，天不庸释于文王受命。"(《君奭》)天不可信，意味着天是靠不住的，只有发扬文王的美德，上天才不会舍弃文王所接受的使命。文王作为周兴之初的受命之人，通过勤奋的修身达到了道德的至高境界，因此而大得天命延及子孙。"维天之命，于穆不已。于乎不显！文王之德之纯。假以溢我，我其收之。骏惠我文王，曾孙笃之。"《诗经·周颂》)子思对"于乎不显，文王之德之纯"进行解释说，"盖曰文王之所以为文也，纯亦不已"。文王之所以为文王，是因为他的道德境界已经到了精纯地步，修德成了其生命的本质要求。

作为西周统治者建构的意识形态，天命观在实践上的论证，主要是通过祭祀来进行的。为了维护天命的神圣与庄严，西周建立了一整套等级森严的祭祀制度，由周天子垄断对天神的祭祀，并且以此为核心，确立了覆盖政治和社会生活方方面面的典章制度和礼仪规定，实现了对政治秩序的安排。

三、西周天命观的逻辑缺陷及后世儒家对天命观的改进路径

西周的天命论在确立周初统治的合法性地位方面无疑起了非常重要的作用，但是到了西周末年，却出现了普遍的怀疑天、怨恨天甚至否定天的思想，从《诗经》里也可以看到很多类似的诗句，如《大雅》中有"天降丧乱，饥馑存臻，靡神不举，靡爱斯牲，圭璧既卒，宁莫我呼"，意思即神灵不听人的请求，仍降下灾祸；

还有如《节南山》中的"昊天不惠，降此大戾"等，这些都是天命观面临着严重的危机与挑战的表现。《诗经》中对天命论的反动，有其现实的社会背景，如自然灾害的发生以及当时统治者实施的暴政，但也揭示出天命观存在内在的逻辑矛盾：

（1）天命如何承接转移？天命无法进行有效的证实和证伪，主要依靠君主自身的体悟与宣示，这就导致了天命观在逻辑上的脆弱。按照这种天命观的验证方式，人人都能宣布自己承受天命，为真命天子。只要有足够实力，推翻原有王朝，就自然取得了"合法"的统治地位，获得了天命，实际上构成了天命与王权的循环论证。

（2）天命的存有依赖于现实统治的维持。在周代，天命作为一种超越的存在，是现实礼仪构架的一部分，它的权威性须通过社会的各种制度安排才实现的，一旦礼崩乐坏不能维持下去，也会损害天命的权威。

（3）西周天命观强调了君主必须修德，修德才能保住天命。但是人为什么会修德向善，天命观并没有提供内在的依据。因此对于天命观西周主要解决谁应有王位的问题，有德者有位，但是并没有解决德的来源问题。

（4）按照天命论的逻辑，天依照君主德行来转移统治权利，惩恶扬善，那么受到惩罚的主体就应该是失去天命的君主，民众不应该承担天降丧乱。但是事实上，民众一方面要忍受自然灾害，另一方面还要承受政治昏乱；大量的灾难都由人民来承受，而这时统治者也不一定能及时被更换。

西周天命观解释了最高统治权来自于天命，受命者只是王一人而已。因此天命直接涉及的对象是王，和一般的个体人生并无直接关联。到了西周末年，上层荒淫无道，上行下效，子杀父、臣杀君，君臣"以市道交"，士大夫朝秦暮楚，因此，《诗经》中出现了怨天骂天的思想，政治的黑暗也促使人们重新审视天与个人的关系，并对个体命运进行关注和思考。

进入春秋战国以后，儒家对天人关系进行了重新解释，将天命和人性联系起来，认为天是人的道德的源泉，它提供了人修德的内在的依据，回答了德从哪里来等问题，进而建构起内圣外王的理想政治模式。

孔子继承了周对天命敬畏的态度："周监于二代，郁郁乎文哉，吾从周。"（《论语·八佾》)，他提出："君子有三畏：畏天命，畏大人，畏圣人之言。"（《论语·季氏》)他还提出，人的道德是由天赋予的，成为个人生命的支撑："天生德于予，桓魋其如予何？"（《论语·述而》)当天赋予人的道德秉性时，德的要求就变成了人自身内在的要求，所谓"为仁由己"；在此基础上，孔子强调要理解天命。

《中庸》提出了"天命谓之性，率性谓之道，修道谓之教"的命题。天命下贯，落为人性，按照人的本性去做叫做道，修道则要依靠教化。《中庸》起首的三句实际上是通过"天命"、"性"、"道"、"教"逐渐展开，将天命化为人的内在依据，进而将人的生命活动的意义与天连接起来，人能够成为参赞天地之化育的主体。"唯天下至诚，为能尽其性，能尽其性，则能尽人之性，能尽人之性，则能尽物之性，能尽物之性，则可以赞天地之化育，可以赞天地之化育，则可以与天地参矣！"（《中庸》)

到孟子那里，则明确了人性为善的判断。人的性善和仁、义、理、智等都来自于天赋，"仁义忠信，乐善不倦，此天爵也"（《孟子·告子上》)。仁、义、礼、智四德"非由外铄，我固有之矣"（《孟子·告子上》)。人应该发挥自己的善端，这样才能理解天，"尽其心者，知其性，知其性者，则知天"（《孟子·尽心章句上》)。因此，性善就是人所秉承的天命，也是人之为人的本体依据。

天命转化为人人拥有的道德禀赋，表明了成德并非某一群出身高贵的人所独享的专利，"舜，人也；我，亦人也"。所以"圣人与我同类者"（《离娄》下）。人人身上都有善端，意味着人人都有平等的向善的潜质，有成为大人和圣人的机会，"凡有四端于我者，皆知扩而充之矣。若火之始燃，泉之始达。苟能充之，足以保四海；苟不充之，不足以事父母"（《公孙丑》上）。成圣并不是一件容易的事情，需要不断的道德实践和道德修养，要与"放心"作斗争，做到"尽心"、"存心"，具体说就是"以仁存心，以礼存心"

（《离娄》下）。对于君主而言，也应"以不忍人之心，行不忍人之政"（《公孙丑》上）。人的最大成就在于保持自己的道德本心，在此基础上经修养而成贤成圣。

儒家构建的内在超越的理想政治模式，是对西周天命观意识形态的改进，这种改进的政治意义在于：第一，使天命从君主落实到个人，从而为每个人提供了安身立命的依据。天命的意义从指向特定对象的权命，变成了指向普遍对象的人性，从而使得个体能够在政治秩序中找到人生的意义，从而有利于统治者。

第二，解决了德从何处来的问题，人并不是因为要获得天下而修德，而是天本身就赋予人的德性，避免了西周天命观功利主义的论证模式，使得意识形态的建构进一步精巧化，强调德是不依赖于外物的本源性。孟子更加强化了人的主体性和道德伦理的自觉性，并以此为基点，发挥人的本质规定，弘扬由此产生的使命，即独立于世俗权力的道。

第三，儒家这种内在超越的论证途径，使得君主的行为方式要符合儒家关于德的标准体系，从而使政治的评价权力转移到儒家知识分子集团，在某种程度上削弱了君主的自我论证。与西周官师政教合一的体制不一样，君主制和儒家文化始终存在某种紧张关系，从而建立起道统和势统之间一定程度的制约关系，有利于君主制的维续。

（付小刚　武汉大学政治与公共管理学院副教授）

法家的政治冲突观念考察

◎尚重生

【摘　要】　政治冲突（Political Conflict）是人类政治活动中极为常见的重要现象。它是指政治主体之间，为了争取获得、维护强化、扩大增加他们自己的诸种物质和精神利益，围绕国家公共权力或以公共权力为核心所发生的分歧、矛盾、对立、对抗、摩擦和斗争等敌意或敌对的行为或状态。政治冲突观念，也可称作政治冲突观，是指人们关于政治冲突现象看法和观点的总和。历史上，每一个民族在其特定的社会背景下，都形成了它们带有各自民族特点的处理、解决政治冲突的经验、知识、智慧和模式。虽然，解决政治冲突不同模式的形成，有着非常复杂而又深刻的原因，但较为直接的原因是，人们对待政治冲突的看法、观点不同，因而处理政治冲突的智慧也不同。传统中国主要思想流派中，如果说儒家偏重于通过内心道德调适、去私为公来消除冲突，那么，法家就更重视以暴力强制、严刑峻法来制止和控制冲突。法家对政治统治的目的和效能极为重视，认为统治君王只要懂得人性逐利的秘密，并且善于使用法、势、术、刑、罚、利、公、私、耕、战等手段，一切政治冲突、社会冲突都可以搞定，天下太平不是什么难事。法家的代表人物主要有慎到、申不害、商鞅和韩非，慎到和韩非强调"势"对于秩序形成的重要性，有实力才能有势力；商鞅认为依法治国与依法强国是解决政治冲突构建政治秩序的根本手段；申不害则认为只有以"势"和"法"为基础，以"驭君术"为核心处理君臣关系，才能化解矛盾、消解冲突，真正形成理想的统治秩序。

【关键词】 慎到　申不害　商鞅　韩非子　定分　弱民

与儒家不同，法家承认现实利益冲突的存在，且明确区分政治问题与道德问题的界限。法家直面社会矛盾和利益冲突，是先秦诸子中对法律最为重视的一派，主张以法治理国家。法家代表人物有管仲、子产、李悝、申不害、商鞅、慎到、韩非、李斯等。基于人们的共识，本文在此主要探讨以申不害、商鞅、慎到、韩非为主要代表人物的法家政治冲突观念，《慎子》、《商君书》、《韩非子》是有关法家的主要参考文本。

法家的人性好礼论、以法治理国家、进步史观、驭臣统治术，是其政治冲突观念的基本立场。它不但告诉人们政治冲突的起源和本质，而且暗含了基于某种理想秩序的对于冲突问题的治理路径。

法家认为人都有好利恶害的本性，统治者应该学会利用人性的特点建构统治秩序。管子曾说过，商人日夜兼程，赶千里路也不觉得远，是因为利益在前边吸引他。打鱼的人不怕危险，逆流而航行，百里之远也不在意，也是追求打鱼的利益。正因为如此，商鞅才得出了"人生有好恶，故民可治也"的结论。

由于重视法律的定分止争、兴功惧暴作用，法家反对儒家的礼制。他们认为当时的新兴地主阶级反对贵族垄断经济和政治利益的世袭特权，要求土地私有和按功劳与才干授予官职，这是很公平的正确主张。而维护贵族特权的礼制，则是落后且不公平的。慎到曾比喻说："一兔走，百人追之。积兔于市，过而不顾。非不欲兔，分定不可争也。"意思是说，一个兔子跑，很多人去追，但对于集市上的那么多的兔子，却看也不看。这不是人们不想要兔子，而是集市上兔子的所有权已经确定，不能再争夺了，否则就是违背法律，要受到制裁。与此同时，为了富国强兵，取得战争的胜利，法家鼓励人们立战功，就能够使那些不法之徒感到恐惧。

法家的历史观反对保守的复古思想，主张锐意改革。他们认为历史是向前发展的，一切的法律和制度都要随历史的发展而发展，既不能复古倒退，也不能因循守旧。商鞅明确地提出了"不法古，不循今"的主张。韩非则更进一步发展了商鞅的主张，提出"时移而治不易者乱"，他把守旧的儒家讽刺为守株待兔的愚蠢之人。

为了察觉、防止和有效打击犯上作乱，维护君主的统治地位和统治秩序，商鞅、慎到、申不害分别提倡重法、重势、重术。法是指健全法制，势指的是君主的权势，要独掌军政大权，术指的是驾驭群臣、掌握政权、推行法令的策略和手段。作为法家思想的集大成者，韩非提出了将法、术、势三者紧密结合起来的主张。

总之，法家政治冲突观念的基本立场是直面人性之缺陷以及利益冲突的残酷现实，拒斥道德与礼治的理想主义，把政治问题从被儒家混同于道德问题因而遭到消解的伦理世界中拿了回来，并且积极寻找其有效的解决途径。

一、慎到："两则争，杂则相伤"

在法家的各种学说中，慎到认为权力并不是什么圣贤鸿儒高尚的道德说教，权力就是咄咄逼人的势力、势能，在政治生活中，谁支配谁，谁服从谁，并不是以什么才能、是非和道德为标准，而是以权势的大小为圭臬，"贤而屈于不肖者，权轻也；不肖而服于贤者，位尊也。尧为匹夫，不能使其邻家；至南面而王，则令行禁止。由此观之，贤不足以服不肖，而势位足以屈贤矣"①。

慎到指出，对于君王来说，在纷纭复杂的政治生活中，只要处理好君与臣、"民能"和"君用"两种关系，就能强化政治体系的权威，确保君主统治的权势，从而形成稳定的政治秩序。君臣关系的关键是权力不能有"两"，即权力不能分立，更不能多元，只能集中于"一"，因为"两则争，杂则相伤"②，"多贤不可以多君，无贤不可以无君"③。认为"独头政治"是避免政治冲突的必要条件。"民能"和"君用"是指天下百姓芸芸众生，各有所长，各有所能，统治君王不要求全责备，为我所用其长就可以了。要加强君

① 《慎子·威德》。
② 《慎子·德立》。
③ 《慎子·佚文》。

王的权势，不能搞人治，只能搞法制。只有法制才能厘定和分清君臣、君民、公私等关系，君主有"法"在手，统治就可以游刃有余。"为人君者，不多听，据法倚数以观得失。无法之言，不听于耳；无法只劳，不图于功；无劳之亲，不任于官；官不私亲，法不遗爱。上下无事。唯法所在。"①

慎到尚法，反对人治，因为人治会带来许多麻烦和冲突。一方面，人治没有什么确定的标准，一切以君王的想法和喜好为转移。"君人者，舍法而以身治，则诛赏予夺，从君心出矣。""君舍法而以心裁轻重，则同功殊赏，同罪殊罚矣。""怨之所由生也。"② 另一方面，人治的危险在于，在知识和道德上，人治对君王都提出了作为人不可能达到的境界和标准。"国家之政要在一人之心矣"③，"一人之识识天下，谁之识能足焉?"④ 因而，有限的君王应该懂得"事断于法，是国之大道也"⑤。同时，立法要因"道"，即法既要面对现实，又要合乎人心，合乎人为自己、为利益的"自为"本性。然而，立法并不是简单地保护每一个人的每一种私利，而是寻找人们之间利害关系的均衡点和普遍性，这就是"立公去私"即"法制礼籍，所以立公义也。凡立公所以弃私也"⑥。此外，还要防止在立法过程中贯彻私心和私利，慎到认为，"立法而行私，是私与法争，其乱甚于无法"⑦。也就是说，统治者如果以法律的名义牟取私人利益，不仅会导致法律权威以及统治合法性的丧失，而且会引发激烈的政治分裂和政治冲突，以权谋私的行为就会盛行。可见，立法为公是解决君臣、君民之间政治对抗和政治冲突的一种重要手段。

与荀子一样，慎到也强调"分"的重要性。荀子是讲"礼之

---

① 《慎子·君臣》。
② 《慎子·君人》。
③ 《慎子·威德》。
④ 《慎子·佚文》。
⑤ 《慎子·佚文》。
⑥ 《慎子·威德》。
⑦ 《慎子·佚文》。

分"，而慎到是讲"法分"。"故治天下及国，在乎定分而已矣。"①
无论是"礼分"，还是"法分"，其实质都是一样的，这就是等级
才能有序，没有差别必然混乱。对于统治和治理来讲，厘定每个人
的职守，分清每种行为的界限，划定每个领域的范围，才能减少摩
擦和冲突，才能奠定秩序的基础。但是，需要特别指出的是，慎到
讲"法分"，还有一个极为重要的功能，这就是"法分"能够明确
"私"与"公"的基本关系。在政治生活和社会生活的过程中，在
许多情况下，人们的行为之所以混乱无序，就是因为公私不分、公
私不明、公私不清。慎到举例说："一兔走街，百人追之，贪人具
存，人莫之非者，以兔为未定分也。积兔满市，过而不顾，非不欲
兔也，分定之后，虽鄙不争。"② 此外，慎到还看到了人们争财争
利、混乱无序的又一原因，即赏罚不分明。如果"定赏分财必由
法"③，如果角色、责任和权利"法分"清晰，人与人之间争斗无
序的状况就会得到有效遏止。

与此同时，慎到还指出了统治者应该学会守法和变法的艺术，
以图长治久安，"治国无其法则乱，守法而不变则衰。有法而行私
谓之不法。以力役法者，百姓也；以死守法者，有司也；以道变法
者，君长也"④。也就是说，人们在法律面前的地位不是也不应该
是平等的，君主掌控法和变法的大权，各级官吏是执法的工具，而
老百姓只是守法的奴仆而已。

慎到认为，所谓贤士即知识分子实际上是挑战统治秩序、制造
社会混乱与危险的根源。要"尚法"不要"尚贤"。因为"尚贤"
不仅会挑战君主说一不二的权威、降低君主的地位，而且还会给君
主平添对手，使民慕贤而不尊君。应该是"民一于君"⑤，而不是
"民一于贤"。统一于君，才可能有秩序，贤士破坏了这个"一"，

---

① 《吕氏春秋·慎势》。
② 《慎子·佚文》。
③ 《慎子·威德》。
④ 《慎子·佚文》。
⑤ 《慎子·佚文》。

秩序也就被颠覆了。此外，尚贤与尚法也会相冲突，尚贤必然降低或消解法的权威性和神圣性。

君臣关系是政治统治必须处理的基本关系，事实上，治乱兴亡都与臣有关。与申不害一样，慎到也讲驭臣之术即贵势、尚法、兼畜、用长。他坚决反对君主事必躬亲、代臣行事，因为这样"是君臣移位也，谓之倒逆，倒逆则乱矣"①，而主张要善于用臣。用臣既不要求臣无条件地完全忠于君，也不要迷信所谓的忠臣，因为忠臣的有无和治乱之间并没有必然联系。

总之，慎到的政治冲突观念讲究"法分"，强调实力和势力以及强权与秩序之间的必然联系，对于"贤"、"臣"可能带来的危险、破坏和颠覆，则要保持高度的警惕，要善于用"术"和驾驭。

二、申不害：驭臣之术，深藏不露

在法家中，申不害也重视法和势，但是他更强调"术"的极端重要性。他认为治乱兴亡、政治统治的关键就是君主如何驾驭群臣，内心的冲突与秩序比外在的冲突与秩序更为重要。对于君主来说，能够威胁其统治地位、颠覆其统治秩序的人并不是散乱无知的百姓，最危险的敌人就是自己身边的左右大臣。因此，没有高明的"统治术"特别是"驭臣术"，肯定会乱套。

相对于法来讲，"术"更加高超和隐秘，"术不同于法，法的对象是全体臣民，术的对象是官吏臣属；法要君臣共守，术由君主独操；法要公开，术则藏于胸中；法是一种明确的规定，术则存于心中，翻手为云，覆手为雨"②。君主能控制局面，避免甚至消除争乱和冲突，就要使用"正名责实之术"和"静因无为之术"。

"正名责实之术"是指君主对一切事情（无论巨细繁简）首先要有明确的规定，建章建制。申不害举例说，"昔者尧之治天下也以名，其名正则天下治；桀之治天下也亦以名，其名倚而天下乱。

---

① 《慎子·民杂》。

② 刘泽华、葛荃：《中国古代政治思想史》（修订本），南开大学出版社2001年版，第87页。

是以圣人贵名之正也。主处其大，臣处其细，以其名听之，以其名视之，以其名命之"①。可见，"正名"之重要。"为人君者，操契以责其名。名者，天地之纲，圣人之符。张天地之纲，用圣人之符，则万物之情无所逃之矣。"② 意即一切官吏必须严格按"规定"办事，这个规定就是君主的神圣指示——一言可治天下，一言也可乱天下，不一定非要群臣对君主表忠心、显忠诚。就冲突与秩序的关系而言，申不害看到了"名"特别是"正名"与统治秩序形成之间的内在相关性，也就是说，统治者在名与实之间是可以大有作为的，只要以名溯实、以名求实、以名问实、以名追责，群臣就不难驾驭。抓住名实之纲要，秩序就在其中了。

"静因无为之术"是指统治国家一定要耍手腕、弄权谋、搞诡计，但是要注意深藏不露，不要轻易在决断之前，表示出自己好和恶、是和非、知和不知。"因为任何倾向性的表示，臣下都会钻空子或乘机捉弄。"③ 可见，申不害的"术"实为阴险刁毒之"术"。

与此同时，"静因无为之术"就是要讲究贵因、贵静和无为。

三、商鞅：定分尚公，天下不乱

作为法家的代表人物，商鞅为当时秦国的整合和强大以及后来秦灭六国、平息各诸侯国的冲突从而形成大一统的政治秩序作出了重要贡献。

商鞅建构社会秩序的逻辑是社会的进化要求变革，变革必须抓住"利益"这个关键，因为人性好利；"民之性，饥而求食，劳而求佚，苦则索乐，辱则求荣，此民之情也"。"民之生（性），度而取长，称而取重，权而索利。""民生则计利，死则虑名。"④ 而在利益的引导和激励下，才会产生"力量"。社会要安定，首先要重

---

① 《群书治要·大体篇》。
② 《群书治要·大体篇》。
③ 刘泽华、葛荃：《中国古代政治思想史》（修订本），南开大学出版社2001年版，第89页。
④ 《商君书·算地》。

农、安农、稳农，使民自愿克服农耕之苦，甚至能在农事中得到快乐。

商鞅认为，"名分定，则大诈贞信，民皆愿悫（诚实）。""名分定，势（必然）治之道也；名分不定，势乱之道也。"① 所谓"定分"，就是分清公与私，一方面，法规定的都属于"公"的范畴，另一方面，国家和君主就是"公"，其他就是"私"。唯有尚公，天下才不会乱。与此同时，要"利出一孔"，反对"利出多孔"，即只有农耕和战争才是国家和君主所需要的"利孔"和"利途"。

为了确保国家耕战之根本秩序，必须打击包括"豪杰"、"商贾"、"游士"、"食客"、"余子"、"技艺者"在内的一切不利于耕战的人和事，尤其要注意打击离心离异农耕和战争的异端思想。

此外，还要在"轻罪重罚"的基础上"弱民强君"——经常用"苦"和"死"威胁人民，使他们胆战心惊，如临深渊，如履薄冰；鼓励告奸告密，使人们互相监视内耗，最好造成人人自危、自身难保的局面；选择性实行奖赏和惩罚，引怯民至勇至死，"民勇，则赏之以其所欲，民怯，则杀之以其所恶。故怯民使之以刑则勇，勇民使之以赏则死。怯民勇，勇民死，国无敌者必王"②。

商鞅对统治秩序和社会秩序的渴望是与变法、求变相联系的。他认为人类社会的演变经历了所谓"生民之始"、"上世"、"中世"和"下世"四个阶段。社会只是到了"下世"出现了私有、君主、国家、刑法等现象，才发生了个人与社会以及财产的分配、权力的斗争日益激烈的社会矛盾和政治冲突。要解决问题和冲突，必须面对现实，变法和更礼。

商鞅认为，人的好利本性是可以利用的。因为人们的一切活动都是为了追逐名利，哪里有利益，人就会往哪里跑，人们追求名和利的强烈欲望是至死不渝的，这些名利不外乎爵禄、土地和住宅，因此，建立秩序，规整人的行为，关键在于"利导"。统治者要善

---

① 《商君书·定分》。
② 《商君书·说民》。

于利用人民的好利本性，调动其积极性，激发其力量以谋求霸业。这是因为力量以及力量的对比决定着政治关系的格局和稳定性。然而，决定政治关系的强大力量从何而来呢？商鞅认为它来自耕战。

耕即种田务农，要想方设法把农民稳定在土地上。因为粮食是一个国家财富的主要标志和秩序稳定的根本，"国好生粟于境内，则金粟两生，仓府两实，国强"。① 为此，可以采取"劫以刑"、"驱以赏"②、利用价格和税收、加强行政管理以及必要的愚民政策等手段鼓励农耕，使人民安农、乐农。

战即战争，商鞅认为，战争看似比农耕更苦、残酷混乱，实为安定人心和社会的极好办法。一方面，"民之外事，莫难于战"③，要使参战者从打仗中获得利益和好处；另一方面，"欲战其民者，必以重法。赏则必多，威则必严"、"民见战赏之多则忘死，见不战之辱则苦生。赏使之忘死，而威使之苦生"，可以通过重罚和株连使人们感到除了流血打仗，没有更好的事情可干。尤其需要指出的是，商鞅认为一定要利用农民纯朴、贫穷和怯懦的特点，对其进行有效的驾驭和控制，以形成统治者所需要的理想秩序。

的确，商鞅有依法治理、解决冲突的重要思想，但他的法治思想主要是依法治民的思想。他主张，首先要定分，即定名分，认为"名分定，势治之道也；名分不定，势乱之道也"④，在定分的基础上，建立标准，要区别公与私。商鞅认为，凡是法律规定的都是"公"，国家和君主也是公，而与法律相违背的就是"私"，贵族大家也是私。公私应该分明，公高于私，要尚公抑私，私应该服从于公。因为公私之交，乃存亡之本。可见，商鞅是重视公私关系的，也看到了公私问题是冲突和秩序问题的关键所在。但其视君王和国家即为公的观念，为统治者的私天下做了逻辑的论证，实际上，这恰好是天下大乱的根源所在。其次，要把天下利途归于一条，即利

① 《商君书·去强》。
② 《商君书·慎法》。
③ 《商君书·外内》。
④ 《商君书·定分》。

出一孔。"利出一空（通孔）者，其国无敌。利出二空者，其国半利。利出十空者，其国不守。"① "利出一孔，则国多物；出十孔，则国少物。守一者治，守十者乱。"② 很显然，商鞅要求统治者控制、垄断人们获利的途径，认为人们获得利益的途径多了，欲望和利欲就会膨胀，而且统治者也很难有效控制，因而天下会大乱。然而，统治者如果把除了耕战这个获利的途径之外的所有利益通道都彻底堵住，不但国家会物质丰富强大，而且人们也会寡欲止争。商鞅认为，一个社会，像"豪杰"、"商贾"、"游士"、"食客"、"余子"、"技艺者"等非农战之人，都属于多途径谋利者，他们才是天下大乱的根源，统治者对这些人一定不能手软，应采取政治和经济的多种手段给予限制和制裁。再次，不仅要法胜于民，而且要弱民。商鞅认为，法与民的关系是对立的，要获得一定的秩序，法必须用来对付民。法一经颁布，民必须服从法，统治者服从不服从法，则无所谓，因为"民胜法，国乱。法胜民，兵强"③。除了要牢记"法胜民"这一兵强国不乱的法宝以外，统治者还要想方设法"弱民"，即使民贫弱。只有民弱，才有服从；只有服从，才有统治和秩序。为此，商鞅认为，要用苦和死经常威胁人民，使之怕苦、怕死，如临深渊，"政作民之所恶，民弱"④；要挑动人们互斗和互相监视，奖励告密告奸，造成人人自危的局面。统治者千万不要倡导什么善意，因为"用善则民亲其亲，任奸则民亲其制"。"任奸则罪诛"⑤；要对人民实施针对性罚赏——使怯懦之民变得勇敢，使勇敢之民变得更勇敢，直至死亡；要使贫穷和富有在人民身上和人民之间不断地转化。人都嫌贫，贫穷也会生乱，那么，就应使人民通过有组织的耕战途径致富，但是富裕也会生出淫乱，那么就要使富有者变贫穷。只有穷变富，富变穷，穷富不断轮回循环，

① 《商君书·勒令》。
② 《商君书·弱民》。
③ 《商君书·说民》。
④ 《商君书·弱民》。
⑤ 《商君书·说民》。

统治者才会有回旋余地，在贫富的转换之间变得无比强大。"治国之举，贵令贫者富，富者贫，贫者富，富者贫，国强"①。要使人民变得愚昧无知，因为民愚朴是民弱君强的基本因素。要轻罪重罚，罚多于赏，刑过于罪，人民只要有犯罪的征兆和苗头，就要给予重击。因为"刑加于罪所终，则奸不去。赏施于民所义，则过不止。刑不能去奸，而赏不能止过者，必乱。故王者刑用于将过，则大邪不生；赏施于告奸，则细过不失"②。

由上可见，商鞅的政治冲突观念，在解决君与民的对立、冲突与秩序的矛盾时，以倡导耕战为本，以利益的定分为准，以依法治民为主，以弱民强君为主旨，虽有进步改革的一面，但主要还是给统治者出的狡诈阴谋之策。

四、韩非：人性好利，强势乃是秩序

韩非是先秦法家思想的集大成者，他不忍心看到故国从混乱无序走向灭亡，一生致力于探讨国家的救弱致强之道。韩非对历史和现实近乎残酷的理性和冷峻，使人感到君主的某种理想统治秩序的获得，人民必然付出沉重的代价和成本，而统治者手段的选择往往是不正义的。韩非反对虚假伪善，渴望真正牢固的统治秩序，并且他认为，只有弄清楚人性的好利逐利本性以及君臣、君民等关系的利益本质，才能获得真正坚实牢固的统治秩序。

基于进化的历史观，韩非把人类社会的历史分为"上古"、"中古"、"近古"和"当今"四个时期，"上古竞于道德，中世逐于智谋，当今争于气力"③。认为物质资料和人口的生产都在增长，但是，随着社会的变迁，人口的增长速度远远高于物质财富的增长速度，因此，为了争夺生存资料和生活空间，人与人、人与社会之间围绕着物质利益的矛盾和斗争会日趋激烈。"人民众而货财寡"

---

① 《商君书·说民》。
② 《商君书·开塞》。
③ 《韩非子·五蠹》。

必然带来人们之间的倾轧、嫉妒、勾结、欺诈、谗毁、诬陷、猜忌等社会混乱失序的局面。

韩非是完全彻底的利益还原论和利益决定论者。他把一切的一切都纳入到冰冷的利害关系的计算过程，社会的秩序、价值、关系、人的行为、思想、观念、心理、情感等，都可以还原或者归结为冷酷的利益权衡。他说，"父母之于子也，产男则相贺，产女则杀之。此俱出于父母之怀衽，然男子受贺，女子杀之者，虑其后便、计之长利也。故父母之于子也，犹用计算之心以相待也，而况无父母之泽乎！"① "故舆人成舆则欲人之富贵，匠人成棺则欲人之夭死也，非舆人仁而匠人贼也，人不贵则舆不售，人不死则官不买，情非憎人也，利在人之死也。"② 他还说，"夫卖庸而播耕者，主人费家而美食，调布而求易钱者，非爱庸客也，曰：如是，则耕者且深耨者熟耘也。庸客致力而疾耕耘者，尽巧而正畦陌畦畤者，非爱主人也，曰：如是，羹且美，钱布且易云也"③。可见，在韩非看来，人与人之间就是残酷虎狼关系和赤裸裸的买卖关系。李泽厚先生就此曾指出："多么犀利、冷静和'清醒'，然而又都是不可辩驳的事实。这真可说是撕破了人间世事中的一切温情美好的面纱，还事物以残酷面目：人都是为生存而互相计较着、交易着、争夺着和吞噬着。一切都只是利害关系，都是冷静计算的结果，并没有别的什么。它充分地反映了战国末期原始氏族传统及其观念的彻底崩溃，本来在神圣庄严而温情脉脉的情感形态中的君臣、父子、夫妇等社会关系和社会秩序统统失去了原有的依据。充满着的只是'臣杀君'、'子杀父'种种激烈争夺、残酷吞并的生活事实和历史事实。已经没有别的准绳尺度，神圣的原始礼仪失去了它的庄严可信，温情脉脉的孔孟人道说教只能是毫无实效的迂腐空谈。神没有了，情感靠不住，只有冷静理智的利害计算，才能了结一切，战胜

① 《韩非子·六反》。
② 《韩非子·备内》。
③ 《韩非子·外储说左上》。

一切，以维持和保护统治者的生存和安全。统治秩序只能建立在冷静理智所分析的利害关系上，在这关系上树立起君主专制的绝对权威。"①

与此同时，韩非认为，世界上所有矛盾的双方不可能有什么同一性和调和相容性，都是势不两立、不共戴天、你死我活的。"夫冰炭不同器而久，寒暑不兼时而至，杂反之学不两立而治"②。"害者，利之反也。""乱者，治之反也。"③ "背私谓之公，公私之相背也。"④ 对于统治者来说，要建构统治秩序，国家利益、百姓利益都应该隶属依附并且服务于其自身的利益。君主在处理各种利益关系的时候，一定要直面矛盾，迎着矛盾上，要毫不犹豫地站在自身的利益立场上，能吃掉对方，就要不惜一切代价把对方吃掉；若不能吃掉，就要在势力上压倒对方，千万不可优柔寡断，搞折衷平衡。否则，必将混乱不已，后患无穷。而压倒对方的"势力"，实际上来自"实力"，它包括劳力、智力、经济力、军事实力、主观能动性、政治艺术等一切可以为君主所利用的力量。

韩非认为，既然君主的利益高于国家利益和人民利益，君主的存在就是一种秩序，君主专制是一种强化了的秩序。但是，只有把君主专制绝对化，才能有真正的统治秩序。为此，必须在讲究"势、法、术"、用好这些工具、在三管齐下的基础上，注重对臣和民的洗脑和统一思想工作。

"势者，胜众之资也"⑤，帝王有势，才是帝王，才能实行"法"和"术"。韩非把"势"分为"自然之势"和"人为之势"即"所得而设之势"两种。前者是指统治者在客观的既成条件下掌权和对权力的运用；后者是指在可能条件下主观能动地运用和使用权力。真正的"势"并非权力获得后的"自然之势"，而是所得

---

① 李泽厚：《中国思想史论》上册，安徽文艺出版社 1999 年版，第 102 ~ 103 页。

② 韩非《显学》。

③ 《韩非子·六反》。

④ 《韩非子·五蠹》。

⑤ 《韩非子·五蠹》。

而设的"人为之势"。因为"人为之势"更有力量和威严，更能获得所需的格局和秩序，更不容易被人颠覆。"势必于自然，则无为言于势矣。……今日尧、舜得势而治，桀、纣得势而乱，吾非以尧、舜为不然也，虽然，非一人之所得设也。夫尧、舜生而在上位，虽有十桀、纣不能乱者，则势治也；桀、纣亦生而在上位，虽有十尧、舜而亦不能治者，则使乱也。故曰：'势治者则不可乱，而势乱者则不可治也'。此自然之势也，非人之所得设也。若吾所言，谓人之所得设也而已矣"①。更进一步，韩非把"人为之势"分为"聪明之势"和"威严之势"。前者是指要善于利用天下人的聪明和智慧为自己服务，"明主者，使天下不得不为己视，天下不得不为己听。故身在深宫之中而明照四海之内"②；后者是指威严才能治暴、遏暴，从而形成秩序，"严家无悍虏，而慈母有败子，吾以此知威势之可以禁暴，而厚德不足以止乱也"③。统治者只要把全部权力据为己有并且灵活掌握及运用"聪明之势"和"威严之势"，天下就没有不能治理的，冲突就没有不能摆平的，秩序就没有不能获得的。

韩非相信法治秩序，认为"道私者乱，道法者治"，举国上下，事无巨细，一切皆断于法，国君应该依靠法令行事。"明主之国，令者，言最贵者也；法者，事最适者也。言无二贵，法不两适，故言行而不轨于法令者必禁"。④ 韩非甚至认为，君主不按法令行事是一条亡国执政之路。对于法令而言，君主是颁布者，而臣属是贯彻落实者。"吏者，平法者也。"⑤ "法也者，官之所以师也。"韩非认为对于违法的官吏要给予重罚，对于法外立功的官吏也要惩罚，因为它会导致混乱即与君主争名。

在韩非的秩序观里，除了相信和依靠君主以外，他不相信任何

---

① 韩非《难势》。
② 韩非《奸劫杀臣》。
③ 韩非《人主》。
④ 韩非《问辩》。
⑤ 《韩非子·外储说左下》。

人，包括贤人，认为"信人则制于人"①。他反对贤人政治，提出"上法而不上贤"②，认为君主无论平庸或者暴虐，只要"抱法处势"，就可以治理天下而不乱。

韩非深信君主倚法的强势才能带来自己渴望和主宰的秩序。对于君主而言，他必须稳坐在法之巅峰，所有的人都没有可靠性，臣属也好，民众也罢，都只能是君主控制的法的工具和奴仆。与此同时，君主一定要懂得作为虎狼关系和买卖关系的君臣关系之凶险，娴熟掌握治吏之道（主要是任能而授官、赏罚严明、形名参验、众端参观，听无门户）以外的驾驭臣和玩弄臣的技术。因为在君、臣、民的统治结构中，臣是治之本，民为治之末；吏如网之纲，民乃网之目。虽然君主最终的统治对象是民众，但是他并不直接面对民众，面对民众的是臣不是君，臣成为实现统治秩序不可逾越的中间环节。"明主治吏不治民"、"闻有吏虽乱而有独善之民，不闻有乱民而有独治之吏"③，也就是说，官吏叛乱，仍有守法的善民存在，而民众造反作乱，就决不会有好的官吏，民反肯定是由于官逼。可见，有了君臣秩序，才会有臣民秩序和君民秩序，官民冲突起源于君臣关系的紊乱。因此，要治好吏，管好臣，君主就必须做到：谋略治术，深藏不露；国之利器，不可以示人；用人如鬼，飘忽不定；深一以警众心，以君为神明，装聋作哑，以暗见疵；倒言反事，以验忠诚；秋后算账，事后抓辫子；时时有戒心，防臣如防虎；设置暗探，掌握情报；难控之臣，设法暗杀。另外，还要严控对臣的分封；使臣不得专兵权、财权、人权，不得有赏罚之权；禁止臣下结交私党；取缔私朝。只有这样，才能建构稳定的天下格局——"事在四方，要在中央。圣人执要，四方来效"。④

韩非深谙控心术，倡导对整个社会思想和文化的专制，认为应该制造精神上的萧飒气氛。"禁奸之法，太上禁其心，其次禁其

①　《韩非子·备内》。
②　《韩非子·忠孝》。
③　《韩非子·外储说右下》。
④　《韩非子·扬权》。

言，其次禁其事"。① 韩非认为，君主要保持集权和强势，在按照利导、利诱、利用、利禁的方式去调动臣民为君主服务时，难免不引起社会经济、政治、思想文化关系的变动甚至对旧有秩序的颠覆，所以，必须实行严刑、高压甚至恐怖政策。由此可见，韩非为君主设计了理想的统治秩序以及获得这种秩序的具体途径，那就是与一切人为敌并不择手段、毫不妥协地殊死搏斗。

五、法家政治冲突观念的特点及其评价

可以肯定，法家的理论思想是为统治者建构直接有效的统治秩序服务的。法家看到了人性好利、人性逐利、人性贪婪的不移本性，认为如果没有强力遏制人性的恶，必将天下大乱，君臣、君民、臣民以及民众之间定会相互伤害和残杀，冲突不已。慎到的"两相争，杂则相伤"、申不害的"深藏不露的驭臣之术"、商鞅的"定分尚公"以及韩非的倚法强势，都认识到了政治冲突的各种可能性和现实性。

法家对统治的有序和社会秩序的稳定是极为渴望的，但其对人的缺陷、对人性的黑洞又是非常绝望的。它不认为人们对利益的追求是正当合理的，利益之间的冲突是不可避免的，也是正常的；而认为有利益追逐，必然没有边界和止境，且会带来整个秩序的混乱乃至颠覆。所以，必须有一个本体论意义上的根本利益尺度和标杆，这个利益主体具有绝对性和神圣性，其他所有利益主体及其利益都只具有相对性和无条件的服从性。具体说来，君王及其君王的利益至高无上，臣属和民众及其利益卑贱低下。慎到的"归一"、"不两"、"去杂"；申不害的"臣乃君之敌"；商鞅的"尚公"才能"定分"；韩非的"君利高于臣利和民利"讲的都是君王君利的绝对性。君利一旦确立，天下利益就有了利益轴心，就有了利益导向和整合。如此一来，才能建构利益秩序和统治秩序。

法家认为君臣关系、臣民关系是统治关系的核心。民不作乱的关键是治吏，而臣吏天生与君王二心，君臣乃虎狼，君臣关系犹如

① 韩非《说疑》。

生意上的买卖，不存在稳定的有序，只有冲突的险恶和杀戮的血腥，因而君主必须保持高压、强势强势再强势。为此，君主应该不择手段巩固自己绝对专制的权威地位，特别要注意以法筑势，依法处势，以势控臣，以臣治民。与此同时，君主千万别放弃行之有效的包括暗杀在内的诸种驾驭臣属之术即"驭臣术"。臣可驾驭而不可信，臣可玩弄而不可怜悯。只有这样，君臣关系才会安全、稳定、有序，臣民关系才能理顺，君、臣、民之结构和秩序才能获得。

　　渗透于法、术、势思想中的法家政治冲突观念的特点是，它承认冲突的存在和不可避免，且能够直面冲突。法家把君王的强势作为秩序的基础、核心和主要内容，甚至认为强势就是秩序，强势才是真正的秩序。作为一种热爱君王、崇拜强势、蔑视人类的赤裸裸的统治术，法家的冲突理念是褊狭而又极端的，它解决政治冲突的方法，实际上是动物世界里弱肉强食的丛林法则在人类政治生活领域的折射和再现。

（尚重生　武汉大学政治与公共管理学院副教授）

论托克维尔的阶级政治思想

◎胡　勇

【摘　要】　托克维尔采用一种阶级分析方法研究现代政治的变迁，他分析了贵族、资产阶级及下层人民（含无产阶级）在现代西方社会中的发展与变迁，并试图采用一种适度阶级竞争与阶级合作相结合的阶级平衡模式以解决现代社会中危及自由政治的大规模阶级冲突。

【关键词】　托克维尔　阶级冲突　现代西方

托克维尔在《旧制度与大革命》中分析现代法国的社会变迁时，指出："我谈的是阶级，唯有阶级才应占据历史。"① 他还认为："我在这里将阶级作为一个整体来处理，就我而言，这是历史学家的适当研究。"② 显然，托克维尔使用了一种阶级分析方法来研究现代政治生活的变迁。

一、一种阶级分析方法

托克维尔是当代大众社会理论的先驱之一。一方面，他曾将现

---

① ［法］托克维尔著，冯棠译：《旧制度与大革命》，商务印书馆 1992 年版，第 158 页。

② Quoted in Roger Boesche. *Why did Tocqueville think a successful revolution was impossible?* Eduardo Nolla（eds），*Liberty*，*Equality*，*Democracy*. New York University Press，1992，p. 173.

代社会描绘为一个大众社会，在那里，人与人之间是相似的、分离的；但另一方面，他又将现代社会作为不同于中世纪等级社会的阶级社会：在那里，人与人之间是相异的、斗争的。托克维尔对现代社会的两种定性，大众社会与阶级社会，是否自相矛盾呢？在我们看来，在托克维尔的视野中，现代社会的这两种特性是相互补充、相互影响的。现代民主社会使个人从等级束缚中解放出来，成为独立的个人，使他们的利益不相连属；同时，又提供给他们追求现世物质福利的共有条件与情感，使他们的行为模式与思维方式相似起来。大众社会意味着社会纽带的断裂，而阶级社会意味着人们利益的对立，两者的结合意味着在现代社会中，个人或群体之间是既分裂又对立的。前者是现代社会的平面化、个体性特征；后者是现代社会的立体化、整体性特征。由于在现代社会中，人们不再先赋地从属于某一等级，阶级或等级之间不再有既定的权利义务关系，所以阶级之间的对立与斗争成为现代政治的结构性特征。

那么，"阶级"一词对托克维尔意味着什么呢？托克维尔的阶级定义显然不同于马克思。马克思认为，生产关系是界定阶级的关键因素。同一阶级的人在生产关系中处于相同的地位，拥有相同的生产手段。托克维尔并没有把经济权力作为界定阶级的优先性标准，他主要是从一种心理认同的角度来界定阶级的。托克维尔认为，一个阶级必须认识到自己具有共同的利益，并且意识到自己是一个具有共同的情感、意图、传统或希望的与众不同的群体。这样，根据托克维尔的阶级定义，尽管贵族与中产阶级在实际经济生活中可能拥有相似的生产手段，尽管后者比前者更富有，但他们不能被称为一个阶级；根据托克维尔的定义，律师、军队、公务员因为是各自具有特定的利益诉求、情感与爱好的群体，都构成了不同的阶级，并且一个人可以属于不止一个阶级，比如说同属于军队或贵族。

有人对托克维尔的阶级分析方法提出了批评，认为他的阶级分析方法运用得并不彻底，他低估了英国阶级冲突的强度，他认为美国是一个平等的无阶级社会。首先，托克维尔认为，任何一个社会都可分为富人、小康者与穷人。① 托克维尔分析了法、英、美三个社会的阶级模式。法国各阶级之间的界限是封闭、鲜明的，各阶级之间存在着嫉妒、怨恨与永远的对立与战斗②，资产阶级垄断着国家政权；而在英国，各阶级之间的先赋界限并不明显，并且是开放的，金钱作为社会地位的标准决定了阶级之间的某种程度上的开放性、流动性，开明阶级（贵族与资产阶级）联合起来共同统治国家，并且贵族阶级尽量迎合人民的民主愿望；在美国，人民是国家权力的最终拥有者，在这里并非不存在着阶级界限与冲突，而且这种界限是非常开放、流动的，冲突是温和的，由于不存在着财产的极端不平等，因而它是一个中产阶级占优势的国家，并且同贵族社会相对比，美国的确是一个平等的社会。托克维尔的比较—历史能力使他得以避免机械地、简化地套用阶级分析方法。

二、"三种人的故事"

托克维尔的阶级分析方法明显地打上了基佐的社会研究方法的印记。托克维尔曾于1828—1830年参加了基佐关于历史哲学与欧洲历史的讲座。基佐认为，历史变革不是产生于理性的进步，而是产生于社会的物质条件。在以往几个世纪中，欧洲史的突出特征表现为：具有更大的平等趋向，阶级冲突趋缓，土地贵族的衰败，第三等级（当然包括资产阶级）的崛起。③ 法国大革命标志着商业阶级与土地阶级之间几个世纪冲突达到顶点，而1830年则标志着这种冲突的终结。

托克维尔的"三种人的故事"讲述了从中世纪末开始直到近代的各阶级之间的分化组合、此消彼长所导致的欧洲各国政治格局的变迁过程。在12世纪的英、法，由于文明的进步和封建体系的

---

① 参见 [法] 托克维尔著，董果良译：《论美国的民主》，商务印书馆1988年版，第238页。

② 参见 [法] 托克维尔著，冯棠译：《旧制度与大革命》，商务印书馆1992年版，第144～145，171页。

③ 参见 [法] 基佐著，沅芷、伊信译：《法国文明史——自罗马帝国败落起》（第四卷），商务印书馆1998年版。

削弱，出现了在贵族与农奴之外的第三等级：平民，市镇自治组织也开始形成。这是"一种压迫与自由的奇怪的混合"状态。这时，也出现了第三个人——国王。于是，欧洲政治舞台上出现了三种政治力量之间的团结与斗争。由于各国阶级力量的对比关系不同，在英、法两国出现了不同的阶级斗争与联盟形式。在英国，贵族与平民联合起来，战胜了国王，在缓慢而深刻的社会政治变革中向民主迈进；而在法国，先是王权同平民联合起来反对贵族，最后是王权与贵族联合起来反对平民与中产阶级，在暴力斗争中向民主迈进。而最终，"在每一种情况下，都是最弱者成为最强者"。① 因此，托克维尔有时把不可抗拒的民主革命的实质界定为："资产阶级和工业成分对于贵族阶级和土地财产的优势。"② 大革命即为这种阶级斗争的一出场景。根据托克维尔的观点，"大革命真正的内在激情"是"阶级的激情"。③ 他把大革命的过程描述为：阶级之间的冲突与斗争，资产阶级领导地位的取得，直到人民登上历史舞台。从大革命以来，这种两大阶级之间的对抗与斗争并没有停息过。"我们从 1789 年到 1830 年的历史似乎是在具有自己的传统、记忆、希望与人民（即贵族）的旧制度与被中产阶级领导的新法兰西之间的 41 年的致命斗争。"④ 而 1830 年革命则标志着资产阶级⑤的彻底胜利，成为社会与政治生活中的唯一主人。而这位法兰西的新

---

① Alexis de Tocqueville. *Journeys to England and Ireland*. Trans. by George Lawrence and K. P. Mayer. Yale University Press, 1958, pp. 27-28.

② Alexis de Tocqueville. *Selected Letters on Politics and Society*. Trans. by James Toupin and Roger Boesche. University of California Press, 1985, p. 281.

③ Alexis de Tocqueville. *Oeuvres Complètes d'Alexis de Tocqueville*（Ⅱ）. Gallimard, 1951, 64（2）：69.

④ Alexis de Tocqueville. *Recollections: the French Revolution of 1848*. Ed. by J. P. Mayer and A. P. Kerr, Introduction by J. P. Mayer, With a New Introduction by Fernand Braudel, Rranslation of the de Tocqueville Manuscript by George Lawrence, Translation of the Braudel Essay by Danielle Salti. Transaction Books, 1987, p. 4.

⑤ 正如社会历史学家所言，将"资产阶级"一词与"中产阶级"一词互换使用是不确切的，但托克维尔和他的当代人经常将这两个词混合起来使用。

主人又在蜕变为"一个小小的腐败与粗俗的贵族"。① 接着，托克维尔又注意到了："这是我们在所有欧洲大国看到的：工人阶级到处在增长；它不仅在数量上而且在势力上增长。"② 1848 年革命也涉及了阶级斗争，但一个新的城市工人阶级开始扮演关键角色。这是被托克维尔预测到的 1848 年革命的新面貌，而基佐——资产阶级的七月王朝的代言人却没有觉察到。托克维尔也预言到，1848年革命的新特征将会给以后的政治斗争开辟新的战场，重新划分政治生活的格局：即否认财产权与保护财产权的斗争；有产者与无产者之间的民族分裂。③ 和基佐对近代欧洲斗争史的分析不同的是，托克维尔并没有把资产阶级视为阶级斗争的最终胜利者与终结者；基佐把资产阶级视为自由的化身、历史的英雄，托克维尔则对资产阶级的胜利不抱乐观态度。

出身于贵族家庭、深受贵族传统影响但又同贵族信仰决裂的托克维尔对贵族持一种非常矛盾的态度。就像杰弗逊把贵族制分为自然的贵族制与人造的贵族制一样，托克维尔承认，无论在何社会都存在着一些只属于少数人所持有的财富，主要表现为"出身、产业与知识"；这些"贵族成分……始终存在于历史时期的所有民族内"。④ 在历史上，"所有塑造过世界，取得越出其领土的伟大成就的民族都被强大的贵族制统治过"。⑤ 在古代，贵族是作为国王与人民之间的中介人与调停人的身份出现的。在托克维尔的富于浪漫主义色彩的描绘中，古代贵族具有一种独立的、爱荣誉的和负责任的自由人形象。但是，托克维尔责备贵族后来沉溺于种姓荣耀之中，为了博得君主制中的象征性角色而放弃了自己对人民的影响；

---

① Alexis de Tocqueville. *Selected Letters on Politics and Society*. 1985, p. 188.

② Alexis de Tocqueville. *Writings on Empire and Slavery*. Ed. and Trans. by Jennifer Pitts. Johns Hopkins University Press, 2001, p. 204.

③ Alexis de Tocqueville. *Recollections: the French Revolution of* 1848. Trunsaction Books, 1987, pp. 12-13.

④ 参见［法］托克维尔著，冯棠译：《旧制度与大革命》，商务印书馆 1992年版，第 289 页。

⑤ Alexis de Tocqueville. *Journey to America*, p. 85.

贵族同国王签订了一个类似浮士德式的契约，放弃了独立与自治精神，而投入国王的怀抱之中。在这里，托克维尔责备于贵族的，不是他们的经济与社会地位的消蚀，而是他们对国王的屈从和向种姓特权的撤退。

但是，托克维尔的历史—比较方法并没有将其视野局限于法国贵族，他还将法国的贵族制同英国的贵族制、英格兰的贵族制以及爱尔兰的贵族制进行了比较。托克维尔认为："英国有一个贵族制（aristocracy），法国也有一个贵族制。一个是一种类型，另一个是一个难以分开的物种。"① Nobility 在法国具有种姓（caste）的含义，而 aristocratic 则指各上层阶级的整体，并不只包括因出身而形成的贵族。② 英国贵族的首要特征是开放性，它建立在财富的基础上而不是出身的基础上，而贵族界限的不明确使它的许多成员分享了民主的理念③，并且使"贵族精神……渗透到所有的阶级中"④。相比较而言，法国贵族的显著特征是封闭性，"出身成为贵族吸收成员的唯一源泉"⑤；它拒绝同资产阶级联盟，并且抛弃了同人民的天然联系。英国贵族由于历史的演化不再建立于出身而是建立于金钱基础之上，因而可以同资产阶级结盟并继续掌权；而在法国，贵族在保留自己的经济特权的同时，却放弃了自己的政治权利⑥，由于不再在政治上管理、照顾人民，而只是在经济上榨取与掠夺人民，与人民之间的联系越来越稀少，与人民之间的情感越来越淡

---

① Alexis de Tocqueville. *The Old Regime and the Revolution* (Notes and Variants). Ed. and With an Introduction and Critical Apparatus by François Furet and Françoise Mélonio, Tran. by Alan S. Kahan. University of Chicago Press, 2001. p. 368.

② 参见［法］托克维尔著，冯棠译：《旧制度与大革命》，商务印书馆1992年版，第 279～280 页。

③ Alexis de Tocqueville. *Journeys to England and Ireland*, pp. 6, 68.

④ Alexis de Tocqueville. *Selected letters on politics and society*, p. 82.

⑤ 参见［法］托克维尔著，冯棠译：《旧制度与大革命》，商务印书馆1992年版，第 280 页。

⑥ 参见［法］托克维尔著，冯棠译：《旧制度与大革命》，商务印书馆1992年版，第 283 页。

漠，甚至使自己为人民所憎恨。在评论"贵族制怎样成为世上最好或最坏的政府形式之一"这一问题时，托克维尔把英格兰同爱尔兰的贵族制进行了比较。两种贵族制在历史上都有着同样的起源。但是英格兰贵族制诞生于它所统治的土壤中，同人民融合在一起，抵抗比自己或人民更强的权力，同人民具有同样的语言、举止与信仰，并且由于金钱代替出身成为贵族的标志，使每一个人都有希望分享少数人的特权；而爱尔兰贵族制建立在征服的基础上，在道德、权力与智慧上都尽可能地优越于被征服者，为了保持自己同本源民族的相似性以获得力量的源泉，而拒绝让当地人民加入它的行列。这样，英国的贵族制使英国人几个世纪以来获得了最好的政府形式之一，而爱尔兰的贵族制给予爱尔兰人所能想象的是最令人厌恶的政府形式之一。① 因此，贵族要想保持自己的力量，必须同人民联合起来。但是托克维尔意识到，即使是在贵族制运行较为优良、贵族影响依然强大的英国，"构成英国宪法关键成分的贵族原则每天都在失去它的力量，而终有一日民主原则将会取而代之"。② 托克维尔感叹贵族从近代政治舞台上的消亡，意味着"从国民肌体中割去了那必需的部分，给自由留下了一道永不愈合的创口"③。

在托克维尔以哀惋与悲悯的心情悼念贵族的衰亡，"恨其不幸、怒其不争"之时，对资产阶级新贵却表现出了轻蔑与厌恶之情甚至是私下的责备。托克维尔承认，民主时代的到来意味着资产阶级的胜利，19世纪是资产阶级的统治时代，但他并不接受，更无意论证资产阶级统治的合法性。在《论美国的民主》开篇，他就表明了自己对资产阶级的态度："认为已经推翻封建制度和打倒国王的民主会在资产者和有钱人面前退却，岂非异想！"④ 由于构成七月王朝选举人的主体是资产阶级，托克维尔在追求自己的政治

---

① Alexis de Tocqueville. *Journeys to England and Ireland*, pp. 155-158.

② Alexis de Tocqueville. *Journeys to England and Ireland*, p. 66.

③ 参见 ［法］托克维尔著，冯棠译：《旧制度与大革命》，商务印书馆1992年版，第148页。

④ 参见 ［法］托克维尔著，董果良译：《论美国的民主》，商务印书馆1988年版，第1页。

雄心的过程中，肯定不能公开批评这个阶级；如果这样做的话，再加上其出身，他会被人们认为是一个常常极力为自己开脱的保皇主义者。于是，在公开场合，他只满足于描绘民主（某种程度上被他作为中产阶级的定义）的平庸与粗俗，揭露民主的卑下欲望，预言民主的危险倾向。但在私人信件与笔记中，托克维尔明确地责备资产阶级及其统治。虽然他认为："美国无可动摇表明了……中产阶级能够统治一个国家。"① 他还是认为七月王朝的资产阶级是"财阀统治中最自私和最贪婪的"，而且"把政府作为一项私人商业"。② 托克维尔把 1848 年革命爆发的直接原因归结为资产阶级的狭隘统治。他认为，资产阶级用贪婪与平庸的商业精神腐化了法国；它不去努力教育下层阶级或改善他们的命运；它使用权力扩展自我利益，增加财富，最终导致了阶级冲突。托克维尔还认为，资产阶级哺育了一种商业精神——将物质福利的追求作为最高的善。资产阶级及其商业精神的霸权意味着"多样性正在消失"，"对多样性的仇恨"，"对平庸的爱好"。③ 商业精神在压制个性的同时，还强化了个人主义倾向，腐蚀了公共精神与公共道德。商业精神哺育了资产阶级对公共安宁的热爱，所以"出于对穷人的要求和这种要求产生的可厌激情的恐惧，使富人呼吁一个主子帮助自己，这个主子虽然压迫他们，却使他们放心"。④ 专制统治成为商业精神的逻辑延伸。所以，在托克维尔的心目中，资产阶级并不是他的自由理念的体现者，反而给自由带来了新的威胁。

托克维尔在对贵族失望和对资产阶级厌恶的同时，也表现出了

---

① Alexis de Tocqueville, *Journey to America*, p. 275。但同时他还认为，他们具有"渺小的激情，不完全的教育和粗鄙举止"。

② Alexis de Tocqueville. *Recollections: the French Revolution of* 1848. Transaction Books, 1987, p. 6.

③ Alan S. Kahan. *Aristocratic Liberalism: the Social and Political Thought of Jacob Burckhardt. John Stuart Mill, and Alexis de Tocqueville.* New York: Oxford University Press, 1992, p. 46.

④ Alexis de Tocqueville. *The Old Regime and the Revolution* (Notes and Variants), p. 378.

对普通人民的强烈同情。在 19 世纪的法国思想界，人民一词意味着不同于中产阶级与上层阶级的工人、工匠与农民等下层阶级。他怜悯在旧制度下被贵族抛弃又被资产者剥削的农民；为曼彻斯特工厂的悲惨条件而惊呆；厌恶来自印度种姓制度的压迫；谴责爱尔兰人受到的英国人的压迫；致力于解放法国殖民地的奴隶（他的反奴隶制演说在南部美国被禁止传播）；厌恶美国人对印第安人的合法屠杀。远远不止于同情，托克维尔有时是以一种贵族家长式的态度，赞赏与敬重法国劳动阶级特别是农民的自然良善。1848 年 4月，托克维尔写道："我的主要希望来自于被正确地称作为人民的人们所带给我的景观。他们缺乏启蒙，但在他们身上，我发现值得欣赏的本能；我们在他们身上可以遇到……秩序感，对国家的真正热爱，和对他们自身能够判断的事物的伟大的感受。"① 他觉得，法国农民表现出了优良的品质：健康的政治激情和坚定的原则，这些优良品质可以用来再造法国的政治体系。"我总是认为，毕竟，农民优于法国的所有其他阶级。"② 尽管他们缺乏教育与知识，但在开明人士正确的教导下，他们会很好地利用自己的天然的优良品质。加拿大的法裔农民在心灵上要优于美国农场主，因为他们没有表现出"渗入美国人行动与言论中的商业精神。"③ 贯穿于托克维尔的著作中的一个信念（一个似乎不合传统自由主义者的胃口，而带有古典共和主义传统色彩的信念）是，商业威胁个人自由，而土地财产对于自由是无价的。忙于商业的个人必须使自己屈从于他人的意愿，"受制于他的国家的商业或工业状况的每一次动荡"，无法支配自己的行为与命运。相比而言，"土地划分为小的独立财产"对"完美的自由"和个人独立是最有益的。④ 如果说托克维尔在情感上同情工人阶级生活的苦难、个性的泯灭，那么在理性上

① Alexis de Tocqueville. *Selected letters on politics and society*, p. 208.

② Quoted in Roger Boesche. *The strange liberalism of Alexis de Tocqueville*, p. 100.

③ Alexis de Tocqueville. *Journey to America*, p. 188.

④ Alexis de Tocqueville. Memoir, Letters, and Remains, pp: 230-231.

他把对中产阶级的怀疑与不信任也转移到了工人阶级身上。在托克维尔看来，商业精神，"这种追求物质享乐的激情，本质上是中产阶级的激情，它随这个阶级的发展而发展。这种激情正是从中产阶级向社会的上层和一般老百姓扩散的"。① 在托克维尔的模糊意识中，"工人阶级只是被作为贫困的资产阶级，具有资产阶级自然拥有的对于物质福利的同样冲动和对平等的同样渴望"。② 工人阶级也渗透着商业精神，是资产阶级的逻辑延伸。贪婪、攫取与嫉妒的伦理会被资产阶级传染给工人阶级，使得他们在社会主义理论的引导下致力于推翻不平等的最后残余——私有财产权。正如工人阶级是资产阶级的逻辑延伸，社会主义也是资本主义的逻辑延伸。托克维尔总是认为，工人阶级的嫉妒来源于资产阶级伦理，一种专注于消费与享受的自利伦理。但是，托克维尔对工人阶级的恐惧并不会导致他为中产阶级特权——一种他称作工业贵族的人们的特权而辩护。一些人利用他的观点论证不平等与财产特权的合理性，并且为商业阶级精英所主导的多元主义政治体系辩护，他们全然忘记了托克维尔对工人阶级贪婪心理起源的分析和他对商业阶级强烈的保留态度。总之，托克维尔不会把人民视为一种抽象的可以取代耶和华的膜拜对象，人民不能免于党派、激情或普遍的人性缺陷的影响。他们既可受到高尚原则的影响，也会为专制与独裁摇旗呐喊。人民并不是盲目信任的对象，而是需要开明人士与正确理念的引导；只有这样，他们才能投身于伟大的自由事业。所以，托克维尔为自己所设定的任务是"为下层阶级的道德与物质福利在政治上积极地工作，而不是沉溺于他们的偏见，或煽起他们的激情"③。

基佐的阶级分析论证资产阶级统治的不可避免性，赞颂资产阶

① 参见［法］托克维尔著，董果良译：《论美国的民主》，商务印书馆1988年版，第661页。

② Alan S. Kahan. *Aristocratic Liberalism*：*the Social and Political Thought of Jacob Burckhardt*，*John Stuart Mill*，*and Alexis de Tocqueville*. Oxford University Press，1992，p. 54.

③ Quoted in André Jardin. *Tocqueville*：*a Biography*. Translated from the French by Lydia Davis with Robert Hemenway. Farrar Straus Giroux，1988，p. 399.

级的代议制，彰明资产阶级的自由传统，并呼吁他们承担历史的重任。但正如梅耶尔——托克维尔研究专家所言："他［托克维尔］从来不服务于一个特定的阶级；他坚持的总是人类灵魂的神圣性，在他对国家的历史起源分析中，这种神圣性受到了现代国家结构的无限威胁。"① 在托克维尔的政治史诗中，缺少一个胜利在握的英雄阶级或群体：不是法国贵族，他们已失去天生权利并生活在自我欺骗的迷雾中；不是中产阶级，他们由于自己的唯物主义与胆怯本能在进行一场正在失败的战斗；也不是共和主义者的农民和社会主义者的城市工人，他们在煽动家的影响下有变为毫无头脑的暴众的危险；也不是幸运的美国人，他们拥有的自由来自于不能创造和移植的偶然因素。"托克维尔在为未被颂扬的未来的英雄儿女而写作……托克维尔在为假设的公民立法者而写作"，希望他们能够在逆境之中努力创造出一种稀有而无价的社会价值——民主的自由。②

三、一种理想的阶级结构模式

托克维尔的阶级分析为人们勾勒出了一幅阴郁而绝望的政治图画，但这并不是致力于反对宿命论的托克维尔所希望看到的。他的希望并没有完全泯灭，他在法兰西普遍的绝望氛围中力图为现代政治生活中的阶级斗争寻找一剂解药。托克维尔对理想的阶级结构的建构不同于传统自由主义者，他们把市民社会想象为私利的战场，个人与群体（包括阶级）之间的对立与斗争是不可避免的，正是在这种斗争中会产生一种力量的和谐，从而保障了自由。托克维尔也不苟同于马克思，马克思认为：个人或阶级之间的对立只是一种历史现象，消灭阶级差别是走向自由的可行与必经之路，无阶级社会是人类自由理想的必然归宿。托克维尔也不同意基佐和列宁对单一阶级主宰社会与政治生活合法性的论证，他认为：被一个阶级所

---

① Alexis de Tocqueville. *Journeys to England and Ireland*. p. 19.

② Cheryl B. Welch. *De Tocqueville*. Oxford University Press, 2001, pp. 30-31.

统治的政治生活根本不是政治生活①；一个阶级的统治只会腐败自身，沦为一种新的特权阶级，建立一种新形式的贵族统治；甚至阶级冲突也要比在斗争中对失败阶级一方的压迫更有利于自由。托克维尔的贵族情结使他认为，在中世纪的各阶级之间存在着相互的合作与义务，在16世纪，自己的祖先"作为教父为村庄的许多居民服务：一种甜蜜的和父母式的关系的新的证明，在那个时代，这种关系依然存在于上层与下层阶级之间"。但是，在近代，"这种关系在许多地方已被嫉妒、怀疑和经常的仇恨所取代"。② 而阶级分裂成为了专制统治者的托词，"国家的自我管理就仿佛不复可能，必须有一位主宰介入"。③ 托克维尔还对英、法两国的阶级关系进行了比较。他发现，在英国，"一个人到处看到的是属于开明阶级的所有人们（包括从开端的资产阶级到最高处的贵族）之间存在着的团结与理解。他们共同地保卫和自由地领导社会"。他不企望英国的财富，也不羡慕它的权力，但他却嫉妒英国的阶级合作。而在法国，"阶级的仇恨与嫉妒，在成为我们所有悲伤的根源后，已毁掉了我们的自由"。④

　　托克维尔通过历史—比较与现实分析，得出了一种微妙而中庸的包含阶级竞争与阶级合作的阶级平衡理论。托克维尔尽管意识到了阶级常常会使用政府权力相互压迫，但他也认识到，自由社会依赖于适度的阶级竞争，特别是在一些基本政治原则上的竞争，并且这种竞争同为了公共善而进行的阶级合作联系在一起。在托克维尔的眼中，自由不是来自于沉闷与荒芜的无阶级社会，而是来自一种不存在单一阶级压迫其他阶级的社会状态。实际上，托克维尔在他的阶级分析中走着一条危险的政治钢丝绳。阶级仇恨由于分裂了阶级联系、削弱了阶级合作，而为专制打开了方便之门。"没有什么

---

　　① Alexis de Tocqueville. *Recollections: the French Revolution of* 1848, p. 10.

　　② Alexis de Tocqueville. *Selected letters on politics and society*, p. 350.

　　③ 参见［法］托克维尔著，冯棠译：《旧制度与大革命》，商务印书馆1992年版，第144页。

　　④ Alexis de Tocqueville. *Selected letters on politics and society*, p. 354.

事件比阶级相互仇恨与嫉妒更有利于专制。"①因此，托克维尔认为阶级合作对于自由是必需的，并且常常依赖中世纪和引用英国作为例证。另一方面，一个缺乏阶级对抗的政治体系就像七月王朝一样，不会产生伟大的思想与激情，压制了自由所依赖的个性独立、公共精神与思想创新。在七月王朝统治下，"由于每件事务都是被一个阶级的成员决定的，同他们的利益与观点相一致……这种特别的同质状态……在议会辩论中剥夺了所有原创性、所有现实性和所有的激情"。② 托克维尔读过马基雅弗利的主要著作，无疑会受到这位共和主义者的影响。马基雅弗利关于自由的一个观点就是，自由的艺术需要保证城邦内两种性格的团体之间的紧张，"在每一个共和国都有两种党派，贵族党与人民党；而有利于自由的所有法律来自于这些党派相互之间的对立"。③ 由于没有阶级的竞争，自由就不能存在，由于阶级之间极端的仇恨与嫉妒，也不会有自由的存在，所以，一种微妙的阶级平衡就必不可少。托克维尔最终认为，一个国家总会有富人与穷人，总会有限制人民权力的党派与促进人民权力的党派存在，阶级现象从来不会消失，自由就要求一种微妙的平衡，即阶级之间在共同善观点上的竞争和在社会基本结构上的合作两者之间的一种平衡。④

总之，我们可以将托克维尔的阶级政治思想归纳如下。他认为，阶级是历史发展的主体，并采用了一种阶级分析法来研究现代政治。他没有给予阶级以明确的概念，也并没有将阶级斗争视为现代社会唯一的、最重要的特征。他对西欧三个阶级：贵族、资产阶级与下层人民（包括工人、农民）的历史演化进行了详尽的探讨。

---

① Alexis de Tocqueville. *The European Revolution and Correspondence with Gobineau*. Trans. and ed. by John Lukacs. Gloucester, Peter Smith, 1968, p. 77.

② Alexis de Tocqueville. *Recollections*: *the French Revolution of* 1848. Transaction Books, 1987. p. 10.

③ Quoted in Roger Boesche. *The Strange Liberalism of Alexis de Tocqueville*, p. 202.

④ 参见［法］托克维尔著，董果良译：《论美国的民主》，商务印书馆 1988 年版，第 197 页。

他惋惜贵族的自甘堕落；他厌恶资产阶级的贪婪与平庸，把它视为对自由的新威胁；他同情普通人民，欣赏他们的活力，但又不愿夸大他们的道德能力。总之，在托克维尔的阶级分析中，不像基佐与列宁一样，缺少一个终极的、体现历史必然性的群体。托克维尔的理想阶级模式既不是一个阶级的统治，它会压制个性独立与公共精神；也不是阶级之间的无限竞争，它会带来社会分裂与政治专制。他认为，自由社会依赖阶级合作与阶级竞争之间的适度的结合。

（胡勇　武汉大学政治与公共管理学院副教授）

波朗查斯的结构主义国家观探析

◎陈　刚

【摘　要】　波朗查斯对政治学的最大贡献就在于他否定了工具主义的国家观，并提出和详细论证了国家的相对自主性概念。在他看来，国家的相对自主性是与国家在生产方式结构整体中的作用紧密相联的，而资本主义国家也正是因为具有相对自主性才能更好地以全民国家这种矛盾统一体来发挥其调和功能。建立在国家相对自主性观点的基础上，波朗查斯批判了西方社会科学界流行的多元国家论及分权理论。总体上看，他的结构主义国家观强调从结构整体及其内部各要素的关联出发来研究社会和国家，确有合理之处，而其国家相对自主性观念也与经典马克思主义的国家职能两重性观点相一致。

【关键词】　波朗查斯　国家自主性　结构主义国家观

尼科斯·波朗查斯是希腊著名政治学家，他的一生都在致力于建构马克思主义的政治学，并最终以其结构主义国家观而享誉世界。波朗查斯受阿尔都塞的结构主义和葛兰西的霸权理论影响很深，也熟知马克思·韦伯、帕森斯、伊斯顿等当代社会科学大家的研究成果。通过对这些学者理论观点的批判、吸收和综合，他得以推陈出新，成为"二战后这个时期最重要和最有影响的马克思主义国家理论家和政治理论家"。①

波朗查斯对第二国际和第三国际持有的经济主义观念非常不满，认为把国家及社会现实的其他层面只归纳为经济的附带现象是错误的。② 他还提出了资本主义国家的"相对自主性"概念，以反击在他看来带有简化论色彩的工具主义国家观。虽然波朗查斯的学术贡献受到西方学界的普遍承认和尊重，但在国内人们对他的关注显然是不充分的。为此，本文将尝试着对波朗查斯的国家理论作些介绍，以期能够抛砖引玉。

一、国家的相对自主性概念

作为阿尔都塞的学生，波朗查斯借鉴了老师的症候阅读法来研究马克思的著作，以尽力挖掘《资本论》等著作中马克思含蓄提法背后的微言大义。他从《法兰西内战》中对波拿巴主义的政治分析推断出马克思已有资本主义国家相对自主性的看法——虽然还不明确且解释得不清楚，并认为马克思所谈的事实上适用于所有资本主义国家，亦即所有形式的资本主义国家都具有这种相对自主性。在《政治权力与社会阶级》中，波朗查斯对国家相对自主性作了解释："我的意思是指的国家对阶级斗争领域的关系，特别是其针对权力集团的阶级和派别的相对自主性，并扩大到针对权力集团的同盟和支持力量的相对自主性。"③ 这种相对自主性是资本主义国家的基本特征，它主要表现在两个方面：一方面，针对经济的自主性使国家制定的社会政策并不直接反映阶级统治的现实，而常常会照顾到同样作为国家公民的被统治阶级成员；另一方面，"制度化的政治权力中的这种自主性本身有时使其有可能触及统治阶级

---

① 转引自 Michael Newman. *Ralph Miliband and the Politics of the New Left*. The Merlin Press, 2002, p. 199.

② Nicos Poulantzas. The Problem of the Capitalist State. *New Left Review*, N. 58, 1969, p. 68.

③ ［希］波朗查斯著，叶林等译：《政治权力与社会阶级》，中国社会科学出版社 1982 年版，第 285 页。

的经济权力，但从不威胁到它们的政治权力。"① 此外，国家的相对自主性有助于解释如下现象：有时在资本主义生产方式中居于支配地位的霸主阶级或派别并非政治上管理国家机器的那个阶级或派别，后者甚至可能不属于权力集团；在另一些时候，占统治地位的意识形态并不简单反映统治阶级的世界观，而是深受一些非统治阶级或派别的生活方式的影响，同时先前占统治地位的统治阶级的意识形态可能在其统治地位丧失后仍长期存在。那么，国家的相对自主性根源于何处呢？这个问题的答案需要从资本主义生产方式的结构整体中去寻找，需要从国家在这个结构中的地位和作用中去寻找。

波朗查斯认为，生产方式不单指生产力和生产关系，它是由经济、政治法律、意识形态等共同结合而成的，在其中经济环节是最终起决定作用的因素。在奴隶制和封建制生产方式中，经济中的实际占有关系以直接生产者与生产资料的统一为其特征，生产资料和劳动产品的所有者则是作为非劳动者的奴隶主和封建主。如此一来，经济上的奴役和从属关系成为必要，而对被统治阶级作出任何让步都会构成对统治阶级利益的损害；政治上则必然表现为等级森严的制度，超经济强制以及合法暴力的使用都较为明显；意识形态中宗教占据支配地位，它不仅极力美化金字塔式的等级结构，而且将人与人之间的地位差别装扮成自然、公正、神圣的秩序。相反，在资本主义生产方式中，尽管生产资料和劳动产品的所有者仍然是作为非劳动者的资本家，但直接生产者与其劳动所需要的生产资料却分离了，他们成为自由的，除了自己劳动力以外一无所有的个体劳动者。这种生产承担者的个人化及直接人身依附关系的排除是资本主义机器化大生产所必需的，它导致了劳动过程的集体化和资本的集中，并使资产阶级得以在其中获取最大的利益。但与此同时，为了维持这种生产方式的经济结构及以此为基础的统治秩序，就必须让价格规律充分发挥作用，因此政治上的超经济强制就不再需要

---

① ［希］波朗查斯著，叶林等译：《政治权力与社会阶级》，中国社会科学出版社 1982 年版，第 210 页。

了，同时资本主义国家还必须对其政治法律上层建筑进行改造，以使其反映生产方式的经济结构。

经过改造后的资本主义的法律、政治及意识形态结构有效地掩盖了生产承担者的阶级关系，工人与资本家之间的尖锐冲突也通过资本主义国家的调和作用得到缓解，而调和的手段就是通过各种制度设计来把阶级矛盾转化为个人矛盾，以及把资本主义国家打造成全民国家。于是，资本主义国家不再以醒目的阶级统治工具的形象出现，而是以大众主权拥有者的面目出现，它甚至可能表现为被统治阶级的代表，鼓励其与统治阶级相对抗，从而看上去好像在维护被统治阶级的利益。因此，资本主义国家具有这样一种特性，"即在其实际机构中无论哪里都不会有这种严格的政治统治形式，也就是以统治阶级与被统治阶级之间的政治关系的形式出现。在这种国家机构中，一切行事看起来好像并没有阶级'斗争'存在。"① 在法律体系方面，奴隶制和封建制国家的"特权"规定被新的一整套自由平等的司法原则所取代，工人、资本家都成为法律面前平等的个体公民；在政治环节方面，代议制、普选等设计使每个公民看上去都得以"分享"主权，国家也似乎成了整个社会普遍利益的代表；在意识形态方面，非阶级化的价值灌输使被统治阶级逐渐相信了这个全民国家的合法性，接受了隐蔽的阶级统治和剥削，认可了阶级话语的逐渐淡化，并自觉和不自觉地放弃了自己的阶级身份。

这样的资本主义国家是具有相对自主性的国家，其自主性表现在其并非统治阶级的简单工具，也非随时听命于它并受其摆布的机器。在必要时资本主义国家会在经济上对被统治阶级作出让步，这些让步甚至可能损害到统治阶级的短期利益并限制其经济权力。因此，资本主义国家是全体国民代表的这种修辞并非纯属虚幻，在有利于分化各种抵抗力量、缓和阶级斗争烈度时它的确会充分考虑被统治阶级的利益。尽管如此，这一事实并未否定资本主义国家要最

---

① ［希］波朗查斯著，叶林等译：《政治权力与社会阶级》，中国社会科学出版社 1982 年版，第 204 页。

终服务于统治阶级的利益，原因在于资本主义国家"并不直接代表统治阶级的经济利益，而是代表它们的政治利益。"① 只要国家权力仍然掌握在统治阶级手里，资本主义生产方式的整体结构也未受破坏，那么即便少数资本家的经济利益作了某些牺牲，资产阶级的整体利益和长远利益仍能得到有效保障。这充分说明，前述国家的自主性是相对的而非绝对的，是基于统治需要所具有的一种特殊性质，而国家对统治阶级政治利益的维护就是靠其对统治阶级的相对自主来实现的。正因资本主义国家具有这种相对自主性，它才能更好地以全民国家这种矛盾统一体来发挥其调和功能，以在政治上瓦解工人阶级，保持工人阶级在经济斗争中的那种分散化的状况，并换取其个体成员对自己的支持；也正因它在与统治阶级的关系上具有一定的独立性，它才能够在政治上更有效地组织起经济利益方面互相竞争和对抗的统治阶级，从而使既有秩序得以长存。

二、对多元国家观和分权理论的批判

建立在前述国家相对自主性的基础上，波朗查斯批判了西方社会科学界流行的多元国家论，认为它不仅造成了有关国家和政治权力的概念混乱，而且对工人阶级的斗争策略产生了消极影响。这种多元国家观有不同的版本，比如新自由主义和新阶级合作主义。它们虽然有一些共同的缺陷，但其理论观点又各有特色。

在新自由主义学派看来，国家机构是由众多决定中心所构成的，"在这些决定中心之间，代表着一体化社会各种'经济势力'的各种各样'权力集团'或者'压力集团'或者'事实上的势力'等，通过'竞争'而'自动地'实现平衡。"② 这种理论低估了政治的重要性，把政治看作经济领域变动的自然结果，从而不能科学理解经济与政治之间的关系。在新自由主义者眼里，政治权力

---

① ［希］波朗查斯著，叶林等译：《政治权力与社会阶级》，中国社会科学出版社 1982 年版，第 207 页。

② ［希］波朗查斯著，叶林等译：《政治权力与社会阶级》，中国社会科学出版社 1982 年版，第 299 页。

是已经形成的不同经济势力加以平分的战利品，而国家则被看作是各种势力竞争平衡后所产出的政策的执行者，于是政治相对于经济的那种独立性和自主性丧失了。在波朗查斯看来，这种理论本身即是资本主义生产方式整体结构中意识形态功能的反映，它以多元社团相竞争的方式来淡化阶级色彩，抑制阶级话语的运用。于是现实社会中的阶级斗争和冲突被掩盖了，所存在的只是作为政治上自由平等的个体公民所结成的非阶级化或者阶级属性不明确的各种集团，霸主阶级所具有的以及国家权力维护的那种政治利益被融解为各种势力的经济利益。

作为多元国家观的另一种版本，新阶级合作理论有着更为悠久的传统。该派理论的支持者认为，经济方面的各种社团和利益集团并不能像新自由主义所乐观预期地那样自动达成平衡，它们之间的确存在令人困扰的矛盾和冲突。这种矛盾和冲突尽管还达不到阶级斗争的程度，但是任其不管又必然会影响社会稳定，故此需要尽力促成其合作及和谐，而合作及和谐的关键是使其制度化并且发挥国家的指导作用。于是，"这些各种各样的利益集团和压力集团都表现为直接接受一种公共地位，都被官方所承认并由国家直接登记，国家实现了它们的统一。"① 由于新阶级合作主义对社会民主主义思潮的影响，工人运动日益呈现出改良主义的倾向，一些理论家和实践家们不切实际地期待着工人阶级能够成为众多集团的一员而被纳入制度化的权力结构中，波朗查斯对此感到忧虑，他指出工人阶级与资产阶级分享权力的这种理论构想已被实践所否定，一些国家的确出现了工人阶级的制度化，但它始终被排除在权力集团之外。这充分说明新阶级合作主义的看法并不符合现实：在其理论中国家权力本身所具有的阶级属性被掩盖了，而在实践中国家却正是作为统治阶级政治权力的矛盾统一体而存在的。与新自由主义一样，新阶级合作主义也不能科学地理解经济与政治的关系，但在后者那里，政治不是融解为经济，而是吸收了经济。也就是说在后者那

---

① ［希］波朗查斯著，叶林等译：《政治权力与社会阶级》，中国社会科学出版社 1982 年版，第 300 页。

里，所表现的不是政治权力为事实上已形成的各种经济势力所俘获，而是各种经济势力在国家制度内部获得了法定的地位。

对于新自由主义理论来说，由于其缺乏政治权力统一的概念，且国家不能维持内部的统一，因此国家相对于各种经济社会势力的自主性问题也就无从谈起。新阶级合作理论则不然，它对国家作用的看法要更为积极一些，作为指导力量的国家不但起中立仲裁者的作用，而且它为促成合作要尽力实现利益均沾以促成内部的统一。此时国家被看做是各阶级之外不偏不倚的调停者，由此相对自主的问题就得以出现，只不过在这里相对自主被看做是现有各种社会势力之间平衡的结果。波朗查斯明确反对此种观点，他强调国家的相对自主是资本主义社会形态各种结构相对独立的一种特性，它应该是针对统治阶级和权力集团而言的，因此社会势力平衡而产生的那种国家自主性与统治阶级霸主组织需要的那种国家自主性并不相同，后者是所有资本主义国家在其所有时期共同具有的特性。此外，资本主义国家的相对自主并不需要以社会势力的平衡作为必要条件，甚至有时现存各种社会势力的均衡会使国家"停止作为各个统治阶级的政治组织者而发挥作用"，从而导致"霸权的危机"。①

值得注意的是，新自由主义学派和新阶级合作主义都支持分权理论，从而不仅无法认识政治权力本来所具有的那种统一，也根本无法解释国家的相对自主问题。针对此种分权谬误，波朗查斯反复指出，资产阶级不同派别在生产过程中的利益矛盾和冲突是固有的，它无法通过政治分权来实现平衡，而必须依靠国家来为其提供政治上的统一和组织，以有利于资产阶级的整体利益。因此，政治权力事实上总是掌握在霸主阶级或派别手里的，而这种掌握反映的是它所属的生产方式在社会形态中的支配地位。尽管有时在制度上国家权力有某种分配，但这不能等同于权力的分割和分享，毕竟在国家的立法、行政、司法等各种权力中，重心最终会落在某种权力

---

① ［希］波朗查斯著，叶林等译：《政治权力与社会阶级》，中国社会科学出版社1982年版，第334页，注23。

上，它构成了国家统一的主要环节。为了论证这个观点，波朗查斯对法国革命后所出现的那种权力划分进行了阐释，他强调在当时形式上的权力划分中同样存在着霸主阶级，而立法权则是国家的中心环节。当然，对于现今西方社会形态来说，尽管议会被看做是合法的大众主权拥有者，但这是意识形态中非阶级化功能的产物，事实上行政越来越具有优越地位，再加上作为结构整体的国家权力的作用，议会夺权的道路并不会实现被统治阶级对政治权力的征服，因此一味寄望于国家机器内部变革的民主社会主义战略是不具可行性的。

三、结构主义国家观的理论价值

总体而言，波朗查斯的国家理论是一种结构主义国家观，而结构主义所奉行的原则就是："在任何既定情境里，一种因素的本质就其本身而言是没有意义的，它的意义事实上是由它和既定情境中的其他因素之间的关系所决定。"① 根据这样的原则，任何结构都包含了若干因素，而结构中每个因素的研究都必须考虑到它在结构中的地位以及它与结构其他因素的关系。作为某个时期实际存在的社会整体，社会形态就是这样的结构，它由若干生产方式叠合而成的，在其中某种生产方式占据着支配地位。这种生产方式究竟是封建主义的还是资本主义的决定着此时社会形态的特性，即它属于封建主义还是资本主义，而这种生产方式与其他生产方式的支配与被支配的关系就是此时社会形态的结构模式。当然生产方式自身亦是一个结构整体，它不是纯粹经济的东西，而是包含了经济、政治和意识形态诸个环节，它们之间的关系则是特定生产方式的结构模式。在生产方式的结构整体中，经济、政治和意识形态环节虽然都是各自独立的，但是经济环节最终起决定作用。也就是说构成经济环节的各因素的结合方式决定着生产方式的模式，决定着在该生产方式中由哪个环节占据统治地位，例如在封建时代宗教意识形态就

---

① ［美］特伦斯·霍克斯著，瞿铁鹏译：《结构主义和符号学》，上海译文出版社 1987 年版，第 8～9 页。

常常占据统治地位。

波朗查斯进一步指出，有关资本主义国家的理论事实上属于资本主义生产方式的政治部门理论，而"资本主义生产方式中的政治部门理论要求以这种生产方式的特殊理论为前提。"① 也就是说，如果没有细致考察资本主义生产方式的独特性及其经济、政治、意识形态各环节的关系，那么资本主义国家的性质、职能也将无法得到全面的理解。与之前的奴隶制和封建制相比，资本主义生产方式中的经济结合方式是独特的，它表现为生产承担者和生产资料占有者的分离。这一点导致了生产过程中的阶级关系以个人关系的形式出现，造就了资本主义国家政治与经济关系的独特性。为了适应经济环节的独特性，资本主义国家不能够再以阶级的面目出现，它必须在法律制度上实现统治的非阶级化。于是，公民被赋予了形式上的普选权，他们相信自己控制着主权，而这样的"全民国家"既使政治统治获得了合法性，又冲淡了其阶级的意味。

基于结构主义的立场，波朗查斯指责经济决定论和工具主义国家观是机械的、带有简化论色彩，它们不仅低估了政治的重要性，也不能够解释国家与生产方式结构整体的关系。波朗查斯指出，在资本主义社会形态中，事实上并非有一个内部统一的资产阶级控制着国家，而是国家组织起了资产阶级的政治统治。也就是说，资本主义国家不只是统治的工具和社会形态的一个特殊方面，它还是社会形态各个方面矛盾集中的场所，并体现着阶级力量的对比关系。这就决定了它的功能是对结构中的各组成因素进行调和，以实现社会形态中的统一，并在阶级冲突中维持着秩序。为了发挥这种功能，资本主义国家不仅需要在政治上缓和对立以巩固统治基础，也需要在经济上推动资本主义生产和交换，在意识形态上履行政治教育和指导的职责。由于这些经济上和意识形态上的职能都最终着眼于调和，因此它们也同样具有政治的性质，而这就说明了"政治

---

① ［希］波朗查斯著，叶林等译：《政治权力与社会阶级》，中国社会科学出版社 1982 年版，第 8 页。

上层建筑毕竟是结构各方面中起多元决定作用的方面，它把各个方面矛盾集中起来，并且反映出它们的关系"。①

波朗查斯指出，资本主义国家因为具有特殊的调和功能而区别于之前的奴隶制国家及封建制国家，同时特殊的调和功能也就意味着资本主义国家必须保持其与阶级斗争领域的距离，并在一定程度上独立于权力集团及其同盟，这就产生了国家的相对自主性。很显然，这里相对自主性不同于工具主义国家论者的相对自主性，工具主义国家论者注重分析现实中的政治行为，认为国家的相对自主性是指国家权力的执掌者相对独立于资本家，而波朗查斯则强调结构分析，认为国家的相对自主性是指作为一种结构的国家相对独立于统治阶级。秉承结构主义的立场，波朗查斯认为资本主义国家的官僚之所以维护资产阶级的利益是由于结构的作用，也就是说"如果在一个确定的社会形态中，国家的功能与该形态中统治阶级的利益相一致，那么其原因在于系统自身"。② 他批评工具主义国家论者把国家机器的功能简化为国家官僚的行为，然后再从官僚的出身、教育来推导他们的行为。波朗查斯断定，这种简化和推导都是错误的，国家的功能是由国家在社会形态中的地位决定的，而官僚的行为则是由国家对其的法律要求来规范的。"在波朗查斯眼中，资本主义国家内部的调和是通过行政和高层管理服务来实现的，而不论在这些职位上的是些什么人。国家与资产阶级的制度性的分享并不仅仅是一个谜语游戏。宪法上和组织上的安排过滤了国家公务员的个人利益，使其为资本主义的长期利益服务。"③

从今天的观点来看，波朗查斯所采用的从结构整体及其内部各要素的关联出发来研究社会和国家的方法有其合理之处，他对资本

① ［希］波朗查斯著，叶林等译：《政治权力与社会阶级》，中国社会科学出版社 1982 年版，第 73 页。

② Nicos Poulantzas. The Problem of the Capitalist State ［J］, *New Left Review*, N. 58, 1969. p. 73.

③ ［英］邓利维、奥利里著，欧阳景根等译：《国家理论：自由民主的政治学》，浙江人民出版社 2007 年版，第 169 页。

主义国家性质和功能的认识也符合马克思主义的基本观点。例如，波朗查斯说到特定社会形态中会有不同生产方式的并存，这是正确的，而且马克思也谈过欧洲封建社会晚期资本主义生产方式的萌芽。再如，波朗查斯提出资本主义国家具有相对自主性，认为其政策制定不能只考虑统治阶级的利益而要照顾所有社会成员的利益，这也与经典马克思主义的国家职能两重性观点相一致。在以往国内的一些政治学教材中，资本主义国家的社会职能被认为是不存在的，但现今人们都已普遍承认，国家的阶级性并不妨碍国家在拥有政治统治职能的时候同时拥有社会管理职能，而且政治统治还是以社会管理为基础的。当然，波朗查斯对工具主义国家观的批评及其有关国家相对自主性的观点都并非要否认国家为阶级统治服务，毕竟国家机器的相对自主的地位恰恰是要维护资产阶级最终能借以获利的那种秩序，就此而言他与恩格斯的下述观点也有共通性，即国家是一种表面上凌驾于社会之上的力量，它应当缓和冲突，把冲突保持在"秩序"的范围以内。①

尽管如此，波朗查斯结构主义国家观的局限性也是很明显的。首先，他对马克思、恩格斯等人的文本作断章取义的理解，并且常常根据自己的需要来生造新概念或赋予旧概念以新的内涵，有时还刻意追求标新立异，这样做实际上是在篡改马克思和恩格斯等人的原意。其次，他认为既有的政治分析都是从错误的认识论和理论框架入手的，这使实证研究很难有所突破，故此他热衷于概念的生产和国家理论的构建，不太注重经验的观察，从而往往导致其理论的抽象化和形式主义。再次，他极力突出资本主义国家的特殊性，拒绝承认一般国家理论的存在，这是不可取的，而他对国家工具性的批评及其有关权力集团构成多元化的观点都表明他对国家的阶级属性认识不清。最后，他鼓吹政治的多元决定作用，过分强调政治相对于经济的独立性，这实际上是要否定生产力决定生产关系以及经济基础决定上层建筑的历史唯物主义原理，因而他的结构主义国家

---

① 参见《马克思恩格斯选集》第4卷，人民出版社1972年版，第166页。

观本质上是种唯心的哲学观。正因如此，就连左翼阵营中的许多学者也纷纷对其提出了尖锐的批评，甚至有人指责波朗查斯在国家观点上是"反唯物主义的、反人道主义的，非历史主义的和描述性的"①，这种批评从一定程度上看也是有道理的。

（陈刚　武汉大学政治与公共管理学院政治学系讲师，

主要从事政治学理论与比较政治研究）

---

①　［美］罗纳德·H.奇尔科特著，高铦、潘世强译：《比较政治学理论——新范式的探索》，社会科学文献出版社 1998 年版，第 417 页。

自由、民主与共和

中世纪的经济共和思想①

◎储建国

【摘　要】　罗马帝国解体后，人们的私人财产和公共财产都难以得到保障，普通平民不得不寻求强权者的保护。以阿奎那为代表的中世纪思想家在基督教义、古代思想与现实生活之间进行调和，对私有财产和市场交易做了某种程度的肯定，但同时从人类共同利益的角度，对它们进行了严格的限制。阿奎那尽管没有像近代思想家认识到市场交易所具有的神奇力量，但他们的思想在反思这种力量的有限性和破坏性方面仍然具有启发意义。

【关键词】　中世纪　经济共和　阿奎那

柏拉图和亚里士多德等古代思想家开创了西方经济共和主义的传统。这种传统在于强调城邦公民的总体幸福是制度安排的目标和人们行为的准绳，而总体幸福由公共利益和私人利益构成。城邦是大家在一起生活的场所，通过分工和交易，两种利益都得以增进。在古代的共和传统中，公共利益高于私人利益，而且公共利益需要单独的关注，不能仅靠私人利益的转换而实现。在私人利益与公共利益发生冲突时，前者要让位给后者。公共利益的实现，一方面由城邦政治生活直接加以推进，另一方面则通过公民私人的活动间接

---

①　本文是国家社科基金项目"经济排斥与政治容纳：和谐社会的平衡原理"（项目编号：05CZZ003）的部分成果。

地予以保障。私人的活动主要是获取财富的活动，也就是生产和交易的活动，在亚里士多德那里称为致富技术。这种活动尽管为公共利益的实现提供了丰富的资源，但也容易产生障碍。因为财富容易让人私欲膨胀，因而需要在公共利益的指导下予以节制。关于这种节制的讨论，主要是回答如何公平地占有财富和从事交易，也就是分配公平和交易公平的问题。

中世纪初期，这种经济共和主义思想基本上中断，到了 13 世纪，以托马斯·阿奎那为代表的经院哲学家继承和发扬了这个传统。古希腊罗马的这个传统经过两条线流传下来：一是重于实践的线，其中介是罗马法；二是重于思想的线，其中介是亚里士多德的著作，主要是《政治学》和《尼可马各伦理学》。前一条线重视私人的利益和行为，后一条线则重视公共的利益和行为。有人会认为，前一条线对后世西方的影响更为持久，但后一条线则更能凸显私人利益和公共利益的紧张关系，可以更多地启发人们对经济共和主义的理解。

一、经济自由的障碍与保护

随着罗马帝国的扩张和衰落，共和制度趋于瓦解和消亡。至查士丁尼时代，罗马法渐渐脱离共和的精神，而增强专制的内容。查士丁尼按专制政治利益修改法律条文，并限制有利于自由的任何变动。那时，"虽然公民在法律面前享有平等，至少是名义上的平等，但不再有以前为人们视为光荣并极力追求的那种与公民称号联系的各种权利了"①。司法体制也走向腐败，权势者同律师和司法官勾结起来，无情地压榨着底层的、穷困的人民。诉讼费高得普通百姓无法承受，他们只有忍受掠夺和欺诈而放弃诉讼。不管怎么，那毕竟还是为平民诉求提供了一种形式上的保障。随着内部治理和外部关系的野蛮化发展，罗马的共和秩序崩溃，那些形式上的制度也不见了，掠夺和抢劫成为生活的常态。

---

① 转引自巫宝三：《欧洲中世纪经济思想资料选辑》，商务印书馆 1998 年版，第 96 页。

其间也有开明的皇帝如查理曼重建了政治秩序和法律制度，以保护人们和平的经济活动，并抑制经济中的一些不公平现象。他在任期内召开了35次全国议事联席大会，制定了大量的法律，被统称为教士会法规。这些法律条文中渗透着罗马共和的记忆。第一，查理曼要求臣民各守本分，精心打理属于自己的事务；第二，他要求关心庶民疾苦，使他们免于贫困，人们应救济自己土地上的穷人；第三，他要求采取措施，保护商业活动，打击海盗，统一度量衡，禁止欺诈和垄断，限制不公平价格；第四，他要求打击教士和官员的腐败、专横行为，并规定教会可以成为权贵和平民之间的斡旋者，实际上是要求教会成为平民的保护者。

然而，查理曼之后，帝国解体，欧洲几乎陷入无政府状态，此前的一点共和记忆也荡然无存。外敌不断入侵，全国战乱不息，人民饥寒交迫。欧洲变成野蛮的竞技场，人身财产得不到保障，商业活动萎缩，人们匍匐在权势人物的脚下，所谓公民的权利，自由的精神成为罕见之物。这时的农奴和自由民比罗马共和国繁荣时期的奴隶和自由民的处境要悲惨，他们受到主人和权贵随意的虐待和欺压。

在这种情况下，平民要改变自身的处境，只有利用特殊的事件和暴政的缝隙。有两项历史事实需要提及：一是十字军东征，二是犹太人致富。

关于十字军东征，通常的解释是宗教狂热的产物，但它忽视了另外的重要因素，那就是贫穷和奴役。十字军中有各色人等，如商人、工匠、农民、修道士、乞丐等。参加十字军的，可以免除佃农税，可以延期还债，有功者还可以受赐土地、房屋甚至城市。十字军带来了人道主义灾难，但也打击了贵族，巩固了教会和君主统治，自由民发了财，奴隶、半奴隶获得一定的自由。发了财的自由民、获得自由的被奴役者为商业活动的复兴准备了条件。

犹太人致富在很大程度上是这个民族对受歧视、压迫的坚强回应。他们在欧洲受到基督教、穆斯林以及其他一些信仰的排斥，一直没有公民权。他们在夹缝中求生存，通过追求财富来减轻内心的痛苦，并拼命成为别人所需要的人，而不致被赶尽杀绝。当封建领主专横暴戾之时，商业活动基本上无法进行。"但犹太人不畏艰险，惯于四处漂泊，他们梦想扩大经营范围，不动声色地致力于沟通各个大陆和联系各个王国。……犹太人就这样运用微小的资本，逐渐成为一切财富的主人。"① 犹太人通过艰苦的努力，不仅复兴了商业活动，而且开始建立以货币体系为核心的现代经济体系。

依靠特殊事件和暴政缝隙而生长的自由与贸易是不安全的，也是不能持续的。就犹太人而言，他们受到迫害的一个重要原因就是因为他们有钱。1096 年，菲利普一世将犹太人驱逐出法国，随后规定必须拿钱买回入境并受保护的权利。宗教圣战的经费常常要犹太人偿付。圣·路易王竟规定欠犹太人的债可以不还。1288 年，巴黎议会因犹太人教徒集会声音很大而课以重额罚金。菲利普四世继续驱逐犹太人，然后在需要钱时将他们召回，其继任者规定犹太人必须上交所收债款的 2/3。至于其他人身方面的迫害，就不胜枚举了。

这些遭遇说明，没有政治权利的保护，经济权利是难有长久保障的。不仅犹太人，其他商人和劳动者也一样。由于当时的政治制度无法为他们提供政治权利，他们只有自己组织起来，共同争取权利。这方面同样有两件重要的历史事实：一是北欧洲的汉萨同盟，二是南欧洲的城市共和国。

汉萨同盟成立的时间大概可以上溯到 1210 年，德意志的律贝克和汉堡两个城市一致同意在某些事务中采用一种共同的民法和刑法，十多年以后，这两个城市分别从皇帝那里得到了自由城市的特权。1241 年，这两个城市为保护本市商人抵抗掠夺者而结成了正式的联盟。1259 年，为了同样目的，律贝克、汉堡和布鲁日签订了同盟协议，被认为是汉萨同盟的起点。② 这个同盟开始时并不引人注意，但发展速度惊人，很快控制了北欧洲的商业活动。汉萨同

---

① 转引自巫宝三：《欧洲中世纪经济思想资料选辑》，商务印书馆 1998 年版，第 123～124 页。

② ［美］詹姆斯·W. 汤普逊著，徐家玲等译：《中世纪晚期欧洲经济社会史》，商务印书馆 1996 年版，第 204 页。

盟对外保护同盟成员的安全和利益，对内调解冲突，尽可能适用统一的规定，如"律贝克习惯法"渐渐得到比较广泛的应用。同盟设有议事机构，也就是同盟议会，由比较大的城市派代表组成，不出席者会有惩罚。议会通常每三年举行一次，议题非常广泛："为保护货物所应采取的措施；宣战；缔约；保护道路和海洋的方法和手段；保证从外国人那里取得更广泛的特权问题；水路、陆路交通新路线的开辟；确立货币和度量衡的统一规则问题；滞销货物之处理以及解决纠纷之方法。"①

因此，汉萨同盟不仅是一种商业性的保护组织，而且是一个政治上的自治组织。它不仅通过自身的力量，打破了君主、贵族、盗匪对商业活动的阻挠和破坏，而且实行和宣传着一些民主的治理。它通过选举代表参加同盟议会，从而尝试着某种代议民主。另一方面，它通过确认行会等组织的自治，而支持着某种直接民主，它承认各行业有自行开会和做出决议的权力，只要不违反所在城市的有关法令。

如果说汉萨同盟有一点罗马共和的印记，那么意大利的自治城市则可以视为罗马共和的复兴了，因为与北欧洲相比，罗马传统在南欧洲更为根深蒂固。不过，最直接的原因是财富的增长，生活在城市中的自由民富起来之后，就希望能够自由支配财产，不能忍受贵族们的压制和奴役。这些城市没有形成像汉萨同盟那样，据说是因为得到了君主的支持，后者想借助自由民的势力对付贵族。在一份王室颁发给多伦斯市的特许状中，有这样的话："鉴于上述城市的当权者对城市自由民的不公正态度和欺凌骚扰，特发此状，以伸正义。"② 城市自由民所获得的权利主要与财产和商业有关，如维持城市和市场秩序的权利，制定有关自身利益的法律的权利，按一定条件和方式纳税的权利，组成陪审团审判的权利等。这些政治权

① ［美］詹姆斯·W.汤普逊著，徐家玲等译：《中世纪晚期欧洲经济社会史》，商务印书馆1996年版，第220页。

② 转引自巫宝三：《欧洲中世纪经济思想资料选辑》，商务印书馆1998年版，第139页。

利对经济利益的保护是非常重要的。以前，贵族们缺钱时，就强迫自由民贷款，但这种贷款常常有去无回，相当于抢劫掠夺。法国苏瓦松市自由民所获特许状中规定城市居民给主教的贷款以三个月为期，如到期不还，以后不再给予贷款。①

但与罗马共和国相比，这些政治权利更具有工具性的意义，更多的是保护经济利益的手段，而不像罗马人那样，将有尊严的公民资格看得比财富更加重要。这种工具性的权利一方面对获得权利者是一种保护，另一方面对未获权利者是一种排斥，甚至表现为压迫性的特权。譬如说，汉萨同盟尽管做出了一些民主的示范，但其核心目标是维持城市和商业秩序，保护寡头的统治，其重要官职一般出自巨富豪门。对于正在兴起的平民阶级，汉萨同盟是充满敌意的。1374 年，不伦瑞克爆发了一次平民反对城市议会的起义，结果遭到汉萨同盟的报复，该城市被开除盟籍，该城商人被逐出同盟控制的所有市场。② 南欧洲的那些城市共和国同样排斥平民。威尼斯混合政体其实是由少数寡头控制的。佛罗伦萨混合政体有更多民主成分，但大部分居民在市政管理上没有发言权，公民权只限于少数世袭家族的代表。平民中发了财的如银行家、富商、大雇主等与上层结合，跻身统治集团，舍弃了平民百姓。而地位低下的平民如小零售商、手工业者、工资劳动者、临时工以及最下层的劳动阶层等则沦为被统治者，受到排斥与压制。于是，新一轮的反排斥循环又开始了，复制着古罗马平民与贵族的斗争。佛罗伦萨则是典型代表，1379 年，该城下层阶级发起了叫"褴褛汉"起义，使这一斗争达到高潮。③

而为遭受经济排斥的平民阶层做理论上辩护的恰恰是古代经济共和思想，在中世纪继承这一思想的主要代表人物就是阿奎那。

---

① 转引自巫宝三：《欧洲中世纪经济思想资料选辑》，商务印书馆 1998 年版，第 139 页。

② ［美］詹姆斯·W. 汤普逊著，徐家玲等译：《中世纪晚期欧洲经济社会史》，商务印书馆 1996 年版，第 220 页，注释 1，第 550 页。

③ ［美］詹姆斯·W. 汤普逊著，徐家玲等译：《中世纪晚期欧洲经济社会史》，商务印书馆 1996 年版，第 307 页。

二、私有财产的公共性

阿奎那的经济共和思想直接来源于亚里士多德，他所要做的工作是要在亚氏观点与圣经教义之间建立起合理的联系。我们就财产权和公平交易问题来理解一下阿奎那的努力。

在财产权问题上，圣经教义与亚氏观点之间应该是存在很大距离的。圣经里面描述了一种朴素的共产景象，《使徒行传》中说："信的人都在一处，凡物公用，并且卖了田产、家业，照各人所需用的分给各人。……那许多信的人都是一心一意的，没有一人说他的东西有一样是自己的，他们所有的财产都是公共的。"① 如何理解这两段话，后世存在很大的争议。但至少可以说，这里没有对私有财产给予什么肯定。而亚里士多德则明确地肯定了私有财产。作为耶稣的信徒和亚氏的追随者，阿奎那如何调理二者的冲突呢？

在阿奎那之前，一些早期的教会作家探讨过这类问题。这些作家们首先要做的事是劝导人们放弃世俗的财富，要乐善好施，尤其是劝告富人不要滥用财富，而要与穷人共享财富；其次，他们要提供这种劝导的理由，那就是圣经里所说的，每个人所占有的东西，从根本上说，不是你的，而是上帝赐给人类共有的；再次，现实社会中的私有财产权有没有必要呢？多数作家认为是有必要的，这是因为人类只是在理想的自然状态（犯原罪前的伊甸园时代）中，才不需要私人的财产权；可是，当人类脱离了那个状态，进入了原罪后的状态（近代学者们的自然状态）时，人们的贪婪开始发作，必须要用财产权对其加以约束，人们不能因为贪婪而随意拿走属于别人的东西，这就让社会处于一种节制和安宁之中。② 当时有学问的基督徒认为，在人类早期，在神的制度下，虔信的人们之间不存在财产上的差别和不平等。但这种情况在后来是不可能的，人类只有根据人造的法律建立私人财产权制度。

---

① 《新约·使徒行传》第 2 卷，第 44 页；第 4 卷，第 32 页。

② 奥布赖恩著，巫宝三主编：《欧洲中世纪关于财产权利和商品交换的思想》，载《欧洲中世纪经济思想资料选辑》，商务印书馆 1998 年版，第 330 页。

中世纪早期作家们的努力成为托马斯·阿奎那财产权理论的基础，他们所要做的是把那些零散的观点和证据串起来，加以系统化。与奥古斯丁时代相比，阿奎那因为受到亚里士多德的影响，从而更多地重视人类成文法的规定。

阿奎那的推理是这样的：

第一，一切外在的物从根本上说是受上帝控制的，上帝对它们享有至上的、终极的权力。

第二，上帝照自己的样子造人，并同时造出万物供人使用和管理，如《创世记》所说："你们要生育繁殖，充满大地，治理大地，管理海中的鱼、天空的飞鸟、各种在地上爬行的生物。"①

第三，由此可知，人类拥有管理和分配外在之物的权力，这种权力实际上也就是财产权，它是建立在人类共同拥有外在之物的基础上。

第四，私人拥有这种财产权为什么是必要的呢？阿奎那认为有三个原因：①由于每个人照看自己私人的东西比较照看属于所有人或很多人的东西更认真，因为每个人都避免劳作，而将与许多人有关的公共之责委之他人；②如果人人各负其责，照看好自己的那份事务，人类的事情就会处理得更为有序，相反，如果人们随意管理事务，事情就是混乱；③如果每个人对自己所有的那个份额感到满足，就可以更好地保障一种和平的社会状态。②"只有在那些联合地和共同地占有某种东西的人们中间，才往往最容易发生纠纷。"③

第五，私有财产的必要性这一普遍原则根据于自然法，但具体由哪个人占有则是根据合适性原则而由人为法加以规定，它是由人之理性发明的制度，是作为自然法的补充。

第六，私人占有的外在之物不应视为自己独有，而应视为共同

① 《旧约·创世记》第1卷，第28页。

② Question LXVI: Of Theft and Robbery. Aquinas Ethicus: the Moral Teaching of St. Thomas, vol. 2 (Summa Theologica-Secunda Secundae Pt. 2). Burns and Oates, limited, Granville Mansions, W. 1892.

③ 阿奎那著，马清槐译：《阿奎那政治著作选》，商务印书馆1982年版，第142页。

所有，要随时与急需之人分享。①

因此，私有权不是天经地义的，不是自然法规定的，而是"人类的理性为了人类的生活而采用的办法。"②

阿奎那这里对私有财产的辩护与近代及以后的个人主义学者的辩护很不一样。私有财产尽管是合法的，但要受到两个方面的限制：在源的方面，私有财产源于人类对一切外在之物的共有状态，私有财产产生后，仍然要受制于这一准则；在流的方面，私有财产的使用要有利于改善人类的共同生活，阿奎那将此概括为慷慨的准则。

无论是支持还是限制私有财产的理由都突现出共和主义的思路：人类共有、共治、共享外在的资源，私有财产制度是这种共和原则下的一个产物，而不是别的什么东西。如果私有财产的使用不能增进大家的福利，甚至给别人带来伤害，它就应该受到限制。这种思路并没有选择那种否定私有财产的激进观点，而是选择在私有与共有之间寻找一个平衡。

这种比较平衡的观点在后来被西方主流思想抛弃，其理由有两个：一是因为古典共和主义所关注的公共利益难以识别，容易被专制者用来压制私人的自由；二是因为个人主义的兴起让私人利益成为第一位的东西，而公共利益成为派生的东西，而且像市场这样的制度据说可以让私人利益自动地转换成公共利益。

在中世纪，人们慷慨地施舍财富被当作一种有道德的行为而受到鼓励，甚至被认为是一种正义行为。阿奎那对此有着比一般人更为清醒的认识。首先，他认为慷慨并不是要求一个人只想到他人，而不顾念自身利益，从而将大量财富施之于人而使自己不足以维持生活；其次，慷慨不是一种正义行为，因为正义所给予别人的是其所应得的东西，而慷慨所给的是施予者自己的财物。不过，阿奎那

---

① 阿奎那著，马清槐译：《阿奎那政治著作选》，商务印书馆1982年版，第142页。

② 阿奎那著，马清槐译：《阿奎那政治著作选》，商务印书馆1982年版，第115页。

又强调，施予财物尽管不是还法律意义上的债，但可以说是在还道德上的债。因为富人是有亏欠于社会的，应该通过慷慨行为来为他人和社会作贡献，实际上也是在为公共利益服务，这是一种义务。而且这种道德义务在某种情况下可以转化为法律义务，也就是当他有面临某种极端困难时，当社会共同体面临急切需要时，人们应有法律义务拿出自己的财物。

由于阿奎那生活在农业社会，对工商社会中财富的增值功能不可能有很深的理解，因此，对私人占有和使用财富所带来的积极作用也难有更高的评价，他的公共利益主导的财产权思想与其他古典共和主义思想一样，对私人积极性的发挥有影响某种程度的限制。同时，慷慨准则在实践中遇到很多问题，其中主要有两个问题：一是难以判断别人需要的程度，因而也就难以决定自己的慷慨程度；二是为公益而捐给教会的财物如何得到良好的照顾，人们没有把握，后来的教会腐败证明了这种思想的缺陷。

阿奎那关于财产权的理论被称为财产共通性原则，其核心是私有财产的公共性。以后的经院学者一直遵从他的这一财产权思想，并不断丰富了他的论证与应用。15世纪末意大利经院学者特拉西缪斯以非常大众化的语言，从正反两方面对这种原理进行了辩护。他说："让富人不要忘记，他们占有的财物并非是为使他们单独享用才托付给他们的，他们应当把这些财物作为人类共有的财富来使用和管理。让他们不要忘记，当他们施予贫困者时，只是把本来属于贫困者的东西施给了他们。……如果富人认为只有他们才是他们所占有财产的唯一主宰者和主人，而不把穷人当成兄弟，就必然会由于贫困而使社会内部动荡不宁。……随之而来的就会是悲惨的局面和内战；没有谁的财产可以幸免；再没有什么财产所有权可以获得承认。"① 承认私有财产的公共性反过来实际上可保证私有财产的安全，这一辩证思想是宝贵的。

意大利的修道士弗朗西斯·雅瑞特对如何决定自己的慷慨程度

---

① 转引自巫宝三：《欧洲中世纪经济思想资料选辑》，商务印书馆1998年版，第349页。

做了进一步的思考，对人们的施舍义务作了更清晰的界定：①人们有义务支援极端困难的人，甚至不顾自己的重大不便；②人们有义务在不使自己遭受重大不便的情况下，帮助另一个虽处于极端贫困之间，但也非常拮据的人；③必要性不大时，人们没有帮助别人的义务，尽管这种帮助会给他带来的不便微不足道。①

关于教会财产方面，后来的确产生了严重的腐败问题，但教会管理这种财产的初衷是为了更有效率地从事慈善活动。在中世纪，教会几乎都是慈善事业的中心。而且有些学者认为，教会管理这些财产有助于制定统一的使用规则，积累处理共同财产的经验。

以上这些大体上说清了中世纪经院哲学家关于如何公平地占有财产的观点。接下来自然是财产交换的问题。

三、对市场交易的限制

根据阿奎那的逻辑，既然承认财产私人占有的正当性，那就得承认财产交换的正当性，而且后者比前者有更充分的理由。因为交换可以让参与者的境况都变得比原来更好，不过，这种所谓更好必须建立在公平交换的基础上。什么才是公平交换呢？中世纪关于这个问题的讨论分成两个部分，一是关于实物的交换，一是关于货币的交换。

关于实物的交换，公平原则体现在公平价格上面，而理论的困难在于如何确定公平价格。

不过，首先得说明商业活动是否正当，这在中世纪是个很困难的问题。奥古斯丁就认为，商业在本质上是一种罪恶。有个叫杰罗姆的学者论证说：商人不可能自己使他的商品价值增值，如果他的收益超过了他的支付，则他所得的就一定是别人失掉的。② 总希望将别人荷包里的东西装进自己的荷包，是与基督教与人为善的伦理

---

① 转引自巫宝三：《欧洲中世纪经济思想资料选辑》，商务印书馆 1998 年版，第 348 页。

② 转引自巫宝三：《欧洲中世纪经济思想资料选辑》，商务印书馆 1998 年版，第 183 页。

相冲突的。因此商业活动容易让人灵魂堕落，早期的基督教会法令禁止僧侣经商，即使放弃神职之后，也只能从事农业和手工业。

然而，商业活动给社会带来好处，而且许多商人只是为了维持生活才经商，这是一个无法回避的事实。因此，基督教义不得不做出修正。利奥第一个迈出了一步，认为商业是好是坏，必须看一个人经营的方式如何。

从 11 世纪开始，商业活动开始突飞猛进地发展，买方和卖方、债权人和债务人之间的关系问题，成为理论和实践上都需要解决的问题。罗马法的研究得以兴起，神学的研究冷落下去。在罗马法中，人们得出绝对财产权和自由契约两项原则。这两项原则显然违背了基督教神学原则——私有财产公共性和公平价格。

于是神学家展开反击，他们认为罗马法中有罪恶倾向，认为人们在商业活动中至少要坚持两个原则：①商品应该按公平价格出卖；②收取利息是不正当的行为。由于他们的宣传，这两个原则成为议会、政府和行会的立法根据。

阿奎那不得不对此进行理论上的思考，他要做的就是要驳倒关于价格的罗马法原则：价格应完全由双方自由签订契约决定。这个道理早在公元 8 世纪，就有法律学家鲍鲁斯做了说明：在买卖中，一个人具有自然的权利，以低于真正价值的价格去购买，并以高于真正价值的价格去出售，每个人都可以力求胜过对方。①

阿奎那的质疑是：这样做公平吗？

阿奎那首先从什么是公平谈起。他认为公平的美德，指导着我们与他人的关系，它意味着让每个人得其应得的一种持续意愿。因此，公平就是每个人得其应得，这是与古希腊公平观是一脉相承的，同时符合圣经中关于公平的黄金法则："你想让别人如何待你，你就要如何待人"。

阿奎那区分了所谓一般正义和特殊正义。一般正义涉及共同体的美德，处理的是我们同所有人的关系，要求根据共同利益

---

① 转引自巫宝三：《欧洲中世纪经济思想资料选辑》，商务印书馆 1998 年版，第 186 页。

（common good）来指导我们的行为。它在现实中的体现就是法律或制度的公平。譬如说，买卖商品这种制度，是为了人类共同利益而出现的，因而制度本身是公平的。

但在一般公平之下，还有特殊公平。不像一般公平，特殊公平的直接目标不是共同体的利益，而是邻居、同伴以及那些我们经常接触的个体的利益。有人认为，有了一般公平，就不需要特殊公平。但阿奎那认为，一般公平只是间接地指导人们的行为，但在人与人的交往中，需要针对具体情况来规定公平标准。特殊公平是实现共同体利益的工具，但是直接考虑的是具体的他人利益。

阿奎那又从特殊公平分解出两类：交换公平与分配公平。前者关心的是如何让个体公民公平地进行交换活动；后者关心的是如何在各成员之间公平分配集体中的利益和责任。

公平价格问题就是交换公平中的核心问题。黄金法则既可以直接运用于一般公平，也可以直接运用于特殊公平。阿奎那认为，根据"你想让别人如何待你，你就要如何待人"的原则，既然没有人愿意支付高于某物价值的东西，那么任何人都不应该得到这种东西。阿奎那又运用"共同利益"来进一步论证。买卖商品的制度既然为了大家的共同利益，那么买卖行为就应该给双方带来同等的利益，否则就会有一方会受损，违反了共同利益原则。在这种推导中，阿奎那将一般公平与特殊公平联结起来，其逻辑转换的关键是：所谓共同利益，就是大家都能得到好处的利益。需要指出的是，阿奎那的转换逻辑中还有强烈的平等含义，那就是大家在得到好处的过程中，应该是平等地得到好处。这又让交换公平与分配公平联结起来，至于"平等"的含义，他又像亚里士多德那样分出绝对平等和比例平等两种，这里姑且不表。

既然买卖活动应该给双方带来平等的利益，那么，只有双方都能取得价值上相等的物品，才能做到这一点。如果卖方所售物的价格高于此物的价值，那么买方就得到了低于此物价值的东西，结果是卖方受益，买方受损。这就意味着买卖活动没能给双方带来平等的利益，因而这种交换是不公平的。

在世俗社会，支持出售价格可以高于商品价值的观点是很强大的。阿奎那列举了三种流行的观点。

第一，交易的公平与否是由法律规定的，罗马法规定价格由双方自由签订契约而定，彼此进行欺骗的行为是合法的。

第二，贱买贵卖是人之常情，顺理成章之事，也是合乎自然之事，合乎自然的就是合理的，不能算罪恶。

第三，交易类似于基于友情的礼尚往来，你从朋友那里收到一份礼品，你的回礼至少要同这份礼品的价值相当，而且有时会超过该礼品的价值。

阿奎那的答辩如下：

第一，世俗法律并不能禁止一切违反美德的行为，而只能禁止那些严重的、会导致社会解体的行为。有意让价格高于价值的行为如果不很严重，一般不会受法律禁止，但仍然会受神的法律的惩处，是要受谴责的。

第二，人之常情并不意味着公平合理，人所共同的罪恶依然是罪恶，世俗法律常常不惩处众人之恶，但神的法律仍然会惩处。

第三，交易公平与基于友情的礼尚往来是两回事，前者的平等存在于所交易的物品之中，后者的平等存在于双方受益中。

第一条与第二条的批驳是强有力的，第三条则以诡辩对诡辩，没多大意义。

在这种辩论中，阿奎那揭示了对后代产生深远影响的基督教共和思想。其逻辑是这样的：上帝将天下资源交给人类整体——人类为了过更好的日子而共同治理——治理的指针是人类的共同福利——共同福利高于个人福利——大的共同福利高于小的共同福利——共同福利的分配和个人福利的维护应基于人人平等的原则。

在论证公平价格的过程中，阿奎那坚持商品买卖活动是为了人类共同利益而发明出来的，买卖双方应该平等地受益，要做到这一点，就必须确定公平的价格。

如何确定公平价格呢？阿奎那在这个问题上遵从亚里士多德的论述，但并不是很清楚。当时的价格决定机制有两种：一种是法律

定价，另一种是自由定价。

法律定价意味着国家有制定价格的权力。14 世纪神学家吉尔松（Gerson）认为，公平价格是交易中应该遵守的平等尺度，由于交易中人的各种卑鄙的欲望，这尺度很难找到，因而让明智的人来判断这种尺度是合适的。这个明智的人一般指的是君主，他根据什么来制定公平的价格呢？一个叫朗根斯坦（Langenstein）的人认为，君主在制定价格时应该考虑到制定价格的时间、地点以及民众等各种情况，还要考虑人们对物品的不同需求。他认为公平价格不是一个确定的点，而是在某种较高价与较低价之间的一个范围，价格太低会使劳工、工匠和商人无法维持适当的生活，价格太高又会使贫困者无法获得生产必需品。另一位学者比尔认为，立法者在制定价格时，应该考虑人们的需求如何，货物的供应是否充足并存在多少困难，劳动力的多寡以及生产中所冒风险的程度等。恩德孟（Endemann）认为，公平的价格需要考虑投入生产的劳动量、运输费用、运输风险和市场情况。

从这些表述来看，公平的价格似乎依赖于供给和需求两个方面的情况，但更多地考虑到供给的成本。在供给的成本中，劳动成本得到较多的重视。据《天主教全书》记载，某种商品的公平价格包含制造该商品的工人的合理工资，也就是能够维持其所处等级的生活水平的费用。①

所谓自由定价，就是由买卖双方自己来商定价格。这时候，更容易出现五花八门的价格。那公平价格如何衡量呢？它显然不同于依靠讨价还价所形成的竞争价格。当时的观点多认为这时的公平价格是由公众评价来确定的价格。由公众投票表决来进行这种评价显然是不合适的，那么在实际运作中就需要一种替代性方法。于是，学者们倾向于认为，符合当时当地一般交易进程的价格就是公平价格，也就是某种商品在公开市场上的一般售价。

---

① 参见巫宝三：《欧洲中世纪关于财产权利和商品交换的思想》，载《欧洲中世纪经济思想资料选辑》，商务印书馆 1998 年版，第 361、362、364 页。

德斯布奎斯特神父则假定了一个明智的仲裁者的存在，他认为："我们必须准确地阐明这种公众评价的特点；它并不意味着公民投票表决；虽然它体现了一般的利益，但是实际上还是出自那些有能力的人对交换价值在其中发生着影响的社会环境观察之后所做的评价。如果人们可以假定存在一个能把各种强弱经济因素的真相加以考虑，具有裁判权的主权法庭的话，那么，公平价格就是该法庭做出的判决或决定。"① 这里面可以看出后来卢梭的公意影子，所谓公平价格就是公意所决定的价格，是符合公众一般利益的价格。这种所谓主权法庭只是想象中的存在，如果实施的话，大概相当于现代经济中独立的资产评估机构。不过，当时的学者相信，事先使公众评价发挥作用是可能的。譬如说，可以通过一些行家来磋商，通过市镇当局、行会或议会等组织来确定。如果是这样的话，那么定价过程中照样面临君主定价所面对的衡量标准问题。

有人认为公众评价存在于人们的习惯当中，那种公开市场（大概是没有任何人可以操纵价格的市场）上形成的一般售价通常符合人们的习惯，也就是人们习惯上容易接受的。但习惯是个含糊的概念，而且人们的习惯是在变化的，过去习惯上认为公平的价格现在就不一定被认为公平了。因此，中世纪的学者们还是想在价格背后寻找一种更可靠的标准，也就是商品的价值。一些学者明确地在价格与价值之间做出了区分，所谓公平价格就是等于或约等于商品价值的那个价格。

前面讲到如何确定公平价格时，其实也意味着如何确定商品价值。那么核心的问题就是商品价值由什么东西构成。中世纪的学者在这方面没有很明确的看法，研究中世纪经济思想的后世学者在这方面也存在很大争议。不过，认真研究阿奎那的想法，仍然是准确把握中世纪价值理论的一条捷径。

---

① 转引自巫宝三：《欧洲中世纪关于财产权利和商品交换的思想》，载《欧洲中世纪经济思想资料选辑》，商务印书馆 1998 年版，第 366 页。

　　阿奎那的价值理论直接源于亚里士多德。亚里士多德在论述公平价格（价值）时，既讲到成本的作用，又讲到需求的作用，但没有把二者的关系说清楚。亚氏在《尼可马各伦理学》中说，交易过程必须存在某种平等的关系，"鞋与房子或一定数量的食物的比例，应当符合于建筑师同鞋匠之比"。① 有学者（莱克汉姆）指出，亚里士多德此处没有清楚地说明，建筑师与鞋匠之比是他们在单位时间中劳动创造的价值之比，还是他们各自职业的社会价值之比。② 不过，亚氏说，如果工匠们的工作在质和量上得不到相应的支持，这些技艺就会趋于毁灭。③ 这似乎表明，亚氏在主张一种成本价值说，强调一定质和量的劳动在价值中的作用。然而，亚氏又接着说，"所有的东西都必须由某一种东西来衡量。这种东西其实就是需要。正是需要把人们联系到了一起。因为，如果人们不再有需要，或者他们的需要不再是相同的，他们之间就不会有交易。"④这里，亚氏又似乎在表达一种需求价值论。

　　阿奎那并没有像亚里士多德那样含糊，而是比较明确地将亚氏的价值论定位在生产成本上面。他在《尼可马各伦理学评论集》中说，"一名工匠相对于另一名工匠的优越性——即在比例上，一个工匠比另一工匠贡献更多——是指在生产中所招致的相对成本而言"。"依照比例求出相等值，以规定一定数量的鞋子等于一所房子。（因为建筑工人盖一所房子，较之制鞋匠制成一只鞋的花费大。）""为了进行公平交换，必须有很多双鞋子才能同一所房子交换……因为建筑工人……消耗的劳动和费用大于制鞋匠。如果不遵

---

　　① 亚里士多德著，廖申白译注：《尼可马各伦理学》，商务印书馆2004年版，第143页。

　　② 亚里士多德著，廖申白译注：《尼可马各伦理学》，商务印书馆2004年版，第143页，注3。

　　③ 亚里士多德著，廖申白译注：《尼可马各伦理学》，商务印书馆2004年版，第143页。

　　④ 亚里士多德著，廖申白译注：《尼可马各伦理学》，商务印书馆2004年版，第144页。

守这种办法，事物的交换就不可能，人们也不能相互分享他们的物品。"（转引中经 430）"以若干双鞋和一所房子交换，只有在那些鞋子大致相等于那所房子的价值时才有可能。"

正如萨霍兰德所说，阿奎那把亚里士多德的公平价格理论解释为基于成本比率的理论，并非是在重复亚氏的原话，而是做了注解和发挥的。阿奎那注意到了亚氏关于需求的观点，但是他认为，亚氏是在确定公平价格取决于相对成本这一法则之后提出的，只是说，没有需求，就没有交易。

但是，亚里士多德的确说过："物品有可能相等，因为一切物品都可以用某一标准来衡量。……但真正能衡量一切物品的这一标准，却是需求。"① 有人认为，亚氏提出了一个基于效用的价值法则。但阿奎那不这么认为，他说公平交换的比率并非取决于需求的相对强度，需求对交换价值来说绝对必要，但并没有说交换价值将由它决定。

在阿奎那的理解②中，生产成本构成价值的核心内容，并支配着公平价格，但生产成本如何确定，则是没有说清楚的。无论在亚氏时代，还是在阿奎那时代，不同社会等级的劳动在重要性上是不一样的，一个贵族一天的劳动与一个平民一天的劳动是不等量的。不过，在商品价值理论中，这只是如何计算的问题。

阿奎那尽管比亚里士多德更加倾向成本价值论，但并没有否认需求对公平价格的作用，在《神学大全》中比在《尼可马各伦理学评论集》中更加强调这一点。我们来看看这样一段表述："由于更多商人的到来，估计这种物品是要落价的，购买者对此事却意料不到；因此出售者按当时的价格出售，而没有说明将要发生的情

---

① 亚里士多德著，廖申白译注：《尼可马各伦理学》，商务印书馆 2004 年版，第 145 页。

② 参见巫宝三：《欧洲中世纪经济思想资料选辑》，商务印书馆 1998 年版，第 434 页。

况，他的行为似乎并不悖于公平原则。"① 这似乎在说，按照当时流行的价格出售，就是一种公平的行为，也就是说，正常的市场交易所形成的价格就是公平价格。不过，阿奎那在运用这个准则时是迟疑不决的，有所保留的。②

生产成本与市场价格之间究竟有什么关系？阿奎那的确没有说得很清楚。但是根据阿奎那对亚里士多德的理解，如果一个生产者不能在交易过程中收回自己产品的成本，那么它的这项工艺就可能消失。也就是说，市场价格不可能长期低于成本。现代一位学者卢佛尔认为："这是一个惊人的理论，因为它既具有现代特色，又完全符合后代政治经济学理论，即在自由竞争制度下，市场物价围绕生产成本波动，犹如钟摆左右摆动一样。"③ 这是对阿奎那公平价格理论中的矛盾（即成本价值与市场价格之间的矛盾）所做的一种逻辑调和。但阿奎那本人没有这么清晰地表达过，只是感觉到公平价格需要从供给成本与需求性质两方面来考察。阿奎那非常重视供给成本，是因为那个时候的经济生活不像现在那么复杂。13 世纪的人们使用的绝大部分物品，都是直接购自生产者，产品的最终消费者对其生产过程大都比较了解。因此，如果根据"你想别人如何待你，你就要如何待人"的原则，那么生产者从交易中得到的就应该是其劳动的合理报酬，这种报酬应该使他能够维持与其等级地位相称的生活。因此，价格也大体上由此确定。这种道理符合自柏拉图以来的公平观：大家各尽本分，各得其所。

小　结

在中世纪的经济政治的背景下，古代经济共和主义思想只是在

---

① 托马斯·阿奎那著，巫宝三主编：《神学大全》第 77 题第 3 条，载《欧洲中世纪经济思想资料选辑》，商务印书馆 1998 年版，第 434 页。

② 转引自萨·霍兰德，巫宝三主编：《关于公平公平的解释》，载《欧洲中世纪经济思想资料选辑》，商务印书馆 1998 年版，第 440 页。

③ 转引自萨·霍兰德著，巫宝三主编：《关于公平公平的解释》，载《欧洲中世纪经济思想资料选辑》，商务印书馆 1998 年版，第 441 页。

13 世纪时才通过亚里士多德著作的传播而显现出来，阿奎那是这种思想的综合者。他的经济共和思想坚守着古代正义和基督教的道德观念，认识到私有财产和交易活动与人类的共同利益具有某种一致性，但认为它们容易诱发人的罪恶，给人与人的关系带来分裂性影响。他没有在亚里士多德的基础上再往前走一步，没有认识到市场在造就更好生活方面有着神奇的力量。如果就理想的过程来说，市场具有公平性的一面，而且这种公平特征符合古代经济共和思想，这一点，亚里士多德曾有过某种感觉，但没有揭示出来，阿奎那也没有更多的发现。

（储建国　武汉大学政治与公共管理学院教授、博士生导师）

民主与真理：从敌人到盟友

◎李光宽

【摘　要】　在民主与真理的不同发展阶段中和不同形态上，呈现出不同的关系模式。大致来说，在哲学与政治的早期阶段，真理主要表现为形而上的超验的绝对真理，早期城邦民主政治发展阶段中，民主表现为直接民主的形态，并且采用绝对多数原则，因而一些思想家很容易将此二者理解成紧张与敌对的关系。到近代，随着人们真理观念的转型，具有实证色彩的理性真理逐渐取代超验性的绝对真理和神启真理，民主也进入到自由主义民主的新阶段，由于自由主义的精神特质及相应的权利制度，使得人们更倾向于将真理与民主两者视为正相关的同盟关系。当然，这种新的关系格局也得益于真理与民主各自疆域的界分。

【关键词】　真理　民主　形而上学　自由主义民主

伊安·夏皮罗在其所著《政治的道德基础》一书中，提到民主理论"可能会敌视真理的担忧很早就开始了"①，并具体讲述了在以柏拉图为首的精英主义倾向的政治思想中，是如何"担心民主是真理的敌人"的。夏氏在其自己分析的基础上，并借助杜威关于民主的相关思想观点，最后他指出了关于民主与真理为敌的看

---

① 伊安·夏皮罗著，姚建华、宁国友译：《政治的道德基础》，三联书店2006年版，第227页。

法的荒诞性，直接声称"民主是真理可信赖的盟友"①。他的这一看法，启迪了我们对于"民主/真理"关系嬗变的思考。

我们知道，真理，这是人类古老而常新的知识理想，也是人类精神生活中一个重要的精神图腾；民主，固然定义纷杂、混乱，但在近现代语境中，时常"被当作政治上的善的代名词"②，而广受赞誉，俨然是现当代重大的社会政治理想。那么，这两种不同的理想，何以曾一度在人们的思想中存在着紧张乃至敌对的关系？后来，二者又如何成为彼此"可信赖的盟友"？

对于这个问题，本文的基本思路：真理与民主的关系究竟呈现何种格局，既要取决于所言之"真理"是何种形态的真理，"民主"又是哪个历史阶段或哪种形态的民主；又要取决于人们如何在社会系统中定位两者之间的关系。大致来说，在历史上，当人们所谈论或追求的"真理"主要表现为形上的绝对真理，而"民主"主要处在城邦式直接民主，或者说是与贡斯当所谓"古代自由"相耦合的民主，而且它们彼此僭越各自领地之时，两者就呈现为一种紧张乃至敌对的关系；而当社会历史进入到抛弃形上真理，转而以主要追求科学实证真理为目标的阶段，同时，政治上民主的发展也推进到了自由主义民主的时代，并且，人们严格界分哪些领域是真理可以"在场"的，和哪些是其不应"在场"的，那么二者不仅和平共处，而且彼此成为可靠的盟友。

一、形上的终极真理及其与民主之紧张和对立

作为两种不同之理念，真理与民主都经历了其早期的发展形态。

"真理"一词，最早出现于古希腊的哲学之中，其最直观的意义是指正确的知识或判断，构成人们认识活动的直接目标。那时，

---

① 伊安·夏皮罗著，姚建华、宁国友译：《政治的道德基础》，三联书店2006年版，第244页。

② 周建漳：《民主的意思——从社会认知的角度看》，载《山东大学学报（哲学社会科学版）》，2006年第3期，第2页。

知识活动并不存在明确细致的分工、从而知识尚未分化，哲学成为主要乃至唯一的学问形态，包罗万象。在这种知识体系中，"真理"既是它的最高追求目标，同时又是它探讨的重要对象，诸如何为真理，真理的标准是什么，怎样通达真理等问题，构成它自身的重要内容。由于其时的哲学主要呈现为形而上学的形态，所以其所言之真理，亦主要表现为"形而上之真理"。这种形而上真理的主要特征如下：

（1）终极性与绝对性。

作为早期哲学的主要范式的形而上学，是一门研究超越感性事物的、比感性事物更实在更有价值的对象的学科。其研究对象——实体，作为根本的存在，又构成本体，所以形而上学同本体论相通。这种形而上学本体论的知识倾向，总是把思想导向寻求世界最终根据、最初原因、最高目的的态度和思想方式，以便为万有的存在提供一个简单经济的根据或理由。孙正聿先生将其概括为三重基本内涵："追寻作为世界统一性的终极存在（存在论）；反思作为知识统一性的终极解释（知识论或认识论）；体认作为意义统一性的终极价值（价值论或意义论）。"① 其集存在论、知识论、价值论于一体的知识结论，常常表现为一种终极真理的姿态，具有绝对性、普遍性、超验性等特征。

（2）具有浓厚的价值意涵。

当形而上学从神话中独立出来时，一个重要标志是它欲面对整个宇宙而求真，而当形而上学家们面对世界寻找它的本原，对这个本原进行求真时，这个本原便作为真的对象、真的实体即世界的本质因而存在；与此同时，世界的无限奥妙和无限和谐又使他们觉得这个世界神秘无比，"无私"地滋养了一切生灵，从而逐渐认为自己所求的最真的东西似乎体现了某种善的目的，因而是有价值的东西，认为世界的本原是善的东西。本体的内涵是绝对真与绝对善的

---

① 孙正聿：《终极存在、终极解释和终极价值——作为终极关怀的本体论》，载《社会科学战线》，1991年第4期，第1页。

统一。因而，形而上学的任务也就应该是"求真"与"求善"的统一。所以，有人在分析古代真理范畴的内涵时，指出："在希腊哲学家那里……哲学研究既要探求真理，也要探求善，在逻辑上，对于真理的追求与对于道德至善的追求不可能是二元的，真理与至善或者正义，实际上是一个问题的双重表述。"① 希腊哲学家把真理与至善归结于理念世界或诸神，中世纪的哲学家认为上帝就是至善，上帝就是真理，中国古代哲学家虽然没有明确地提出真理的概念，但也有相当一些人认为有一个独立存在的天道。这种真理追求，就其文化功用来说，是显而易见的，那就是要用最真最善的本体来说明和规范现象界的言与行。

在一般人的理解中，真理是对客观事物的正确反映。但是，在近代实证观念兴起以前，人们对客观存在的理解，并未囿于只有得到直接或间接证实的事物才可称为"客观事实"的狭隘范围。在古代人的观念中，客观存在有形而上存在和形而下存在两类。可以通过直观而经验到的，是形而下存在。它是暂时的、变动不居的。无法在经验直观中得到的形而上存在，才是永恒的、确定的。所以，古代人并不认为研究形而上存在的形而上学缺乏客观性，反而认为这种研究要比有关形而下的器物的经验研究更高级。例如，柏拉图认为，认识有"知识"与"意见"之间的区别，而"真正"的"知识"只能是对于理念世界——即永恒不变的形而上存在的认识，对于感性世界——即今天人们所说的永远流动、变化着的现象，就只有虚妄的"意见"。

从以上单纯对古代绝对真理观念的分析中，似乎还看不出它同民主之间的纠葛。但是，一旦进入柏拉图的论域之中，我们就很容易理解其反民主的性质了。根据对他的朋友兼老师苏格拉底被以民主的方式处死这一现象的观察，他认为"民主不是建立在对真理的追求之上的……民主体制的构成原则是迎合普通大众的，而普通

---

① 孙晓春：《关于真理问题的道德反省》，载《吉林大学社会科学学报》，2001 年第 5 期，第 90 页。

人通常是没有能力辨认真知的,甚至当真理与他们的偏见发生冲突时,他们会敌视真理"①。

基于自己的知识论和政治倾向,柏拉图提出,理想国应该由一个致力于追求真理并以真理为行为准则的哲学王实行专制统治。对此,阿伦特既从执着于终极真理者的心理角度作了剖析:"处于孤独之中的哲学家容易屈服于这样一种诱惑:将他的真理作为标准强加于人类事务"②,同时又从柏拉图关于真理与意见的知识论立场进行了分析:"当苏格拉底向言不由衷的雅典人提出自己的意见时,遭到了大多数人的否决,这一情形使得柏拉图对意见嗤之以鼻,他渴望有某种绝对的标准。"③ 不过,当柏拉图所言的哲学家品尝到他自己的真理无法战胜众人的意见,认识到真理不具有力量时,就会"忍不住要去赢得某个具有哲学气质的专制者的耳朵"④。

尤其是,古希腊的民主,仍属于直接民主的发展阶段,并且奉行"绝对多数原则"(萨托利用语)。在绝对多数原则下,少数无法得到有效的保护。而按当时不少人的见解,真理总是少数精英人士,譬如柏拉图所言之哲学家,首先认识和掌握的。所以,绝对多数原则下的民主,很容易在一些人心中放大民主制度的不合理性,同时这也更容易强化某些人心目中关于"民主是反真理的"印象,强化应以真理统摄政治、而不应由民意引领政治的愿望。总之,正如法学家凯尔森所指出的:"的确,假如相信存在着绝对,进而相信绝对价值与绝对的善(借用柏拉图的术语),则岂能允许通过多数票决定何为政治上的善?立法便意味着确定社会秩序之内容,不是依据对秩序服从者最为有利的客观存在,而是任由人民或其多数

---

① 伊安·夏皮罗著,姚建华、宁国友译:《政治的道德基础》,三联书店2006年版,第230页。

② 汉娜·阿伦特:《真理与政治》,载贺照田:《西方现代性的曲折与展开》,吉林人民出版社2002年版,第311页。

③ 汉娜·阿伦特:《哲学与政治》,载贺照田:《西方现代性的曲折与展开》,吉林人民出版社2002年版,第340页。

④ 汉娜·阿伦特:《真理与政治》,载贺照田:《西方现代性的曲折与展开》,吉林人民出版社2002年版,第319页。

依其或对或错的信念决定何为其最大利益——此种民主的自由平等之原则产生的后果只有在不存在对于诸如什么是最好这类问题的绝对回答，不存在绝对的善这类东西时才可能是正当的。"而只有关于善的绝对真理在人们心中得到根除后，"由无知的群氓之多数做出决定而非由求助于因其神圣起源或启示而独占关于绝对善知识的独夫"，才会在人们心中显得是"并非最荒谬的方法"。①

二、真理与自由的亲缘及其与民主的正相关

经过文艺复兴、启蒙运动等的洗礼，近代自由主义思想悄然成长，古老的民主政治也得以脱胎换骨为"自由主义民主"的形态；而在思想认识领域，推崇理性与经验观察的实证科学开始逐步压倒哲学形而上学的知识范式。古老的真理信念在经历了形上真理、宗教神启真理的两个形态后，开始在科学实证真理上找到了自己新的表达形式，而继续受到广泛推崇。在近代对自由的一片呐喊声中，脱胎于宗教信仰之"真理"成为重要的关键词：因为真理理想，所以自由，尤其是思想、言论自由才格外彰显其价值。由于"真理"同"自由"的这种亲缘关系，所以其同"民主"的关系得以改善，而呈现为正相关关系乃至盟友。

从近代开始，人们的真理观开始由形上真理和神启真理向科学实证真理转型。不过按照这种转型期的真理观，真理的特点是：①明确的理性色彩。因为自文艺复兴以降，特别是笛卡儿以"我思故我在"肇始了近代理性主义之后，人们逐步产生了对人类理性的信仰，普遍认为全部现实从原则上讲，都能够为人类心灵所理解；理性是一种客观的历史力量，一旦摆脱了专制主义的束缚，这种力量就会把世界建设成一个进步和幸福的乐园。这种对于人自身理性能力的信仰在启蒙思想家那里达到了顶点。启蒙时代又称为理性时代，人类理性取代了上帝，理性审判代替了宗教审判。理性逐

---

① Hans Kelson. Absolutism and Relativism in Philosophy and Politics. American Political Science Review, 1948.

步取得了终极权威的地位。在这股理性主义思潮中，人们转而认为，探求与接受真理是理性之事，而不必依赖任何超验的终极权威；真理主要是指立足于经验基础上的理性真理，虽然真理仍有信仰的色彩，继续受到社会的信仰，但已不同于中世纪时的信仰真理，与超验的来源（上帝或终极本体）无关，而是建立在对人类理性的信心的基础之上。②事实与价值开始分化，但仍不彻底。厘定了"是"与"应该"相分的"休谟法则"提出后，过去事实与价值混沌不分的形而上学的知识发生了坍塌，人们开始自觉地把描述与规范、事实与价值加以区隔，当然主要是在对自然事物的认知上，侧重于寻求经验事实的实证真理，并且只有可经受公共检验的、可证实的、可靠的知识才被判为真理。不过，在对人文社会领域的问题的言述上，真理话语中并未做上述的彻底区分，仍然包含有事实与价值的内涵，即既在事实、描述的意义上又在价值、规范的意义上，或是两者混合的意义上，使用真理一词。只是到19世纪末20世纪初，特别是逻辑实证主义兴起后，才开始用经验实证原则审视所有领域知识判断的真理资格。

真理问题构成了近代思想领域的一个极为活跃而重要课题，这不仅表现在哲学中，而且也表现在人们广泛的社会与政治思考之中。最突出的就是，在强调真理本身的社会政治价值的同时，也以真理为价值参照点，张扬其他政治价值。

首先，是对真理所能产生的社会政治效应的普遍信念。威廉·葛德文的《政治正义论》中最为集中地表现了这一点。书中不仅大量地提及"真理"、"政治真理"之类的字眼，而且流露出对真理作为一种社会善的毫无保留的信心。其真理观的突出之点在于：第一，肯定了真理的社会和政治价值。"抽象地讲，真理不仅有助于我们社会制度的改善，而且能够促进个人的幸福和道德。"① 第二，对真理的发展前景、在战胜情欲、偏见和谬误等消极社会因素

---

① 威廉·葛德文著，何慕李译：《政治正义论》第1卷，商务印书馆1997年版，第206页。

方面，表现出绝对的信心。诸如，"真理不怕同错误对抗"①、"真理比能派到战场上来同它对垒的任何斗士都更有力量；因此，真理具有排除弱点和恶行，代之以更高尚、更善良的品质的性能。"②"真理的拥护者都将一年比一年多"③，等等，不一而足。第三，明确主张真理的接受与推广要建立在个人判断权利的基础之上。"如果我保险没有错误的可能，并把我的不会有错误的真理强加在我的邻人身上，不依靠我在他的智力上所引起的确信就要求他服从，那么所得到的一定是危害而不会是什么好处。"④并且他对"想用拳头的力量补充你的逻辑上的不足"的诉诸武力强制的做法给予了鞭挞，认为这对那些充分了解自己所应传达的真理的力量的人来说，是不足取的下策。⑤

其次，真理信念在证明言论自由的价值方面，作用十分显著。科恩曾说，实行民主时，必不可少的自由固然很多，但最突出的是政治自由和言论自由⑥。然而，言论自由的价值在近代是如何被证明的呢？显然，一个重要的方面是通过真理这个价值目标来证明的。这在密尔顿和约翰·密尔的著作中表现得尤为突出。密尔顿《论出版自由》的篇幅并不大，但提及"真理"却有 57 次之多；密尔的《论自由》第二章"论思想和讨论的自由"，提及"真理"更是高达 110 次，如果算上"真知识"、"真确的意见"，数量就更

① 威廉·葛德文，何慕李译：《政治正义论》第 1 卷，商务印书馆 1997 年版，第 56 页。

② 威廉·葛德文，何慕李译：《政治正义论》第 1 卷，商务印书馆 1997 年版，第 63 页。

③ 威廉·葛德文，何慕李译：《政治正义论》第 1 卷，商务印书馆 1997 年版，第 67 页。

④ 威廉·葛德文，何慕李译：《政治正义论》第 1 卷，商务印书馆 1997 年版，第 114 页。

⑤ 威廉·葛德文，何慕李译：《政治正义论》第 1 卷，商务印书馆 1997 年版，第 122 页。

⑥ 科恩，聂崇信，朱秀贤译：《论民主》，商务印书馆 2004 年版，第 124 页。

多了。可见真理一词是其中首屈一指的关键词。就是说，人们强调表达自由，是以追求真理为其直接的重要价值诉求之一的。在类似这些围绕真理范畴展开的论述中，逐步形成了"观念市场理论"，为言论或表达自由获得政治法律保护提供了坚实的理论基础。

更有甚者，在宣示其他民主价值时，一些人干脆称其为"自明真理"。正如阿伦特所说的："由于哲学真理在其自身包含有一种强制性，所以政治家在某种情势下难免不会受到哲学真理的诱惑……在《独立宣言》中，杰弗逊宣称某些'真理是自明的'，因为他希望使参加革命的人们之间的同意不受争吵和论证的损害；像数学公理一样，这些真理应该表达'人们的信仰'，这种信仰不依赖于人们的意志，而是自动地呈现在他们的心灵之前的证据的必然的结果。"①

从上述分析来看，真理信念在近现代民主社会的成长过程中是有直接助益的。同时，自由主义民主的政治制度，也为真理的大发展营造了良好的主客观条件。这最突出地表现在两个方面：第一，现代民主社会中，存在广泛的平等、自由、开放的交往方式，同时，民主又是人的一种自主性的体现，即作为主体的人对自我存在和自我价值的积极认可，是自己支配自己，自己决定自己的自主性的表现，这客观上为发展真理准备了良好的主体状态。试想，如果人们普遍缺乏民主意识，受着权威、传统等的束缚与禁锢而不敢越雷池，真理与科学是不可能得到真正的发展的。第二，由于有了法律的保障，加之人们观念上的宽容，"我反对你的观点，但捍卫你说话的权利"，因而多元的思想、言论与意见得以共存，并相互碰撞，相互激荡。这样的社会局面，为真理发展提供了良好文化生态。因为真理常常是在争论中确立和显现的。"在生活中一些重大

① 汉娜·阿伦特：《真理与政治》，载贺照田：《西方现代性的曲折与展开》，吉林人民出版社 2002 年版，第 320 页。

实践问题上，真理在很大程度上乃是对立物的协调和结合问题"①。更重要的是，服从多数，但保护少数的自由民主宗旨，使得少数有了平等交流的平台，得以能被多数所理解、接受，或者转变为多数。这是符合真理的发展规律的，因为探求真理是个体化的事业，发展真理方面，某些少数人总是走在前面。所以，难怪夏皮罗会说，"在对求知领域积累性和实验性的探索中，民主是真理可信赖的盟友"②。

三、余　论

当然，从最深层的逻辑上说，真理与民主的张力关系或许是永恒的，毕竟，第一，真理是单数的，因为追求真理是个人的事，不必考虑人数，而政治是复数的，是众人之事，具公共性，尤其民主政治总是循着多数—少数的思路得以展开；第二，真理是专制的，民主政治是基于协议、代表的。因为真理暗含权威，诸如"三角形三内角之和等于正方形两直角之和"等这类陈述一旦被认识到并被宣布为真的，"它们全都超越了协议、争论、意见，或同意。……它们不会因为坚持同一命题的人数的或多或少而改变"，它们的内容"不是说服性的，而是强制性的"③，但民主政治的逻辑则与此相反，总是与协议、争论、意见、同意、妥协相伴随的。

但是，在自由主义民主条件下，二者能够和平共处，这首先得益于其内在的自由主义精神。与真理有着亲缘关系的是自由而不是民主。其次，也得益于政教分离后的近现代社会区分了真理与民主各自的界域：公共生活中，凡是关乎众人偏好之事，不是"真理"的在场之域，不会也不应追求具有确定无误的终极性与不可纠正性

---

① 约翰·密尔著，程崇华译：《论自由》，商务印书馆 1982 年版，第 50 页。

② 伊安·夏皮罗著，姚建华、宁国友译：《政治的道德基础》，三联书店 2006 年版，第 244 页。

③ 汉娜·阿伦特：《真理与政治》，载贺照田：《西方现代性的曲折与展开》，吉林人民出版社 2002 年版，第 313 页。

的答案，而在原则上应引进民主程序；同时，另一方面"多数决定并非无条件适用于政治活动一切场域的游戏规则"，不仅本应由个体独立决策之事，不宜采行公共性的民主机制，"即使是在公共事务中，凡属存在明确科学答案之事，亦毋庸公共投票。真理面前意见——哪怕是全人类的意见亦当——止步。"① 所以，界分二者各自的有效疆域，是定位两者在社会中的关系时必须谨守准则。唯其如此，才能实现民主与真理的共生共荣。

（李光宽　武汉大学政治与管理学院讲师）

① 周建漳：《民主的意思——从社会认知的角度看》，《山东大学学报（哲学社会科学版）》，2006 年第 3 期，第 9 页。

中国基层人大代表选举中
公民参与不足的原因分析

◎柳新元　张　晒

【摘　要】　人民代表大会制度作为我国的根本政治制度，是中国公民行使基本政治权利的制度基石。但是，当前中国基层人大代表选举的现状不容乐观，公民对人大代表选举的参与度严重不足。这种状况如果得不到改善，将会严重阻碍我国基层民主政治事业的发展。因此，分析中国基层人大代表选举中公民参与不足的原因，对于促进我国基层民主政治事业的发展，具有十分重要的现实意义。

【关键词】　中国基层人大代表选举　公民参与不足　原因分析

一、问题的提出

选举是现代社会民主政治的基础，它不仅是公民应该享有的最基本的政治权利，也是政府权力合法性的来源与依据。公民是否真正享有和实行选举权以及享有的选举权范围，是衡量一个国家民主化程度的重要标准之一。虽然有选举并不一定就意味着民主，但没有选举就肯定不会有任何意义上的民主制度。因为，现代各国的经验表明，正是真正意义上的选举，才促成和导致民主政治的出现。

《中华人民共和国宪法》总则第二条明确规定，"中华人民共和国的一切权力属于人民"，"人民行使国家权力的机关是全国人

民代表大会和地方各级人民代表大会"。① 毫无疑问，既然中华人民共和国的一切权力属于人民，人民行使国家权力的机关是全国人民代表大会和地方各级人民代表大会，那么，中华人民共和国国家权力的源头也是通过公民选举产生的，中国民主政治的践行和发展也是依靠公民的选举实现和推动的。而在中国，公民的选举首先是从基层人大代表的选举开始和启动的。因此，基层人大代表的选举关系到整个人民代表大会的选举，关系到中国整个政治民主化的进程，关系到中国公民是否真正享有基本的政治权利，进而关系到社会主义民主制度在中国的生死存亡。可见，基层人大代表的选举是不可小视的战略问题。

但是，中国基层人大代表的选举现状却是不尽如人意的，其中很重要的影响因素就是公民参与人大代表选举的积极性十分低落。据有关专家推算，在 2004 年县级以下人大代表选举中，我国应参加选民登记而未参加登记的人员约 1 300 多万人，在户口所在地名义上登记而实际上未参加选举的选民约 4 700 多万人，虽在户口所在地登记在外工作而委托他人投票参加选举的约 4 600 多万人，总共约有 1 亿人因采取户籍所在地选民登记制而不能参加或没有亲自参加县级以下人大代表的选举。而在同年的县一级人大代表选举中，没有参加选民登记的人约有 2 200 万人，在户口所在地名义上登记而未参加选举的人为 5 100 万人，以委托方式参加投票的为 6 600 万人，约有 1.4 亿人因户口登记选民制没有参加或没有亲自参加县一级人大代表的选举。② 合计在这两级人大代表的选举中，公民未参与基层人大代表的选举的人数，就有 2.4 亿人。这一庞大的数字表明，在中国基层人大代表选举中，公民严重缺乏积极性，甚至表现出异常的政治冷漠。

鉴于上述公民参与不足的现状，如何充分调动广大公民参与基

---

① 全国人大常委会法工委编：《中华人民共和国法律汇编》(1979—1984)，人民出版社 1985 年版，第 6 页。

② 李永红：《建设和谐社会与坚持和完善人民代表大会制度》，载《新京报》，2 004 年 9 月 19 日。

层人大代表选举的积极性，就成为当前中国民主政治建设的一个基础性的问题。而调动公民选举参与积极性，首先需要解决的问题就是要找到造成公民参与不足的各种原因尤其是主要原因。只有这样，才能对症下药，促进上述问题的最终解决。本文的主要研究目的就是试图从已有的研究成果和中国的实际情况出发，对造成当前中国基层人大代表选举中公民参与不足的原因进行综合分析，以供致力于完善基层人大代表选举制度的决策者们参考。

二、中国基层人大代表选举中公民参与不足的一般原因分析

任何事物的发展状态或特定阶段的表现形式，总是与一定的主客观原因密切联系的。在中国基层人大代表的选举过程中，公民选举参与不足也是有着深刻的主客观原因的。对此，学术界也展开过相关讨论。下面，我们将首先对学术界讨论过的原因作出一般性的分析，以为后面第三部分的分析打下基础。

1. 传统专制主义思想的影响

按照西方政治学家亚里士多德关于"人是天生的政治动物"的说法，理性的人应该具有天然的政治参与热情和政治参与能力。但是，中国是一个有着长达两千多年皇权专制主义统治的国家，在长期的专制主义笼罩下，公民原初具备的政治参与热情和政治参与能力逐渐地被腐蚀和消弭了。正如梁启超所言："至其何以自有而之无（政治能力），则不出于两途：一曰隐伏原因而不发达，二曰发达而旋复摧夷。今试即吾中国人所以致此之原因析分之，则其第一事，即由专制政体也。专制政体为直接以摧锄政治能力之武器，此稍有识者所能知矣。"①由于公民政治参与热情和政治参与能力被专制主义腐蚀和消弭了，公民就缺乏参与政治的思想意识。至于政治的良好发展形态——民主，在中国公民的心目中就基本上不存在这个概念了。中国就在这种没有广大人民群众积极参与政治的状态下延续了两千多年。

可是，随着社会的进步，政治统治是不能脱离人民的政治参与

①　梁启超：《新民说》，中州古籍出版社1998年版，第236页。

的。因为公民缺乏政治意识所导致公民远离政治的社会状态，实际上是统治者与被统治者相互疏离和相互隔绝的状态，最终必然会削弱统治者的社会基础。因此，伴随着专制主义统治的衰弱和西方民主政治思想的传入，中国近代的统治者也曾尝试着实行政治民主，以维护社会的长治久安，但结果却事与愿违。其根本原因就在于中国专制主义的影响是根深蒂固的，不过百年时间的现代化进程所促成的主流政治思想的转变，并没有将经历史积淀而遗留下来的传统专制主义残余彻底代替或消除，统治者及其臣民因而也就无法在短时期内摆脱专制主义后遗症的侵害与影响。

中华人民共和国成立后，中国共产党和人民政府也曾把建设民主政治作为奋斗目标。但是，由于长期的专制主义思想残余的影响，民主政治建设不仅没有顺利展开，反而酿成了"文化大革命"的政治浩劫。这场政治浩劫不仅扼杀了政治民主起初的一点生机与希望，而且给国家留下了难以弥合的政治创伤，使得民主选举一度成为可望而不可及的奢想之物，甚至使人们视涉足民主政治的领域为畏途。正如比较政治学家阿尔蒙德所言："人们在过去的经历所形成的态度类型对未来的政治行为有着重要的强制作用。"①这也就是说，专制主义的流毒和"文革"的后遗症，会对当前中国公民的政治参与行为产生一定的路径依赖关系。

需要特别指出的是，尽管我国现阶段的改革开放和市场经济的发展形成了对传统专制主义的强烈冲击，但这种以经济为主的改革开放过程，没有也不可能完成对传统专制主义思想的根本性改造。因此，中国现阶段的基层人大代表的选举和基层民主政治事业的发展，仍然受着传统专制主义的影响就不足为奇了。不过，随着改革开放和社会主义市场经济的深入发展，中国公民的权利意识逐步觉醒，民主政治的呼声也在不断提高。因此，传统专制主义思想的残余会继续影响公民参与选举的积极性，但它已经不再是造成当前中国公民参与选举不足的根本原因了。

---

① ［美］阿尔蒙德：《比较政治学》，上海译文出版社1987年版，第29页。

2. 经济发展水平和收入状况的影响

美国著名政治学者科恩认为："严重贫困的群众，根本无法获知参加公共事务的足够信息，对公共事务进行有效的讨论，进行有效率的组织，并接触他们的代表。"① 亨廷顿·琼纳尔逊则认为："一旦经济获得了一定程度的发展，必将促进政治参与的扩大，造就参与基础的多样化，并导致自动参与代替动员参与。"② 其他许多著名的政治思想家们对于经济基础影响人们政治活动也有过类似的经典论述。历史和现实的关于政治发展的客观情况也强有力地说明了经济基础严重影响人们的政治活动的事实。物质和经济的确是相当重要的，因为当人们连基本的温饱问题都难以解决时，显然是无暇顾及政治生活的，不可能积极参政，更不可能拥有较高的参政水平。比如，对于饱受战乱之苦且缺衣少食的非洲难民来说，民主选举就无异于海市蜃楼、空中楼阁。又比如，中国在改革开放之初，由于受"文革"动乱的破坏，经济系统几乎全面瘫痪，全国经济一片萧条，广大公民参与政治的热情度也因此落到了最低点。

可是，改革开放以来，中国经济获得了飞速发展，人民群众的经济收入和生活水平得到普遍提高。在此，仅以 2001 年为例来说明这一点。据国家统计局统计，1978 年我国农民人均纯收入仅 134元，2001 年攀升到 2366 元，年均增长 7.3%。广大农村已开始实现小康。而城镇居民已经整体上实现小康目标。2001 年我国城市居民人均可支配收入 6 860 元，比 1989 年增加了 5 484 元，扣除价格因素，实际年均增长率达到 7.1%。我国城乡居民食品消费比重逐年下降，消费结构持续优化。1978 年农村居民恩格尔系数高达67.7%，2001 年则降至 47.7%；1978 年城市居民恩格尔系数为57.5%，2001 年降到 37.9%。③ 显然，我国经济上获得的巨大发

① ［美］科恩：《论民主》，商务印书馆 1988 年版，第 111 页。

② ［美］亨廷顿·琼纳尔逊：《难以抉择——发展中国家的政治参与》，华夏出版社 1989 年版，第 174 页。

③ 参见吕贤如：《我国城乡居民生活水平基本实现小康》，载《光明日报》，2002 年 10 月 11 日。

展，已经为我国政治民主化的发展提供了较好的物质基础。而一般来讲，一个国家的公民政治参与水平与经济发展程度是成正比的。所以，改革开放以后，随着经济发展水平的提高，公民参与政治的积极性与改革开放之前比较，也有了很大的提高。但是，如果我们认真关注中国政治发展的现状，就会发现，中国政治并不是随着经济水平的发展而同步发展的，中国政治民主化的发展和公民的参政能力明显滞后于经济发展水平。

对于这个问题，蔡定剑教授于 2001 年特地组织团队做过一个问卷调查：从问卷调查结果看，个人的经济状况与选举态度并非人们想象的那样，经济越发达、生活水平越高越积极；在很多情况下是相反的，高收入者反而对政治民主选举表现出很冷漠的态度。例如，选举积极性最高的是收入 401～800 元的较低收入者，愿意参选的高达 80.5%，400 元以下低收入者和中等及收入 801～2500 元的群体差距不大。收入在 2 500 元以上的高收入者表示愿意的比例只有 55.8%，而不愿意和无所谓态度的高达 42.3%。同时，几乎所有调查数据均显示，农民对选举的态度积极性、认真程度和对选举改革的信心都排在前列，农村居民愿意参加选举的比例为81.6%，而城市居民为 72.8%，农村居民比城市居民高出近10%。① 上述调查结果表明，尽管经济发展水平与公民收入状况会对公民参与选举的积极性产生一定的影响，但它并不是影响公民参与选举积极性的决定性因素。

3. 文化水平和政治素质的影响

学者们一般认为，政治参与的实现是基于文化水平和政治素质的发展。"政治文化理论告诉我们，人的行为受其价值观支配，人的政治参与行为也要受其政治价值观支配。政治参与是否有效，不仅取决于其是否确立了一定的政治价值观，还取决于其是否具有政治参与所必需的政治素质，是否掌握了有效参与所要求的政治知识和技术。人类的政治参与实践表明，无论是确立一定的政治价值

---

① 参见方三文：《中国基层选举状况报告》，载《南方周末》，2001 年 10 月 22 日。

观，还是掌握政治参与所必需的政治知识和技术，都离不开相应的政治文化建设和教育。一定的政治文化建设和教育，是培育公民的政治价值和政治信念，提高公民对政治制度、政治过程和公民政治权利与义务的认知水平，形成有效的政治参与行为模式的重要保证。"① 而选民的文化水平和政治素质又是与受教育程度呈正相关关系的。因此，我们可以说，民主制度更倾向于受过良好教育和有文化的公民。这也是许多政治学者和一些从事政治活动的实践者对于文化素质影响人们政治生活的一致看法。

对于受教育程度和文化水平如何影响人们的政治素质和参政能力，很多从事政治学研究的学者也做过实地调查。北京大学"人民代表大会与议会研究中心"在2000—2001年，就在全国近20个点（包括城市、农村、流动人口，经济发达、中等发达、欠发达等多个代表地区）进行了广泛的调查，调查结论与人们脑海中的一些普遍认识可以说是大相径庭。一组问卷调查表明，主动参加投票的人中，高中、中专教育程度的人最积极，占55.1%；文盲最不积极，占22.9%。另一方面，要靠领导组织动员才去投票的，随着受教育程度的增高而比例提高，大专以上文化程度的比例最高，占24.2%。②这个调查发现，受教育程度和文化素质是影响公民参与选举积极性的重要因素，但是也同时说明了受教育程度高低并不是公民参与选举积极性高低的决定性因素，即公民受教育程度和文化素质与公民选举积极性并不必然呈正相关关系。

除上述之外，蔡定剑教授还特意选取大学生和农民两个群体进行了对比分析，因为大学生被认为是我们社会文化水平和政治素质较高的群体，而农民被认为是我们社会文化水平和政治素质较低的群体，正好是"文化素质论"的两个极端。通过对比分析发现，大学以上文化程度的被调查者对当前的选举的态度是比较消极的。

---

① 贲道鹏：《当代中国公民参与型政治文化建设研究》，苏州大学硕士学位论文，2005年5月。

② 参见方三文：《中国基层选举状况报告》，载《南方周末》，2001年10月22日。

在选举态度积极性的调查中，选取了13种社会类型的群体，其中大学生的积极性排第8位，文化科研人员排第7位，位于农民和自由职业者之后（分别是第5位和第6位）。在参加人大代表选举的态度调查上，表示是主动参加投票的大学生只有41.2%，文化科研人员只有33.8%，而农民则为59.7%，仅次于党政机关人员和企业领导。同时，几乎所有调查数据均显示，农民对选举的态度积极性、认真程度和对选举改革的信心都排在前列，农村居民愿意参加选举的比例为81.6%，而城市居民为72.8%。农村居民比城市居民的参选比例高出近10%。① 按照调查结果进行比较，则是文化水平相对较低的农民的政治选举参与积极性高于文化水平相对较高的城市居民，也高于正在或已经接受了高等教育并具有较高文化水平的大学生。由此可见，在一般情况下，公民受教育程度的提高，意味着政治参与能力的增强。但是，公民受教育程度的提高与政治素质的增长，并不必然地意味着公民政治参与积极性的提高。

三、中国基层人大代表选举中公民参与不足的主要原因分析

在上一节的分析中，我们对学术界讨论过的关于当前中国基层人大代表选举中公民参与不足的一般原因进行了分析，这些原因包括传统专制主义思想的影响，经济水平和收入状况的影响，以及文化水平和政治素质的影响。我们认为，虽然这些因素在一定程度上能够造成公民对基层人大代表选举的参与不足，但它们不是引起基层人大代表选举中公民参与不足的主要原因。在我们看来，造成基层人大代表选举中公民参与不足的主要原因另有他者。那么，究竟是什么因素决定了公民参与投票选举积极性的高低程度呢？我们认为主要是选民与选举活动的利益相关程度。在下面的讨论中，我们将对中国基层人大代表选举中公民参与不足的利益原因进行剖析。

根据历史唯物主义的基本观点，自从人类社会产生以来，不同社会的人们总是与利益的追逐密不可分。人类的一切活动便建立在

①　参见方三文：《中国基层选举状况报告》，载《南方周末》，2001 年 10 月 22 日。

利益的创造与分配的基础上。没有利益，人就不可能生存；而利益的多少，一般将会决定人的生活质量的高低。所以，人为了生存，为了生活得更好，通常会把是否能获取利益作为是否应该参与某项行为的界限和标准。如果人们面临的某项行为，不能给自己带来实际的利益，那么，人们往往会竭力回避这样的无偿行为。按照上述逻辑，我们判断某人是否参加某种社会活动时，首先要考虑的就是实施这项活动能否给他们带去利益。公民在面临人大代表的投票选举行为时，也应当持此种观点。一位政治学学者在对基层民主选举进行考察后，就明确指出："在个人独立意识和能力感确定之后，人们发现政治生活原来可以同自己的切身利益和日常生活的方方面面紧密联系起来，人们便会自觉地参与到政治生活中来，不仅关注政治运行的政策结果，而且开始影响政治运行的过程，以期得到有利于自己的政治产品和利益"。① 这也就是说，利益的获得与否，已经是影响中国公民参与人大代表选举积极性的决定性因素。下面，我们将从三个方面来论证这一点。

首先，大学生参与人大代表选举的积极性是由利益决定的，但利益只是起间接影响作用。大学生是社会中的一个特殊群体，他们经过了专门化、科学化的知识培养和熏陶。按常理说，他们对政治民主化的追求是十分强烈的，对政治民主的投票选举的理解是十分清楚和深刻的，应该是相对较愿意参加政治生活的群体。可是，他们为什么会在投票时表现出异常的消极态度呢？原因就在于他们所接触的书本中描绘的理想状态与社会现实状态发生了较大的冲突，他们所掌握的知识与认知能力使他们更能够发现中国基层人大代表选举的虚妄性；现实中的人大代表与自己理想中的人大代表差异甚远，根本不可能成为他们理想中的代表，也就不可能真正代表和实现他们的利益了。这种理想与现实的明显严重脱节，直接影响了大学生参加投票选举的积极性。

其次，农民、市民参与人大代表选举的积极性是直接由利益决

---

① 贾道鹏：《当代中国公民参与型政治文化建设研究》，苏州大学硕士学位论文，2005 年 5 月。

定的。生活在现实社会中的普通选民，特别是农民、市民，虽然他们的理想化色彩比较淡然，可是他们的政治态度和政治行为是更现实的，即与大学生相比是更趋利的。所以，他们不会对空洞没有实际利益的选举感兴趣，不会凭空洞的政治宣传去投票，而是凭看得见和实际能得到的利益投票。如果选举与他们的利益有关，他们就会积极参加；如果选举与他们的利益关系不大甚至无关，他们就不会积极参与。这一点在我国的选举实践中也能看得很清楚。蔡定剑教授在谈到我国乡村民主选举时就指出："农民也许回答不出什么是民主，为什么有选举制度，但是他们知道什么是'利益'，他们的利益何在？"① "民主和选举的要求和行动，不需要有高深的理论，而是一种本能的需要，他们要通过选举表达他们的利益和要求，维护自己的权利。这是任何一个有健全理智的人都能做和所要求做的。"② 因此，当人们发现政治体系能够吸纳他们的意向，可以通过表达利益倾向来改变政治运行时，人们会更加巩固和增强个人政治效能感，并刺激他们的参政欲望，参加下一轮政治过程，从而形成良性循环；反之，将挫伤公民的政治参与积极性，使更多的人远离政治生活，造成政治冷漠现象。

最后，如果说国家的确立与公民之间是一种契约关系，那么，人大代表和公民之间的联系也应该是建立在契约基础之上的。因为只有这样，才能使代表与选民有更强的利益联结，也才能促使选民对人大代表选举的积极参与。可是，在中国基层人大代表的选举过程中，从一开始，就是违背契约原则的。因为一方面，公民（大学生、农民、市民）在选举人大代表之前，很少甚至根本不知道候选人（与他们订立选举契约的另一方）的相关个人信息，在这里，订契约的双方就是不平等的。另一方面，作为选民代理人的人大代表，似乎也不需要对选民利益负责，不能很好地履行他们的受托责任。这样，公民在握着选票时，也就很不情愿参与人大代表的

---

① 蔡定剑：《公民素质与选举改革调查》，载《战略与管理》，2003 年第 2 期。

② 蔡定剑：《农民素质与民主选举》，载《浙江人大》，2003 年第 11 期。

选举了。因为他们在参与选举活动时，是在与一群他们不认识的人订立契约，是把权利与命运寄托在一群不会对他们负责的人身上，其后果必然是与他们的利益诉求无关，参与积极性不足也就理所当然了。由此可以推知，在改革开放以后，尽管中国的人大代表选举制度与程序有不小的改革与完善，但中国公民尤其是广大的基层选民，并没有从这种选举中获得多少实际的利益，因而也就不可能对基层人大代表的选举表现出应有的热忱。所以，在我们看来，缺乏利益联结，才是造成当前中国基层人大代表选举中公民参与不足的主要原因。

四、结　语

在本文中，我们对当前中国基层人大代表选举中公民参与不足或积极性不高的原因进行了综合分析。我们发现，尽管诸如传统专制主义思想、经济发展水平与收入状况、公民的文化水平和政治素质等对公民参与基层人大代表选举的积极性有一定的影响，但是这些因素并不是主要的。造成当前中国基层人大代表选举中公民选举参与严重不足的主要原因，是因为当前的选举制度和代表制度设计与选民的切身利益缺乏密切的联系。因此，我们认为，要改变当前中国基层人大代表选举中公民参与不足的现状，根本出路就在于通过对当前人民代表大会制度的进一步改革和完善，来建立起代表与选民之间的利益联结。唯其如此，才能更好地促进我国基层民主政治乃至整个国家民主政治建设的健康发展。

（柳新元　武汉大学政治与公共管理学院教授）

（张晒　武汉大学政治与公共管理学院硕士研究生）

论网络言论自由的保护与限制

◎申建林

【摘　要】　互联网使人们的思想表达和交流形式发生了革命性的变化，本文结合互联网本身的特性说明网络言论享有更广的法律保护限度；然后提出通过网络匿名制、分级保护制和列举式立法来保障网络言论自由的设想；最后，就如何合理解释与实施网络言论自由的三种最重要的法律限制提出自己的观点。

【关键词】　网络言论　自由　保护　限制

20 世纪 90 年代以后，随着网络技术的飞速发展和网络传输的广泛应用，人们的思想交流结构发生了革命性的变化。互联网彻底克服了印刷品、广播、电视等传统媒介的局限性而使公民平等而自由的表达成为可能，从而使公民言论自由权能得到最充分的实现。但互联网上也不乏色情、制假服务、侮辱和诽谤他人、煽动暴力等信息和言论，这些信息和言论对青少年的健康成长、对他人的权利和公共道德造成了严重威胁，甚至给公共秩序和国家的安全稳定带来隐患。因此，如何有效保护网络言论自由，同时合理限制网络言论以避免不良后果，是急需探讨的重要问题。

一、对网络言论自由的保护

网络言论自由是指公民利用文字、图像、声音或其他符号与艺术形式在互联网上表达自己的思想、情感、观点和意见，并在互联网上寻求、传输和接受各种思想和信息而免受他人非法干涉的权利。尽管并非所有国家都直接针对网络言论规定了专门性的保护条款，但宪法和国家的基本法律所确立的言论自由权无疑涵盖了网络言论自由权。《公民权利和政治权利国际公约》第 19 条对言论自由权作了这样的规定："人人有自由发表意见的权利；此项权利包括寻求、接受和传递各种消息和思想的自由，而不论国界，也不论口头的、书写的、印刷的、采取艺术形式的，或通过他所选择的任何其他媒介。"① 显然这里的"任何其他媒介"是指所列举的几种媒介之外的已经出现和将要出现的一切媒介形式，利用互联网"发表意见"，"寻求、接受和传递各种消息和思想"当然也在法律保护之列。

但是网络言论与通过传统媒介而表达的言论是否享有完全相同的自由度？我们如何保障网络言论自由？下面进行简要分析。

1. 根据网络媒体的特有性质来确定网络言论自由的法律保护限度

从原则上说，无论是网络言论还是其他形式的言论，其自由度不可能是无限制的，任何形式的言论都要受到"尊重他人的权利和名誉"以及"保障国家安全或公共秩序，或公共卫生或道德"的限制。② 但这是否意味着网络言论与传统形式的言论享有完全相同的自由度？或者说对传统媒介的控制和审查标准是否也同样适用于网络媒体？

我们可以从美国的司法实践中得到启发。1996 年，克林顿总统签署了国会制定的《电子通讯法》，该法生效后，美国 20 多个团体质疑其中的第 223 条关于禁止"以电子通讯手段故意传播任何

---

① 转引自［瑞士］托马斯·弗莱纳著，谢鹏程译：《人权是什么?》，中国社会科学出版社 2000 年版，第 171～172 页。

② 参见《公民权利和政治权利国际公约》第 19 条第 3 款。

淫秽或不雅的评论、要求、建议、图像或其他通讯"的规定违宪。① 美国联邦最高法院裁定:该法违反《宪法第一修正案》。在反驳政府关于援引有关广播的宪法判例以说明政府有权对网络传媒进行控制的观点时,史蒂文斯法官代表最高法院阐明了网络空间的言论自由需要适合于自身的法律界限的原则。

史蒂文斯法官认为,最高法院以前允许政府对广播实施控制的理由在互联网上是不存在的,因为:其一,广播电视频道是一种稀缺资源,而且影响广泛,为了限制言论垄断,需要政府加强监督和调整;而互联网则不然,它的低廉成本和开放性几乎为每个人提供了平等的表达机会。其二,广播电视具有侵入性,用户无力控制广播电视信息,如果缺乏有效的控制,其有害信息更易于对未成年人产生不良影响;而"从互联网进入某一内容,需要一系列明确步骤,因此偶然撞上不雅材料的风险极低"②。美国联邦最高法院在适用《宪法第一修正案》时,针对不同表达手段的特点给予言论自由以不同的保护。德国对网络言论的法律限制也非常谨慎,德国的《多媒体法》并非禁止所有有害的网络言论,该法对"禁止的"和"有害但并非禁止的"内容做出区分,从而放宽了网络言论的限制。西方国家通行的做法是,广播电视受到最有限的保护,印刷品次之,而互联网则受到最广泛的保护。

西方国家为网络言论自由提供最宽的法律保护限度的做法是值得借鉴的。在立法和司法实践中,我们不能简单地将其他媒体的限制标准直接运用到网络媒体上,而应该结合网络媒体的特点而给网络言论提供更广的法律保护。当然,网络言论的自由开放可能会带来某些弊害,但清除言论弊害的最佳方式并不是过度限制甚至压制言论,而是鼓励更多的言论,通过言论的自由流动和竞争来提高人

---

① 参见邱小平:《表达自由——美国宪法第一修正案研究》,北京大学出版社 2005 年版,第 523 页。

② 参见邱小平:《表达自由——美国宪法第一修正案研究》,北京大学出版社 2005 年版,第 525 页。

们的辨识力，实现思想进步和社会稳定。

2. 实行网络匿名制，维护网络匿名权

在互联网上交流和表达时，到底应该实行实名制还是匿名制，近两年来，学术界和新闻传媒人士争论不休。互联网大大扩大了人们的言论自由，但也有人滥用这种自由，在网上发布大量的攻击和诽谤性言论，传播色情淫秽信息，为了减少和消除这类不良言论和信息，使人们对自己的网络言论负责，不少人提倡网络实名制。

2003 年，清华大学新闻学教授李希光曾建议全国人大禁止网上匿名。2004 年教育部出台了《关于进一步加强高等学校校园网络管理工作的意见》，为了落实该《意见》，一些高校的校园网BBS 实行了用户实名注册制度，如"水木清华"、"北大未名"、"南大小百合"、"复旦日月光华"。①

但这里要强调的是，不宜推行整个互联网的实名制。因为互联网本身的特点就是虚拟的，它的魅力正在于"匿名"。由于匿名表达，网络用户不必顾虑自己特定的身份和言论的社会影响，因而可以毫无保留地表达自己的真实想法，从而实现网络信息多样性的最大化。实名制必然会使网络丧失活力，在网络实名制之下，很多并没有违法，只是因为背离主流观念的珍贵而有价值的言论很可能因种种顾虑而不敢发表，从而影响网络言论自由给人类带来的重大利益。公民享有网络匿名权，即享有在网络环境下发表观点时隐藏个人身份或个人资料的权利，因为网络匿名权有利于网络言论自由权的扩大；当然，一旦诽谤性言论和网络侵权（如侵犯版权、隐私权和名誉权等）言论发生时，网络匿名制使查找侵权者，并追究其法律责任变得困难。但如果我们能够找到其他方法给受害者以救济时，我们就没有理由选择抑制言论自由的实名制。事实上，网络实名制并不是管理网络和解决不良信息的唯一选择，一旦言论侵权发生，我们完全可以运用网络技术通过 ID 而查找侵权言论者，从而追究当事人的法律责任。我们没有理由因担心侵权言论的发生而要求每一位网络用户公开自己的身份，正如我们没有理由因担心人

---

① 《网上可能不再有匿名》,《南方日报》，2005 年 7 月 6 日。

们可能作案而要求每个人暴露自己的行踪一样。当然，某些网站或交流区要求实名注册是可以的，它为那些希望彼此之间相知相识，并进行深入交流的人们提供了空间，但不宜通过法律或行政的手段而强制推行整个网络的实名制。

3. 实行网络言论分级保护制

认为网络言论应该受到更广泛的法律保护并不意味各种网络言论受到法律保护的程度是相同的。确定某一言论是否受到法律保护，通常采取的是利益权衡法，即将某一言论可能促进的利益与可能损害的利益相比较，以决定是否受到法律保护。而不同类型的网络言论带来的利弊是不同的，因而适于采用分级保护制。

网络言论包括政治性网络言论、商业性网络言论、猥亵诽谤性网络言论等。政治性网络言论是指就政府及公职人员的行为、政策和公共利益事项而发表的网络言论，任何现代民主国家不可能不将政治言论自由放在首位，因为它是民主政治的前提，民主政治就是民意的统治，它通过公民对公共事务各抒己见而决定国家的政治和政策选择，因此，政治性言论属于高价值言论，应受到最高的法律保护，所以，美国哲学家米克尔约翰认为，美国《宪法第一修正案》并非保障任何言论，"它仅仅保障有关公共利益事项的思考和讨论"①，即"与统治事务有关、代表人们参与自治过程"的"公言论"。② 在西方主要国家，政治性言论被归于"内容中立"言论范畴，政府被要求采取中立态度，在制定法律时，不能根据其内容，只能按照"时间、地点、方式"原则进行限制。当然，政治言论自由以不危害国家安全和公共秩序为限度。

商业性网络言论的自由受到法律保障的程度则较低，如商品广告言论（尤其是药品广告）允许事先审查，因为商品涉及国民健康和生产生活安全问题，为了维护公众利益，商品广告应受到严格

① ［美］亚历山大·米克尔约翰著，侯健译：《表达自由的法律限度》，贵州人民出版社2003年版，第67页。

② ［美］亚历山大·米克尔约翰著，侯健译：《表达自由的法律限度》，贵州人民出版社2003年版，第82页。

规范，不允许夸大不实之辞，甚至要求注明指定的技术指标。而猥亵诽谤性网络言论并不受到法律保护，相反，为了确保青少年的身心健康，维护他人的权利，这类网络言论往往受到限制或禁止。

4. 网络言论适于列举式立法

要解决某种网络言论是否享有自由的问题，首先必须确定解决这一问题的机制，即由谁担任网络言论是否合法的最终裁决者，其裁决的依据是什么？这里要强调的是，只能由形式上中立的法官而不是政府充当裁决者，因为对于那些涉及政府自身利益的网络言论，政府很难站在公正的立场上做出裁决，此时，法官则可以作为政府与公民之外的仲裁者进行裁决。而法官裁决的根据只能是法律。立法的方法有概括式和列举式，有关网络言论的立法适于采取列举式，即列举受到法律限制的网络言论的种类、界限及相应的处罚，没有规定为非法的网络言论都属合法。因为言论自由是最具优先性的人权，列举式立法明确而具体，既便于司法也有利于最大限度地保护网络言论自由，而概括式立法尽管全面，但抽象模糊，解释不一，容易导致对网络言论的不适当控制。2000 年公布的《互联网新闻信息服务管理办法》第三条第一款规定：从事互联网新闻信息服务，应当"坚持为人民服务、为社会主义服务的方向，坚持正确的舆论导向，维护国家利益和公共利益"，这样的概括性规定若没有明确的法定解释和列举，会增加司法的不确定性。而第十九条规定了十一种禁令，但并没有对各种网络侵权、网络犯罪与违法行为进行定义和列举，无疑这容易引起司法裁量权的滥用。

二、对网络言论自由的限制

互联网在扩大言论自由和实现信息最大化的同时，也引起了传播淫秽材料、侵犯名誉权隐私权，甚至威胁国家安全等问题。为了规范网络，各国都在加强网络立法，如 1996 年英国政府颁布了《三 R 安全规则》，1997 年美国制定了《计算机安全法》，1996 年德国联邦会议通过了《多媒体法》，我国于 1997 年发布了《计算机信息网络国际联网安全保护管理办法》。尽管不同国家对网络言论自由的限制程度和限制方式不完全相同，但从各国的网络立法和

《公民权利和政治权利国际公约》有关表达自由的限制性条款①来看，在受到限制的网络言论中，最重要的包括三类：危害国家安全的言论、危害儿童身心健康的言论以及侵犯他人名誉权隐私权的言论。在我国，2000 年全国人大常委会通过的《维护互联网安全的决定》中的第二、三、四条，1997 年国务院批准公安部公布的《计算机信息网络国际联网安全保护管理办法》中的第四、五条，2005 年国务院新闻办公室和信息产业部联合发布的《互联网新闻信息服务管理规定》中的第十九条，也正是突出强调了这三类限制性的网络言论，下面就如何合理解释与实施这三种限制提出自己的看法。

1. 对危害国家安全条款的理解

不得危害国家安全已成为国际公认的网络言论限制条款。我国宪法第五十四条规定公民不得危害祖国的安全，而有关网络法律法规（如《维护互联网安全的决定》第二条、《计算机信息网络国际联网安全保护管理办法》第四条、《互联网新闻信息服务管理规定》第十九条第二款）则更具体地规定网络言论自由以不危害国家安全为前提。问题不在于是否应该支持国家安全条款，而在于如何理解国家安全条款。

危害国家安全的网络言论是指危害国家的独立、存在、统一、尊严等方面的网络言论，包括煽动颠覆国家政权、煽动分裂国家、破坏国家统一、泄露国家秘密等网络言论。但在司法实践中，是否任何煽动暴力推翻现政府等言论都构成危害国家安全罪，并受到刑法的调整，却是有争议的。从法理上说，只有当一种权利的行使导致损害他人权利或国家与社会利益的不良后果时，才受到法律限制，如果仅仅是一种不良的想法，或者仅仅表达了该想法，但从来没有付诸实施，或者表达出来后并没有引起不良的后果，这种不良

---

① 参见《公民权利和政治权利国际公约》第十九条第三款规定："表达自由受到两个条件的限制：（甲）尊重他人的权利或名誉；（乙）保障国家安全或公共秩序，或公共卫生或道德。"

想法的表达并不受到法律的制裁。正因如此，1919 年美国联邦最高法院审理 Schenck 案时①，霍姆斯法官在判决意见书中首次提出"明显且即刻的危险"原则②，即只有当一种言论事实上使某种社会利益正遭受明显的、不容置疑的、立即发生的威胁时，才受到法律的限制，由此，确立了有关第一修正案的司法判例。"明显且即刻的危险"原则同样可用于解释构成危害国家安全的网络言论，如果某种网络言论煽动暴力推翻政府或者泄露国家机密，但这种网络言论并没有导致即刻的非法行动，从而也没有导致明显的威胁国家安全的后果，则并不构成危害国家安全罪。

2. 对危害儿童身心健康的暴力色情网络言论的限制

限制暴力和色情方面的网络言论主要是出于保护儿童（网络立法中的"儿童"是指未成年人，即 18 岁以下或各国法定成年岁数以下的人）健康成长的考虑，儿童的心智尚未发育成熟，这方面的文字和图片往往会使儿童产生病态的心理和认知，严重摧残儿童的身心健康，并容易导致青少年犯罪。所以，限制或禁止对儿童产生不良影响的网络言论已成为国际社会的共识。

但保护未成年人免受暴力色情等网络言论的侵害是否意味着完全禁止这类言论在网络空间中的存在？在立法和司法实践中，各国都很注意将这两个问题分开，立法的最终目的只是为了确保未成年人免受色情等言论之害，而不是彻底清除这类网络言论从而使任何人都不可能接触它们。所以，1997 年美国联邦最高法院宣布《通信规范法》（Communications Decency Act of 1996，CDA）违宪，史蒂文森法官在判决书中写道："CDA 为避免未成年人接触具有潜在

---

① 1919 年美国社会党总书记 Schenck 印发了反战、反征兵传单，并邮寄给费城的应征人员，这些传单激烈谴责征兵所依据的征兵法，并鼓动应征者行使"反对征兵的权利"，下级法院对被告的言论作了有罪判决，该案提起上诉后，联邦最高法院同意维持原判。

② ［美］亚历山大·米克尔约翰著，侯健译：《表达自由的法律限度》，贵州人民出版社 2003 年版，第 22 页。

危害的言论，事实上限制了成年人根据宪法有权享有的言论自由。"①

很多国家在未成年人网络保护方面已制定了相关法律，如美国制定了《儿童在线保护法》和《儿童网上隐私保护法》，德国颁布了《多媒体法》，英国通过了《禁止泛用电脑法》、《儿童网上隐私保护法》，新加坡、比利时、法国等国家也出台了相关法律，这些法律法规为我国立法提供了借鉴。

我们可以根据网络的特点，并借鉴国外的经验，采取如下措施加强未成年人的网络保护，限制暴力色情等网络言论：其一，制定未成年人网络保护的法律法规或条例。在我国，《中华人民共和国未成年人保护法》还没有涉及未成年人网络保护的内容，更没有专门的未成年人网络保护法律法规，应该尽快制定相关的法律法规作为规范网络言论的依据。其二，建立网络分类许可证制度。根据内容将网络划分为不同的类型和级别，并标注在网页上。儿童网站禁止任何暴力色情等不良言论和信息，其他网站必须明示内容，如果含有色情等内容，必须有警示性文字。其三，实行监护制度。未成年人父母必须履行监护职责，通过设置计算机密码、设定安全级别或安装过滤软件等技术手段，防止未成年人接触有害信息。其四，建立技术保护制度。利用信用卡，指纹扫描、数码年龄证书等技术手段来防止未成年人访问限制级内容。

3. 对侵犯名誉权的网络言论的限制

权利的行使以不侵犯他人的权利为限度已成为最基本的法律原则。网络言论作为一种言论，可能侵犯他人权利的通常形式是诽谤或侮辱他人，各国的法律都禁止侵犯他人的名誉权，我国《计算机信息网络国际联网安全保护管理办法》（1997 年）第五条第七款规定："任何单位和个人不得利用国际联网制作、复制、查阅和传播"，以及"公然侮辱他人或者捏造事实诽谤他人"的信息。

侵权言论的发布者当然要承担法律责任，但在追究法律责任时

---

① 陈志华、张岩：《当"法"与"网"遭遇时》，载《CHIP 新电脑》，2001 年第 2 期，见 http://www.angelaw.com/weblaw/myart_ 24. htm。

最有争议的是网络服务商的法律责任问题。网络的复杂性和超地域性常常使追究网络言论者的责任很困难，如果不追究网络服务商的责任，则无人阻止诽谤性言论，此类言论无法遏制；而如果追究网络服务商的责任，则大量案件所带来的高额赔偿费和诉讼费使网络服务商严格监管甚至停止网站，从而影响网络言论的自由。就国外的立法情况来看，有三种不同的处理原则：第一，宽容原则，即网络服务商只提供技术上的服务，无须为网络用户的言论负责，新加坡采用了该原则；第二，严格责任原则，即网络服务商对电子布告板言论内容负有监督的责任，瑞典采取了这一原则，英国也有严格责任的判例；第三，分别责任原则，即针对不同情况，网络服务商承担不同的责任，德国是运用这一原则的典型。

德国的处理方式更具有借鉴意义，这里就网络服务商的责任问题提出两点建议：第一，对不同的网络服务商规定不同的法律责任。网络内容提供商（ICP）应该对自己所提供的言论内容的真实性负完全责任；而网络接入服务商（IAP）只为信息传播提供光缆、交换机等设施，为上网提供接入服务，无法控制和编辑信息，因而就不应对网络言论承担责任；网络平台提供商（IPP）为用户提供服务器空间，如 BBS、邮件新闻组和聊天室等，他们对网络传输内容具有一定的编辑控制能力，因此，应该对网络内容承担一定的责任。第二，网络平台提供商只承担有限的责任。因为网络媒体与纸质媒体不同，纸质媒体对所刊载的言论具有复核的责任，如果出现侵犯名誉权的言论，必须承担因复核不严的过错责任，而网络平台提供商不可能成为传统意义上的信息把关人，面对无数的讨论和帖子，他们无法一一复核内容的真假，正因为如此，网络才具有开放快捷的特点。网络平台提供商只承担有限的责任，即如果已知所载言论侵权或者经人提醒而仍然没有采取措施禁止该言论传播，就应该与言论发布者承担共同侵权责任①；此外，在诉讼中，网络平台提供商应司法部门要求，负有提供侵权人的网络注册资料和 IP 地址等资料的义务。

---

① 参见饶传平：《网络法律制度》，人民法院出版社 2005 年版，第 237 页。

以上结合互联网本身的特点，对有效保护与合理限制网络言论自由所涉及的几个最基本问题进行了分析。当然，网络言论自由的有效保护与合理限制在很大程度上取决于我们的制度环境，随着政治法律制度的改革和完善，我们会以理性而合法的方式实现网络言论的自由与限制之间的平衡。

（申建林　武汉大学政治与公共管理学院副教授）

政权建设与公共治理

中国县级政权：在传统与现代之间①

◎唐皇凤

【摘 要】 本文试图在传统向现代转型的视野中定位中国县级政权研究的学术价值，认为县级政权既是中国国家治理的基石，也是传统与现代的交界点，县级政治的运作机制集中体现了中国现代国家建设的本质内涵及主要困境，县级政权是透视中国国家转型的最佳窗口。中国县政建设的特征与限度必须在制度与文化的有机互动中探寻，中国县政改革与发展的关键是实现国家角色的现代转型。

【关键词】 转型中国 县级政权 县政改革与发展

县级政权是中国历史上最稳定、最基本的一级国家政权，具有深厚的历史文化底蕴。县级政权也是目前中国政治体制中具有完全制度架构的基层政治体，是转型中国国家治理体系的基石。县级政权作为城乡结合部，是社会主义新农村建设的前沿阵地，也是构建社会主义和谐社会的重要政治力量。更为重要的是，县级政权面临剧烈的传统与现代的冲突，县级政治的运作集中体现了中国现代国

① 本文系 2008 年度教育部人文社会科学研究项目"善治视野下的中国县级政权建设问题研究"（项目编号：08JC810015）以及第一批中国博士后基金特别资助项目"政道与治道的有机互动：转型中国县政改革与发展问题研究"（编号：200801326）的中期成果。

家建设的本质、内涵及主要困境，是透视中国国家转型的最佳窗口；同时，在特定的市场化和社会转型阶段，整个县域经济、县域政治发展的外部环境面临重大变革，县级政权也越来越成为中国政治改革和制度创新的重要政治空间，对县域政治的研究有利于深化人们对当下中国社会形态的认识和理解，更好地把握中国政治特定的发展阶段、内在机理和历史使命。本文试图以转型中国的特定政治发展阶段为历史背景，以县级政权在整个国家政权体系中的特殊性为着眼点，试图在宏观和普遍意义上整体把握县级政权，并在政治学理论的学科视野中给予县级政权研究适当的理论定位。

县级政权：国家治理的基石

县级政权是中国历史上最稳定、最基本的一级国家政权，具有深厚的历史文化底蕴。自秦汉以来的两千多年地方行政区划变革史表明，县级政权以上的地方政权机构不断变化，不同时期有郡、州、路、府和省等一级、两级或三级机构，但县的设置始终不变，它一直是主要的基层政权。在中国，某些地域县的建制长期延续，目前有 1/3 的县具有千年以上的历史；县的数量在固定区域内始终比较稳定，从汉代以来，现仍在中国版图统治区域建立县制的，几乎每一个朝代都在 1 500 个左右波动，成为在政治、经济、社会、文化各方面都很稳定的实体①。直到随着近代国家政权建设的日益深入，国家政权机构的下沉才突破传统中国"王权不下县"的传统，开启了"政权下乡"的新潮流，乡镇政权取代县级政权成为基层政权。但是，传统中国典型的治理结构包括两个部分：上层由中央政府及其设置的自上而下的官制系统构成，底层是地方性的管制单位，由族长、乡绅或地方名流掌握②。这种治理结构的基本特点是文化和意识形态的统一，而管辖区域实际治理权的分离。在基

① 马戎、刘世定：《中国乡镇组织变迁研究》，华夏出版社 2000 年版，第200 页。

② 参见王先明：《近代绅士：一个封建阶层的历史命运》，天津人民出版社1997 年版，第 21 页。

层社会，地方权威控制着地方区域的内部事务，他们并不经由官方授权，也不具备官方身份，而且很少与中央权威发生关系，在事实上限制了中央权威进入基层治理①。从历史上看，县在中国一直是最稳定、变动最小的次省级行政单位。进一步说，它是没有改变过的最低层次的国家组织，是中国政府的基础②。

县域经济发展在转型中国的经济生活中具有重要地位。截至2005 年年底，中国共有县级行政区划 2 862 个，其中市辖区 852个、县级市 374 个，县 1 464 个、自治县 117 个、旗 49 个、自治旗3 个、县级特区 2 个、林区 1 个。全国县域内陆地国土面积 874 万多平方公里（根据中华人民共和国行政区划简册 2004 年统计），占全国陆地国土面积的 94.0%。2005 年，全国县域内人口达 9.18亿，占全国总人口的 70.24%。2005 年，全国县域经济的地区生产总值达 8.81 万亿元，占全国 GDP 的 48.1%；县域经济 GDP 平均为 43.86 亿元，县域地方财政收入一般预算收入平均为 1.64 亿元。2005 年，全国县域人均 GDP 是 9 470 元，全国人均 GDP 则是14 040元，百强县人均 GDP 高达 30 860 元。2005 年全国县域人均GDP 是全国的 67.5%，人均 GDP 最高的 100 个县域是最低县域的人均 GDP 的 16.1 倍③。另据广东省的有关材料表明，该省辖有农村区域的县级建制主要分布在广东省东西两翼和粤北山区等欠发达地区，67 个县域面积占全省总面积的 81.1%，县域户籍人口占全省户籍人口的 60.9%。2006 年，广东县域生产总值达 4 664.5 亿元，比 2001 年增长 70.2%，年均增长 11.2%，县域人均财力从2003 年的 1.54 万元/年增加到 2006 年的 2.42 万元/年，增长 57%，2006 年农村居民人均纯收入达到 5 080 元。但广东省县域生产总值仅占全省的 17.9%，67 个县市地方财政一般预算收入仅占全省地

---

① 参见张静：《基层政权—乡村制度诸问题》（增订本），上海人民出版社2007 年版，第 17 页。

② Marc Blecher, Vivienne Shue. *Tethered Deer: Government and Economy in a Chinese County.* Standford University Press, 1996, p. 204.

③ 参见张秀生：《县域经济发展：现状、问题与对策》，载《武汉大学学报》（哲学社会科学版），2007 年第 4 期，第 471 页。

方财政一般预算收入的 6.9% ，低于 1 亿元的县市仍有 13 个①。

　　孙中山先生设计的中国政治发展路径，就是在县级政府自治的基础上构建一个现代国家，他把县级政府作为国家治理的基础。早在 20 世纪 80 年代末，刘德厚教授就提出从县行政区划这个层次上，研究中国政治发展，是政治学中的一个新课题。他认为把县域政治发展作为一个独立的研究领域，是由县级行政区划的特点决定的②。他认为政治学理论应重视以县域为特定对象，开展其政治发展与政治现代化、社会化问题的研究。并且，随着县域经济地位的日益提升，县域政治发展问题也开始逐步成为学界讨论的热点问题。如杨雪冬认为在国家建设的理论框架中，县级政权是最全面的微观单位。首先，县的人口和地域规模决定了其职能的完善和行为的制度化，使其有足够的条件发挥地方的作用。其次，县级政权处于国家与社会的交接面上，与其他更高层次的政治单位相比，与微观社会组织的联系更直接、更密切、更多样。县在整个政治体制中扮演承上启下的角色，不仅能够比较全面地反映出整个体制的运行和变迁，而且能够集中地体现出国家与社会互动③。又如于建嵘等

---

　　①　参见于建嵘、蔡永飞：《对话：县政改革是中国改革新的突破口》，载《南方周末》，2007 年 9 月 13 日，第 E31 版。

　　②　具体包括我国县制建立有长久的历史，先秦推行县制以来，在两千多年的历史变迁中形成了区域的独特性和政治上的超稳定性，使其成为维护和巩固中央集权制的行政单元的基础；县行政区域以农村为依托，以少数城镇为中心，相对独立地发展着具有自己特色的经济、政治和文化，形成了十分明显的区域特点和历史特征，这些特点和特征又体现出区域的共同性；我国县域地广、人多、城乡兼具，工、农、商、学结合，形成了一个小社会，县级行政的社会、经济和政治功能齐全，在历史上早已成为中国社会的细胞和政治运行实体，县域政治发展具有相对独立存在和发展的意义；县域是以农村自然经济和个体手工劳动为特点的地方农业经济，形成了县域社会的封闭性和分散性，县域内文化教育落后，商品经济不发达，生产力水平低下，生产和生活方式陈旧，使县域政治发展和政治现代化具有特殊性。参见刘德厚主编：《当代中国县政发展》，武汉大学出版社 1988 年版，第 1~4 页。

　　③　杨雪冬：《市场发育、社会成长和公共权力建构：以县为微观分析单位》，河南人民出版社 2002 年版，第 55 页。

人认为县政改革是中国改革新的突破口，这基于四个方面的原因：自秦以来，县级政权一直是中国最为稳定和基本的政治单元；它是城市政治与农村政治的结合部；它是目前中国政治体制中具有完全制度架构的政治体，是国家治理的基础；现行体制中关于县级人民代表直接选举等制度安排为未来政治发展提供了一定的空间①。

在特定的市场化和社会转型阶段，县域政治成为中国政治改革和制度创新的重要空间，县级政权成为十分活跃的政治行动主体。县是国家建构的微观单位，无论在中国传统政治体制中，还是在近代以来的制度变迁中，县作为基层最完备的国家体现物一直受到统治者的重视，不仅是整个制度稳定存在的基础构件，而且是体制变革的突破口②。近年来，以县为单位或者指向县级政权的制度与政策创新层出不穷，如声势浩大的"强县扩权"运动直指过去的"市管县"体制，省—地级市—县（市）的关系面临重新调整的局面③；农村税费改革后"乡财县管"、乡镇功能弱化的趋势也在某种程度上强化了县级政权在国家治理体系中的地位与作用。在县域政治内部，如江苏的县长公推公选、四川的县级党代表直选、浙江温岭的民主恳谈会、北京和广东等地的县级人大代表竞选、全国范围内的人民陪审员制度的建立和法官专业化水平的提高，都将对县

① 参见于建嵘、蔡永飞：《对话：县政改革是中国改革新的突破口》，载《南方周末》，2007 年 9 月 13 日，第 E31 版。

② 参见杨雪冬：《市场发育、社会成长和公共权力建构：以县为微观分析单位》，河南人民出版社 2002 年版，第 39～63 页。

③ "省管县"被认为是发展县域经济、解决"三农"问题的一种路径。自 2002 年安徽、湖北等省在财政体制等方面试行"省管县"以来，到 2007 年全国已经有 18 个省试点"省管县"。全国实行财政"省管县"的有河北、山西、海南、辽宁、吉林、黑龙江、江苏、浙江、安徽、福建、江西、山东、河南等 18 个省份，加上北京、上海、天津、重庆四个直辖市，共有 22 个地区实行了"省管县"。所谓"省管县"体制是指：省市县行政管理关系由目前的"省—市—县"三级体制转变为"省—市、县"二级体制，对县的管理由现在的"省管市—市管县"模式变为由省替代市，实行"省管县"模式，其内容包括人事、财政、计划、项目审批等原由市管理的所有方面。参见《全国 22 地区实行"省管县"》，载《中国经济周刊》，2007 年 6 月 11 日。

域政治中的权力—利益结构产生重要影响。所有这一切都把县级政权推向了改革的风口浪尖，县级治理的民主化与法治化成为透视中国政治发展的有效窗口。

县级政权：传统与现代的交界点

当前的县级政权面临剧烈的传统与现代的冲突，处于从传统迈向现代的关键阶段。如刘德厚教授认为县域政治发展中的主要矛盾就是传统的政治影响与建设现代化的民主政治之间的矛盾。一方面，改革开放促进了社会和人们对民主政治的普遍需求；另一方面，我国农村社会仍置于传统社会之中，并有热切希望实现现代化的民主政治生活①。随着"中央"国家层面一系列具有明显现代性取向的制度与政策创新的相继推出，如县级人大代表的直接选举制度；县级一些关键领导岗位的原籍任职回避制度——一般指县委书记、县长、党群副书记、县纪委书记、县委组织部长、县人民法院院长、县人民检察院检察长、县公安局局长等领导职位由非本县籍人担任；有关政府职能部门的"垂直管理"制度——如地税、工商、国土等职能部门相继改由"省直管"等。执政党和政府试图把现代国家治理的一系列原则和制度体系贯穿到基层社会之中，也试图把各级地方政府改造成为真正的现代政府。从现代国家建设的基本成果来看，由于县级政权相对于省级政权具有更多的乡土性和传统性，县级政权的传统色彩依然比较明显，县级政权通行的治理原则与现代治理原则尚有较大的距离。而乡镇政权或者更基层的村级自治组织，由于离社会更近，受社会传统习俗和人际交往方式的影响更大，也离现代政权的距离较为遥远。唯独县级政权，既开始逐渐具备现代政权的雏形和一些基本特征，毕竟中央和省级政府具

---

① 他具体分析了县域政治发展中的矛盾，包括中央集权与县域相对独立性的矛盾；县域内新旧政治体制的矛盾；县域内民主政治发展与农村物质文化条件落后的矛盾；人治与法治的矛盾；县域自身发展中的政治经济文化的不平衡性与政治发展战略统一性之间的矛盾。参见刘德厚：《当代中国县政发展》，武汉大学出版社 1988 年版，第 4 ~ 7 页。

有强烈现代性取向的政策与制度体系正在逐步塑造县级政权的行为；同时作为具有明显地理—文化特征的县级政权还具有明显的传统性，在县级政权这个组织载体中我们充分领略到传统与现代之间剧烈的冲突，县级政权的运作和治理原则一方面深深受制于传统的社会网络，同时其另外一只脚却开始踏入现代性的滚滚洪流之中。

县级政权的传统性集中体现在：县级政权的内在运作机制——压力型体制，既体现了传统计划经济时代的基本特征，又具有鲜明的市场经济时代的特征，是一种典型的双轨运行机制；县级政权的财政支出结构中占主导地位的是维持组织的生存和运转，而不是提供公共服务，在相当多的县级政权当中，教师和公务员工资这两块就占到了全县财政支出总额的80%以上；从收入结构来看，县级政权的收入结构也具有不规范性，税收在整个收入中的比重大概只占85%左右，其他收入尚占较大的比重；县级政权工作人员的价值取向和知识结构还很难适应现代专业化管理的需要；县级政权的内在运作逻辑——不是职能分化，而是构建"熟人社区"，人际互动关系和人身依附关系盛行；县级政权通行的治理原则不是基于非人格化关系和普遍主义的现代公共关系原则，而是特殊主义原则、个人关系网络导向的"新庇护主义"关系；这一切表明县级政权达到的公共性和现代性程度还与现代国家存在差距，县级政权尚具有明显的传统性特征，处于从传统迈向现代的关键阶段，县级政权权力运作的法治化与民主化还有相当长的路要走。我们这里以县级政权运行中的庇护关系为具体分析对象，来考察县级政权面临的传统与现代之间的冲突。

改革开放前，由于权力过分集中且政治权力控制着所有资源配置，中国的庇护关系典型地体现为家长制和宗派关系。家长制存在于单位体制之内，依靠单位的资源配置功能；宗派关系不仅在单位内存在，而且具有跨单位性，形成关系的纽带除了依靠传统的地缘、血缘关系外，还有意识形态以及政治利益。为了防止这种庇护关系影响国家治理绩效，干部人事制度中的交流制和任期制开始实施，并在20世纪80年代得到普遍实施。两种制度的实施，对加速干部流动、结束领导干部终身制、防止滋生宗派主义和编织以地域、血缘为基础的关系网取得了较好的效果，也集中体现了中央政府在干部人事制度方面试图推行现代性取向的制度变革的强烈渴望。但是，这些制度变革没有从根本上改变县级治理的生态环境，仅仅导致传统的庇护关系发生了一些改变，主导县级治理的原则仍然不是中央国家力图倡导的现代国家治理原则。在县级治理当中，通行的行为规则不是对等、独立、价值导向和普遍主义，而是远近区分、依赖、利益导向和特殊主义。这种关系按照远近把人们划分为群体，围绕在不同的核心人物周围，根据势力大小影响县域范围内公共事务的处理。但这种庇护关系却不同于传统的庇护关系，根据艾森斯塔德的总结，传统庇护关系具有如下特征：

1. 在个人认同和权利义务方面，具有强烈的不平等关系。其中的一方拥有较多的权力、财富和影响，而另一方面没有或者少得多。因此二者具有不平衡的友谊，表现为礼物交换的不均衡、单向馈赠和等级化服务。

2. 形成和保持关系依赖于互惠、交换各自的需要和不同类型的资源服务。权力较大的一方提供资源控制、机会、权力和庇护，另一方则回报忠诚、支持、选票、服务和尊敬。其性质是工具性（功利性）的依赖关系。

3. 互相具有忠诚、团结和互利的义务，同时加有亲密的感情关系，长久稳定的信誉和合作性。庇护关系奉行特殊主义和弥散性社会规范，互相具有道德义务，具有给予和要求帮助的政治性。

4. 资源交换在私下里进行，一般为口头承诺，并非合约固定。人们联结到一起并非依赖一致信仰，而是依赖对资源、利益和庇护的需要自愿形成，它依赖具体的个人而非职位角色的关系。亦即，当一个庇护网络上方的核心人物离开了某职位，该庇护关系仍然可以存在①。

---

① 转引自张静：《现代公共规则与乡村社会》，上海书店出版社 2006 年版，第 202 页。

传统庇护关系是以个人关系组织起来的群体关系，其中的庇护者、被庇护者，以及掮客、守门人、中间人、关键团体和调停人等各种角色相互连接，形成群体或地方共同体关系。庇护关系具有高度的组织化能力，可以造就权威认同和有效的社会动员。这种地方共同体虽然能够抵御来自外部的掠夺——因而保持其自主性地位，但是它的内部关系与现代公共关系仍有着天壤之别①：

庇护关系与现代公共关系对照表

传统庇护关系	现代公共关系
个人性关系	非个人性关系
工具（功利）性	价值（意识形态）性
非正式（制度化）的	正式（制度化）的
特殊主义的	普遍主义的
私下的	公开的
高度内聚的	松散的
等级性的	职位分工的
道德义务：给予并要求帮助的正当性	道德义务：遵守法律
忠诚于个人	忠诚于法律（规则）

庇护关系是传统社会亲属关系的扩展形式，它是感情性的、稳定的。而现行县级治理中通行的治理原则与庇护关系有相同的地方，如特殊主义规则、利益导向、个人关系网络、互惠和提供帮助的道德义务等。但县级政权内部的派系呈相当的开放性，人员流动交叉频繁，变动迅速，他们可以因一个事件组合起来，在下一个事件中又因新的利益建立新组合。庇护体制中指向人的稳定忠诚发生了变化，变得不稳定，个人忠诚很容易根据新的利益集结发生变

---

① S. N. Eisenstardt. *Power, Trust and Meaning: Essays in Sociological Theory and Analysis*, University of Chicago Press, 1995.

化。被庇护者的选择性增加，使得庇护者不得不转变策略，不断通过提供帮助扩展社会关系。相对于传统庇护关系在信息传递上的个人性，新庇护关系可以是广泛的、公开的、大众动员式的；但是这种关系往往短暂、松散、易变，跟随具体的事件和利益而变动。它的动员往往具有价值因素。这些价值一致性类似于现代公共关系的某些特征，其冲突既有价值分歧含义，也有分利竞争含义；它的信息传递既有个人性渠道，也有公共性渠道；它的群体边缘无稳定明显的界限，其他个人可以无排斥性地进入；它并非明显的金字塔不对等结构，而是以一个小团体为核心的，边缘不明、身份对等、无强制性权利义务的松散布局；它并非是单一的以人为基础的权威认同，不限制广泛的利益表达①，但也没有明确的制度化稳定结构。所有这些特征，显示现行县级治理原则既不同于典型意义上的庇护关系，也不同于典型意义上的现代公共关系，而是这两种关系的混合变形。随着宏观制度的变化，干部流动性在县级政权这个层面上显著增强了，但没有导致县级治理原则的质变，而是庇护关系的适应性调整。杨雪冬总结了庇护关系在现代性取向的交流制和任期制影响下变化的几个具体特点②。因此，具有明显现代性取向的干部人事制度创新，没有从根本上改变县级治理的社会生态条件，

----

① 参见 Andrew MacIntyre. *Business and Politics in Indodesia*，1990，ASAA Southeast Asia Publications Series 中对于"Patrimonial cluster"特征的论述。

② 这些特点包括：第一，庇护关系带有更明确的利益共同体的色彩，庇护双方都有更明确的利益取向，行为上也更主动。在促成庇护关系形成的因素中，传统的地缘、血缘、同学、战友等因素变成了导引性因素，起作用的是双方利益的契合程度。人事体制、分管和主管体制成了庇护关系形成的制度化纽带。第二，庇护关系的范围更广，除了单位内部，跨单位、跨部门，甚至跨地方的庇护关系有不断增加的趋势。产生了三个影响：把更高级别的权威与普通的附庸者联系在一起，尽管通过的渠道是曲折和多样的；同级别的权威联系更紧密了，他们往往利用各自岗位的特点相互支持；庇护关系从政治领域扩展到经济领域。第三，庇护关系的存续时间缩短了，随着干部流动的加快以及主要干部的非本地化，许多庇护关系带有明显的临时性。参见杨雪冬：《市场发育、社会成长和公共权力建构：以县为微观分析单位》，河南人民出版社2002年版，第203页。

中央国家的现代性努力换来的是地方政权的适应性调整，传统的延续性和顽强性在县级政权这个层面得以集中体现，中央国家现代性的努力与尝试，其成败得失在县级政权这个层面值得人们关注。现代性取向的制度建设与中国传统文化的交锋与冲突在县级政权层面十分剧烈，县级政权也成为透视中国从传统迈向现代的最佳窗口，县政建设集中体现了中国现代国家建设的本质、内涵及主要困境。

县政建设的特征与限度：制度与文化的互动

从县级政权的现状出发，中国现代国家制度建设的关键是制度建设与文化建设的互动关系问题。学术界基本上是两条思路：一种强调中国现代国家建设的成功，认为随着行政力量对乡村社会的日益渗透，尤其是中国共产党组织对中国乡村社会具有的超强组织与动员能力，现代国家的一系列基本法律、政策、制度已经基本上取代传统与习惯而成为乡村社会与农民日常生活行为规范的主导性规则。因此，制度建设（包括制度引进、制度移植、制度创新等）是中国走向现代化的关键，重视制度的重要作用。另一种认为中国乡村社会的传统力量虽经中华人民共和国成立后国家政权力量的打击甚至摧毁，但是中国传统势力在乡村社会尤其具有强大的自我修复能力与延续能力，是具有顽强生命力的，改革开放后中国乡村社会的传统复兴运动就是证明。同时，国家制度建设只是国家单方面的意图，没有社会的配合，法律、政策、制度在乡村社会不过是一纸空文。通过法律、政策、制度对乡村社会的控制与治理只是国家的良好愿望，国家并不能完全控制其实施的后果。最后，受制于现有的国家治理技术与治理能力，国家对乡村社会的渗透远不是完全的。因此，中国乡村社会自身固有的运作逻辑与传统、习俗将发挥巨大的作用，制度建设的最终效果是令人怀疑的。

许文慧在分析中国乡村政治时用"蜂巢状政体"形容分割的地方主义结构，这种结构阻碍了中国由"前现代的蜂巢状政体向现代国家主义—中央调控型政体的转型"，国家对乡村社会的渗透是很不完全的①。杜赞奇认为权力有其赖以生存与扩展的文化及合法性基础。文化网络是正统和威信产生、表现以及再生的发源地，是权力角逐的场所以及接近各种资源的工具。"权力的文化网络"是由各种集团和组织交织而成的天衣无缝的网络，乡村社会中的权力趋向于坐落在较为密集的交叉点上——即文化网络中的中心结，文化网络是权威存在和施展的基础。任何追求公共目标的人和集团都必须在这一网络中活动，正是文化网络，而不是地理区域或其他特别的等级组织，构成了乡村社会及其政治的参照坐标和活动范围。在具体的分析过程中，他认为进入 20 世纪之后，国家政权逐渐放弃并破坏文化网络中的一些组成部分，但并没有建立新的渠道，从而导致近代中国国家政权建设与现代国家制度建设的失败②。在乡村社区由于人口的流动率低，社区之间的往来不多，农民的生产方式与交往方式都较为简单，"乡土社会的生活是富于地方性的"。而从内部来看，人们在这种地方性的限制之下生于斯、死于斯，彼此之间甚为熟悉，因此，这又是一个"没有陌生人的社会"。在这样的社会里，法律是用不上的，社会秩序主要靠老人的权威、教化以及乡民对于社区中规矩的熟悉和他们服膺于传统的习惯保证。

事实上，中国现代民族国家的建构始于清末新政，而展开于民国时期，其核心内容是要建立合理化的官僚制度，使国家的行政权力深入基层社会，加强国家对乡村社会的监控和动员能力。民国时期，政府在乡村推选保甲制度，打破了传统以乡族为村政单位的格局。在经济方面，则加强税收和商业管理，并且通过向乡民提供低息贷款和合作社组织对乡村福利事业进行直接的干预。与此同时，政府还积极提倡新式教育，普及科学，开展新生活运动，反对

---

① Vivienne Shue. *The Reach of the State— Sketches of the Chinese Body Politic*, Stanford University Press, 1988, p. 89.

② 参见杜赞奇，王福明译：《文化、权力与国家——1900—1942 年的华北农村》，江苏人民出版社 1996 年版，第 66~68 页。

"迷信"，禁止"陋俗"①。不过，总的来说。由于种种原因，民国时期国家权力对乡村社会的渗入和控制是相当有限的。当时国家财政收入的增加与地方上的无政府状态同时发生，政权的正式机构与非正式机构同步增长。正式的国家政权虽然可以依靠非正式机构来推行自己的政策，但它无法控制这些机构。这就是"国家政权的内卷化"②。张静通过分析基层政权权威来源的变化以及当前国家与基层社会之间面临的种种结构性缺陷与制度性缺陷，同样认为中国现代国家建设是有限度的，西方国家政权建设理论是不完全适用于中国的③。政治学者与社会学者从中国现代国家建设的效果分析现代国家建设的限度，认为国家力量深入乡村社会造成了一系列消极后果，如国家政权的内卷化、国家与基层社会的利益冲突与矛盾等。人类学者重视历史与文化因素，分析国家政权建设与地方文化传统的互动关系，关心乡土传统的延续性与顽固性。两者在国家—社会关系分析框架下从不同侧面研究与探讨了中国国家建设的限度。

　　中华人民共和国的成立大大加速了国家政权建设的进程。通过20 世纪50 年代初开展的土地改革运动，然后是实行旨在控制粮棉生产和贸易的统购统销政策，导致多种经营的经济形态被改造成单一的农业经济，小生产者逐渐失去经营上的选择权。1954 年政府开始全面推行"互助组"制度，并且官方的集体化运动迅速升温，从初级的互助形态过渡到高度集体化的"政社合一"的人民公社制度。公社化造就了一套自上而下的经济控制与行政控制网络，使

---

① 参见王铭铭：《社区的历程》，天津人民出版社 1997 年版，第 88 ~ 89 页和第 95 ~ 100 页。

② 参见杜赞奇，王福明译：《文化、权力与国家——1900—1942 年的华北农村》，江苏人民出版社 1996 年版，第 66 ~ 68 页。

③ 参见张静：《基层政权——乡村制度诸问题》（增订本），上海人民出版社 2007 年版，第 304 ~ 305 页。

得国家权力对乡村社会的渗入和控制达到了前所未有的规模和深度①。与上述经济改造和政治控制同时进行并且与之互为表里的，是自上而下地建立新的意识形态的努力。通过政治、经济控制与意识形态塑造新中国，基本实现了对乡村社会的全面渗透。1949 年以后国家政权实现了对乡村社会政治、经济乃至文化生活的全面监控，然而这种监控乃是建立在一套僵化的统治体制之上：农民被束缚在土地上面，从事单一的农业生产；严格的户籍制度在城市和乡村之间划下一道鸿沟，也使农民很少有改变身份的机会；这种体制同时有效地限制了人口的流动。这些，从某种意义上说，不是瓦解了而是保留甚至强化了乡土社会的一些特性。20 世纪以来发生在中国乡村社会最重大的变化之一正是由国家权力深入社会基层所促成的。具体说就是，国家的正式制度在进入社会基层的过程中，不断结束了乡族自治的传统，而且逐渐地影响、改变和控制民间的非正式制度，直到将它们取而代之②。因此，这种国家政权建设是强制性的制度变迁，是人为的建构性秩序，可能并不适合农民的现实需要与乡土社会的自身传统，只要国家力量对乡村社会的机械控制一放松，社会自身的能量马上回潮甚至反弹。国家力量与国家制度并没有在乡村社会生根，它们在乡村社会缺乏现实的社会基础支撑，这一点在以后的发展过程中得到了证明。

20 世纪 70 年代末和 80 年代初的农村经济改革，改变了中国社会的进程。联产承包责任制的实行把农民从原有的种种束缚中解放出来，使他们重新获得了经营自主权和一定程度的择业自由。与之相应的是国家权力的向上收缩。政社分开，人民公社制度让位于新的乡（镇）、村体制，原来具有行政职能的生产大队和生产小队，被实行村民自治的"村"所取代。80 年代以来，一方面，在

---

① 参见黄宗智：《长江三角洲小农家庭与乡村发展》，中华书局 1992 年版，第 167～195 页；王铭铭：《社区的历程》，天津人民出版社 1997 年版，第 104～107 页。

② 参见梁治平：《乡土社会中的法律与秩序》，载王铭铭、[英] 王斯福：《乡土社会的秩序、公正与权威》，中国政法大学出版社 1997 年版。

过去数十年一直是作为国家政权压制、打击、禁止和消灭对象的思想、行为、组织和信仰在全国范围内得到了不同程度的恢复，因而使人们不能不怀疑以往思想教育和文化革命运动的有效性与合理性；另一方面，新的商品经济和乡村工业化对农村社会生活的影响如此巨大，以至人们不得不重新去认识中国的乡土社会①。从以往国家建设的发展历程看，社会的自主空间不可能完全抹杀，国家主导乡村社会有其固有的限度。市场经济体制的基本确立，政治体制改革的不断推进，社会的自主空间不断扩大，自由流动资源不断增多，虽然国家在社会发展中的主导与权威地位仍然存在但制约力量在不断成长。乡村社会的传统仍具有基本的延续性与顽强的生命力。

那么，经过"规划的社会变迁"与市场经济原则渗透的乡村社会是否改变了当初的模样？传统的生产方式与人际交往方式是否退居次要的地位还是依然照旧？中国国家政权的力量是否能够承担撬动中国社会变迁的杠杆的重任？正式制度与非正式制度（乡村社会的传统、习俗与习惯等）之间、制度与文化之间的有机互动，从一定意义上讲，都是中国国家—社会关系变动的反映。基层政府、基层社会对具有明显理性化与现代性取向的国家公共政策实施的不同回应折射了转型时期中国现代国家建设的前途与命运。在现有的国家能力、社会支撑条件很难有突破性改变的条件下，各种具有明显现代性取向的公共政策的实施后果和制度建设受制于各个方面的因素，中国现代国家制度建设的效果仍然是有限度的。因此，在推进我国现代国家建设的过程中要重视文化因素的作用，重视社会支撑现代国家制度建设的基础力量的培育。

权威形态的建构是制度建设的前提，中国现代国家建设的主要困境是多元权威中心的持续存在，这也是影响国家治理绩效的根本因素。中国现代国家制度建设的主要目标是在农村社会建立一种制

---

① 参见梁治平：《乡土社会中的法律与秩序》，载王铭铭、［英］王斯福：《乡土社会的秩序、公正与权威》，中国政法大学出版社1997年版。

度化的权威，从而把农村纳入整个民族国家构建的大框架中。自从开启中国现代国家建设以来，改变中国乡村社会高度分散的状态，确立国家在乡村社会的治理权威，提高国家对乡村社会资源汲取的质量与效率就成为国家孜孜以求的目标。经过"规划的社会变迁"与共产党组织对中国乡村社会的超强组织与动员，行政权力的触角已延伸至乡村社会的每个角落并且很大程度上摧毁了乡土社会自身的文化传统。现代社会的基本治理工具——法律、制度、政策成为影响农民日常生活的重要行为规范，并与乡土社会自身的传统、习俗与习惯等非正式制度发生复杂的互动关系，同时政党和国家成为主导性的权威中心。另一方面，底层社会自身的传统、习俗与习惯等非正式制度仍然具有极强的生命力，是转型中国十分重要的权威中心。乡土社会自身传统强大的自我修复能力与顽强的延续能力导致农村的制度化权威仍然不能占据绝对的优势地位。传统的权威、与某些有人格魅力的人物相联系的权威、长者的权威等权威形态仍然可以与制度化的权威分庭抗礼，形成不同的权威中心。乡土社会的习惯法系统、民间的生活习惯以及地方性知识体系都使乡土社会的权威形态是裂散的、多中心的。在乡村社会多个权威中心存在的条件下，中国现代国家制度建设虽有成效，但无疑也有局限与限度。在当下的中国社会，现代性取向的国家制度和政策与底层社会的历史文化传统、社会心理结构还有相当大的差异，这在县级治理过程中得以集中体现，具有明显传统性的社会网络是影响国家治理绩效的关键变量。

梁治平认为一个不同于正式制度所构想和构建的乡村社会的秩序是存在的。这种"民间的"的秩序并不是因为这种秩序是在国家正式制度之外而且是不受其影响而独立存在的，而是因为这种秩序在很大程度上先于正式制度，并且多少是在其有效控制之外生成和发展的。在一个仍然保有若干乡土社会特征的社区里面，日常生活所固有的逻辑，与体现于一种处处以个人为单位的现代法律中的逻辑，这二者之间往往不相契合（且不说在历史渊源上，所谓现代法律还是一套外来的知识和制度），以至后者在许多方面不能够很好地满足农民的需要和解决他们的问题①。农民的内在生活逻辑是农民固有的生活方式与交往方式的产物。中国现代国家制度建设的局限与缺陷来自于对制度建设逻辑与农民日常生活逻辑的背离，制度建设不能对农民的日常生活产生影响。确实，很多所谓的现代法律、政策与制度是外在于中国农民的日常生活的。即使是与农民的切身经济利益密切相关的农村税费改革也不能从根本上深入农民的内心世界，改变农民的行为方式与思维模式。百姓衡量政治的对象并不在政治体系的内部或权力结构的末端，而在于他们自己的日常生活中权贵对他们的政治性影响②。在中国现代国家制度建设过程中，涉及农村社会的制度建设要高度重视农民主体的特点。只有通过一系列现代国家制度建设的累积效应，从根本上改变农民生产方式、生活方式与交往方式才能全面深刻地改变乡村社会，达到现代国家制度建设的最终目的。现代国家制度建设要真正成为农民的日常生活行为规范，这种制度不仅要切合农民的现实需要，而且要深入农民的内在生活，关注农民的生活与生存状态并力图影响与改变这种状态。

从制度与文化的相互作用来看，一个文化的核心就是它关于何为合理、何为正义的解释，即对合法性的理解。人类学者的许多研究证明：就制度层面而言，民间认同的制度可能并不是现在的政治制度。民间认同的权威可能恰恰是现实政治权威的对立面。权力作为政治体系中的各个凝聚点，它的基础是权威。权威并非结构性产物，而是文化批评的产物。制度与文化的互动、国家制度与乡村社会非正式制度的互动、制度建设逻辑与农民内在生活逻辑的互动三者之间密切相关。不同的文化代表不同的知识体系，国家制度与乡村社会的非正式制度、制度建设与农民内在生活就代表两种不同的

---

① 梁治平：《乡土社会中的法律与秩序》，载王铭铭、［英］王斯福主编：《乡土社会的秩序、公正与权威》，中国政法大学出版社 1997 年版，第 430～431页。

② 罗红光：《权力与权威——黑龙潭的符号体系与政治评论》，载王铭铭、［英］王斯福主编：《乡土社会的秩序、公正与权威》，中国政法大学出版社 1997年版，第 376 页。

知识体系，它们的互动即意味着两种知识体系的相互影响与相互转换。在县级治理中，对公平与效率关系的理解，乡土社会自身的公平正义观念是县政改革基本的约束条件，它与官方话语体系的正义概念是有区别的。因此，无论是制度建设也好，还是权威形态的构建也好，都离不开文化的支撑作用。但是文化也不是凝固不变的，它同样随着社会生活的变迁而变化。制度建设相对与文化也不是完全被动无所作为的，在某种程度上它可以改变与塑造新的文化。两者之间相互作用、互相支持，制度建设过程中必须重视文化的地位与作用。

从发展趋向来看，利用传统资源和培育现代政治力量是提高国家治理绩效的根本。在转型中国，培育政治力量的关键是发育现代社会，提高公民社会的组织化水平和组织能力；同时，造就具有改革精神和强烈历史使命感的政治精英集团，以及权利义务对等、具有公共精神，并能够有效运作现代制度的公民；最后，构建合理的现代治理结构，充分发挥国家政权组织的治理技巧和组织资源，构建一个由政权组织、条线管理部门、市场组织、企事业单位、基层社区等组成的平等、合意、互信互利的网络治理结构。另一方面，我们也应该看到，虽然构建现代治理体系的趋势和潮流不可阻挡，也是中国政治发展的远景蓝图，但运行治理体系的当下主体还受制于传统和习俗，社会—历史—文化生态环境直接决定着治理体系运行的绩效。中国的政治发展已经到了一个需要调和新旧价值的历史阶段，西方现代价值体系、中国传统价值体系、社会主义价值原则的反思性平衡和科学合理的均衡配置对中国社会的顺利转型与稳妥发展至为重要。中国的转型必须缔造一种新的传统，挖掘与运用中国传统资源，使之顺应中国的政治发展，就成为中国平稳转型和有效治理的关键。

县政改革的方向：国家角色的现代转型

黄仁宇在对以西方资本主义为典型的现代国家发展过程的历史考察中，认为其基本的程序是"改组高层机构"—"整顿低层机构"—"重订上下之联系"，从政治的角度看，这些安排使一切数

字化，这些国家也进入以数字管理的阶段①。他从国家的管理技术出发，认为现代国家的构建主要是一个国家治理技术日益理性化的过程。确实，现代国家的构建与现代社会的成长以及国家—社会有机联系的再造是整个西方社会从传统社会向现代社会转型过程中密不可分的三个因素。在社会有机整合基础之上政治调控模式的现代化是每个国家在急剧的社会变迁过程中必然面临的重大课题。国内有学者也认为县政改革的目标就是在地方自治原则的基础上，努力实现县级政权既向上级负责也向县域居民负责而主要向县域居民负责的转变。在强化县级政权自治性的同时，应加强审判权力的中央化和垂直管理化②。县级政权作为国家政权体系的有机构成要件，其未来走向应该是构建一个理性而民主的县级政权。在宏观制度层面，理性强调的是县级政权的能动者和制度综合体特征，保证县级政权能够随着社会、经济、文化的发展而不断进行适应性调整，敏感地回应社会需求，高效地提供公共产品与公共服务，成为一个真正意义上的公共政权，实现从传统到现代的转型。民主意味着县级政权的基本精神，意味着县级治理必须以人为本，人民与制度成为不可分割的有机整体，既接受制度的约束与规范，也成为制度建构的能动者和主导者。为了构建理性而民主的县级政权，关键是实现县级政权角色的现代转型，这也是县政改革的基本方向。

张静通过对西欧现代国家政权建设经验的总结，认为：

> 现代国家保护公民身份解放了个体权利，这意味着，国家政权建设同时也是权威角色、性质及其与被治理者关系的变化。因此，在结构"集中化"背后更为实质性的内容是，一个新的公共组织——现代政府的角色发育形成，以其为中心的、不同以往附属性质的权威和公众关系的逐步确立。……没有公民身份的确立和强大

---

① 黄仁宇：《资本主义与二十一世纪》，生活·读书·新知三联书店 1997年版，第 497 页。

② 参见于建嵘、蔡永飞：《对话：县政改革是中国改革新的突破口》，载《南方周末》，2007 年 9 月 13 日，第 E31 版。

的保护出现，国家政权建设的集中化过程就得不到来自民众的政治支持，也无法成功排除来自权威的抵抗。

从这个意义上说，国家政权建设，并非只涉及权力扩张，它必定涉及权力本身性质的转变，国家——公共（政府）组织角色的变化，与此相关的各种制度——法律、税收、受权和治理方式的变化，以及公共权威与公民关系的变化。这些方面预示着，国家政权建设之所以能够最终成功地取代其他政治单位或共同体，成为版图内公民归属中心的关键，在于伴随这个过程出现的不同于以往的治理原则、一系列新的社会身份分类，不同成员权利和相互关系的界定，以及公共组织自己成为捍卫并扩散这些基本原则、权利和关系的政治实体。……国家政权建设须以新的治理原则为基础建立政府组织，并用一系列制度建制支撑、规范它的服务①。

新型的公众与公共权威的关系，必须以现代公民身份和公共机构角色的创立为基础。中国的国家建设不仅意味着扩张国家的控制权力，还意味着强迫推行新的规则，规范各级政权本身的角色及其规则的改变，使其成为真正意义上的公共机构——保护公民权利、提供公共产品、管理公共财富②。县政改革自然是中国现代国家建构链条上的一个重要环节。正是基于县级政权在中国政治体系中的特殊定位，县政改革就成为中国国家建设的基本缩影，其成败得失也自然成为中国国家建设和制度创新的试错成本，也能够不断为国家层面的宏观制度建设提供经验借鉴。从这个意义上讲，如果中国国家建设的历史使命是建设一个理性、民主和法治的现代国家，成为一个回应社会需求、勇于承担政治责任、有效提供公共产品与公共服务的公共政权，当前县政改革的基本方向就是实现国家角色的

① 张静：《现代公共规则与乡村社会》，上海书店出版社 2006 年版，第 47~48 页；或者张静：《基层政权——乡村制度诸问题》（增订本），上海人民出版社 2007 年版，第 304~305 页。

② 参见张静：《现代公共规则与乡村社会》，上海书店出版社 2006 年版，第 133~136 页。

现代转型，把县级政权建设成为一个真正的理性而民主的公共服务机关，实现政治、代议职能与管理、服务职能之间的有机平衡。

中国现代国家建设的核心主题是社会有机整合基础之上政治调控的现代化，关键的历史使命是制度建设和国家—社会有机联系机制的再造。近代中国国家建设的基本历史使命是实现帝国体系向现代民族国家的转换。中国现代国家建设的本质内涵就是实现文化权力向现代公共权力的转换，确保现代国家的治理触角和核心原则穿透重重的社会屏障，直接抵达基层社会和民众，进而把社会凝聚和统合在国家周围。在中国，现代国家建设的成功首先意味着社会整合与政治一体化不仅依靠国家机构的向下延伸而实现的组织网络渗透，更意味着国家制度统合能力和基础权力的强化，核心的制度性标志是专业化和职业化的现代官僚制度的确立；更重要的是现代治理原则的确立，经过理性化和民主化洗礼的国家政权成为一个典型的公共服务机关，牢固确立其公共性，公民身份、权利的界定与保护不再基于传统的地方社群，而是现代国家，在公民与国家之间建立了直接的制度化联系，真正实现直接管理，现代治理原则在整个社会得以有效贯通。县政建设的主要内涵、历史使命及发展方向应该服务于中国现代国家建设的整体布局，并在这个历史进程中实现和完成自身的涅槃。

（唐皇凤　武汉大学政治与公共管理学院副教授）

政府机构改革①的内在逻辑及论域转向
——基于中华人民共和国成立以来历次党代会报告研究

◎臧雷振　王世谊

【摘　要】　本文通过中华人民共和国成立以来历次党代会报告及相关中全会会议决议这一全新视角，揭示党的路线、方针、政策与我国政府机构改革 60 年进程的内在关联，探索政府机构改革的内在逻辑起点，消解机构改革论域转向划分准则的混乱；同时深入考量改革频率高度稳定的内在缘由。在转换视角深入研究的基础上实现客观审视改革的过去和现状，科学前瞻改革的未来趋向。

【关键词】　机构改革　党代会报告　逻辑　论域

"研究中国社会的任何方面，如果不从中国共产党努力改造中国社会这一背景出发，那简直是毫无意义的，我们不可避免地要从在北京的党的政治局和政府的国务院的观点着手考察中国。"② 考察 60 年来中国政府机构改革同样如此。

中国共产党作为建设中国特色社会主义事业的领导核心，作为执政党，其对我国政府机构改革的核心内容（指导路线、改革目

---

① 为研究的简化和实证的客观，在未作特殊说明的情况下均以国务院机构改革作为研究中心。

② ［美］麦克法夸尔、费正清：《剑桥中华人民共和国史（1949—1965）》，序言，中国社会科学文献出版社 1990 年版，第 3 页。

标与方向）起着决定性的作用。按照党决定的路线、目标、方针，政府具体安排改革的程序与措施。这种模式直接决定了每次进行机构改革的不同起因、不同表现和不同结果。所以，为充分研判我国政府机构改革，就要对党作为政府机构改革"引擎"的作用机理有深入考量。由此，本文基于中华人民共和国成立以来历次党代会报告及相关中全会会议决议这一全新视角，揭示党的路线、方针、政策与我国政府机构改革 60 年进程的内在关联，探寻政府机构改革的内在逻辑及论域转向。

一、当代中国政府机构改革的内在逻辑

生活在 21 世纪的人们依然受制于近代政府理念和管理模式，因为现代社会的公共组织活动已深入我们日常生活的每一方面，如同德怀特·沃尔多在 1955 年所说的那样："我们所有人的福利、幸福以及我们实实在在的生活，在很大程度上取决于影响和维持我们生活的行政机构的表现。现代生活中，行政管理的质量影响着我们的日常生活——从食宿问题到思维活动。……不管你愿意不愿意，行政管理关系到每一个人。"① 而政府机构作为公共行政的执行载体，难怪其变革是始终受到关注的焦点。在历史的纵向链条中，自中华人民共和国成立以来，政府机构改革的脚步就不曾停止过，这种改革本身也是适应经济社会发展的长期过程，可以肯定的是这样的变革还将会继续延续下去，学术界对它的关注和研究也将继续深入。

学术界对中国政府机构改革内在逻辑的探索，就是寻求其改革自身的发展推演规律逻辑。目前有关这方面的学术分析虽然不是很丰富，但从仅有的研究追寻来看，却也意见纷呈。有的学者强调政党推动，主张把中国共产党摆在中国政治体制改革的中心地位，进而把握中国政治体制改革的内在演展逻辑。所谓政党推动，包含两

① 参见［美］罗伯特·B. 登哈特：《公共组织理论》（第三版），中国人民大学出版社 2003 年版，第 1 页。

层含义，第一种含义是，政治体制改革必须在中国共产党的领导下进行，中国共产党是政治体制改革的领导者；第二层含义是，中国共产党是政治体制改革的主体力量，是成功推进政治体制改革的主要政治因素。① 这种观点对中国共产党在我国更广泛意义上的宏观政治体制改革中的推动作用作了现实描述，但对党如何推动微观层面具体的政府机构改革没有作出明确的解释。

另外还有一些学者主张从中国特殊国情出发，认为中国政府机构改革只是政治体制改革逻辑过程的前奏。② 有的学者基于国际化的视野认为中国的改革逻辑是在放权让利的双轨渐进道路上得以成功。③ 有的学者则从和谐社会的目标逻辑、科学发展的实践逻辑、统筹发展的技术逻辑等方面对未来进一步改革进行了展望。④ 总而言之，学者们在多元语境下对中国政府机构的内在逻辑作出了初步探讨，由于缺乏充分深入分析，尚没有形成一种统一的共识。故在中华人民共和国成立 60 年的今天对我国政府机构改革的内在逻辑重新系统审视具有重要的学理价值和现实意义。

"任何一次机构改革之所以发生不仅是因为客观环境的需要，而且更重要的是领导人的主观需要。"⑤ 中国共产党作为执政党，党代会的召开与党的领导人的更迭无疑对政府机构改革有着莫大的影响。从毛泽东到邓小平再到江泽民、胡锦涛，党对政府机构改革的认识和把握不断深化。党的政府机构改革策略不断丰富和发展体现了主观与客观相符合、理论与实际相联系、历史与现实相统一的基本立场、观点和方法。机构改革同时也经历了由浅层到深层，由

---

① 参见王邦佐、谢岳：《政党推动：中国政治体制改革的演展逻辑》，载《政治与法律》2001 年第 3 期。

② 参见张康之：《论中国体制改革的逻辑》，载《新视野》2002 年第 3 期。

③ 参见林毅夫：《渐进改革的逻辑》，载《资本市场》，2008 年第 4 期。

④ 参见陈潭、刘兴云：《和谐社会、科学发展与统筹兼顾——迈向新改革时代的大国治理逻辑》，载《云南财经大学学报》2008 年第 6 期。

⑤ 郑永年：《朱镕基新政：中国改革的新模式》，八方文化企业公司 1999年版，第 153 ~ 154 页。

简单到综合的变化过程，获得了继续前进的多方面经验教训。若从中国共产党党代会报告及中全会决议这一全新视域出发，可大略揭示其与政府机构改革关系的基本大体，可看出这种外在的直接客观环境对中国政府机构改革的主导性。从表1对党代会报告及相关中全会决议与政府机构前后对照中略见一斑。

表1　　　　　　　中华人民共和国成立以来党代会
及相关中全会与国务院历次机构改革一览表

中共党代会及中全会	有关机构改革构想	国务院机构改革年份	改革主题	改革肇始标志
		1951—1956 年	加强中央集权，机构精简	1951 年 12 月，政务院出台《关于调整机构紧缩编制的决定（草案）》
中共八大（1956 年9 月 15 日至 27 日）		1956—1959 年	中央向地方下放权力	1956 年 8 月 28 日国务院全体会议第三十六次会议审议通过《国务院关于改进国家行政体制的决议（草案）》
		1960—1965 年	贯彻国民经济调整的方针，干部精简，中央集权	\
中共九大（1969 年4 月 1 日至 24 日）		1966—1975 年	"文革"期间的非常态改革	\
中共十大（1973 年8 月 24 日至 28 日）				

续表

中共党代会及中全会	有关机构改革构想	国务院机构改革年份	改革主题	改革肇始标志
中共十一大（1977 年 8 月 12 日至 18 日）	搞好领导班子的整顿和建设，要注意老、中、青三结合	1976—1981 年	沿用并发展了 50 年代后期的管理体制和机构设置	1976 年，"四人帮"被粉碎后
三中全会（1978 年 12 月 18 日至 22 日）	权力集中，民主，法制			
中共十二大（1982 年 9 月 1 日至 11 日）		1982 年	提高政府工作效率，实行干部年轻化	1982 年 3 月 8 日，五届全国人大常委会第 22 次会议通过国务院机构改革问题的决议
七中全会（1987 年 10 月 20 日）	关于党政分开			
中共十三大（1987 年 10 月 25 日至 11 月 1 日）	党政分开、进一步下放权力、改革政府工作机构、改革干部人事制度、建立社会协商对话制度*	1988 年	转变政府职能是机构改革的关键	七届全国人大一次会议通过国务院机构改革方案
二中全会（1988 年 3 月 15 日至 19 日）	推进经济体制改革和政治体制改革*			

续表

中共党代会及中全会	有关机构改革构想	国务院机构改革年份	改革主题	改革肇始标志
中共十四大（1992年10月12日至18日）	加快政府职能的转变，理顺关系、精兵简政、提高效率	1993年	适应建设社会主义市场经济的需要	八届全国人大一次会议审议通过了《关于国务院机构改革方案的决定》
二中全会（1993年3月5日至7日）	关于党政机构改革的方案			
中共十五大（1997年9月12日至18日）	推进机构改革*	1998年	消除政企不分的组织基础，建立适应社会主义市场经济体制的有中国特色的政府行政管理体制	九届全国人大一次会议审议通过《关于国务院机构改革方案的决定》
二中全会（1998年2月25日至26日）	审议通过《国务院机构改革方案》			
中共十六大（2002年11月8日至14日）	深化行政管理体制改革*	2003年	行为规范、运转协调、公正透明、廉洁高效	十届全国人大一次会议第三次全体会议通过《关于国务院机构改革方案的决定》
二中全会（2003年2月24日至26日）	审议通过《关于深化行政管理体制和机构改革的意见》			

续表

中共党代会 及中全会	有关机构 改革构想	国务院机构 改革年份	改革主题	改革肇始标志
中共十七大 （2007 年 10 月 15 日至 21 日）	加快行政管理体制改革，建设服务型政府，大部门制*			
二中全会 （2008 年 2 月 25 日至 27 日）	审议通过了《关于深化行政管理体制改革的意见》和《国务院机构改革方案》	2008 年	大部制	十一届全国人大一次会议通过《关于国务院机构改革方案的决定》

注：（1）＊表示本部分内容引自历次党代会报告有关政府机构改革的次级子标题。

（2）本表为笔者自制，制作时参考了中共八大以来的会议报告及相关中全会会议决议。

表 1 从历次机构改革与党代会报告及相关中全会的映射关系显示：首先，中华人民共和国成立以来历次党代会报告与相关中全会决议对国务院机构改革有着重要的指导作用，这种指导体现在两个方面，一是基本上历次国务院机构改革都在党代会和相关中央全会召开之后予以开展，存在一个时间的先后顺序；比如，2007 年党的十七大报告明确了行政管理体制大部门制改革的方向。2008 年全国人大十一届一次会议据此通过《国务院机构改革方案的决定》。由此可见，政府机构改革与党代会五年召开一次具有深刻的内在关联，一般路径是从党代会提出政府机构改革构想（描绘蓝图）到人大通过政府机构改革方案（由相关部门制订可操作性实施方案），这些充分说明了党对我国政府机构改革的主导作用。表

明我们党的政府改革理念对政府改革行动具有实际指导意义，党一直在探索着一种有中国特色的政府管理体制的建构模式。二是历次国务院机构改革的主题和党代会指导思想及相关中央全会决议高度一致性，政府机构改革是对党代会指导思想及相关中全会决议的折射与延续。中国共产党作为中国政治格局中的领导力量，在政治生活中处于核心地位，在权力结构中居于主导地位，在政治秩序中担当主导力量。中国政府机构改革的内在逻辑肇始于党的领导与推动，政府机构改革是对党的意志的承启、传递和转接。这一新的逻辑视点提出对于进一步研究中国政府机构改革提供了新的视野：有利于保持中国政府机构改革阶段划分标准的连续性和稳定性；有利于对今后政府机构进一步改革的预测和评估；同时还回答了为什么中国政府机构改革频率保持稳定，特别是改革开放以来。

其次，改革频率高度稳定，基本延续了五年一次的频度，特别是在改革开放之后，随着革命话语的消退，激进狂飙的政治运动已经被日常化的经济建设所取代，发展、稳定已经成为社会的主流话语。在这种情况下，政府机构改革频率的稳定性亦逐步趋强，当然这与党代会五年召开一次具有深刻的内在关联，也从另一侧面说明了党对我国政府机构改革的主导作用。

最后，从党代会提出政府机构改革构想到人大通过政府机构改革方案之间的时差正在合理延长，这也有利于对机构改革方案的充分协商和学理讨论，通过必要的理论积淀有助于改革的延续性和稳定性，提高改革的可操作性和可控性。

以上从党代会的视角对中国政府机构改革进行了线性分析。若从领导人更迭的角度来看其对我国政府机构的影响，很容易从其著述中看出这种偏好差异。毛泽东比较重视"人"的问题。邓小平则较关心"精简"的问题。"精简机构是一场革命。精简这个事情可大啊！如果不搞这场革命，让党和国家的组织继续目前这样机构臃肿重叠、职责不清，许多人员不称职、不负责，工作缺乏精力、知识和效率的状况，这是不可能得到人民赞同的，包括我们自己和我们下面的干部。这确是难以为继的状态，确实到了不能容忍的地步，人民不能容忍，我们党也不能容忍。我们要坚持社会主义道路，要坚持实现四个现代化，能够容忍这种状况继续下去？"① 代表第三代领导集体的江泽民则按照职能转变的原则较强调配套性改革。"机构改革，精兵简政，是政治体制改革的紧迫任务，也是深化经济改革、建立市场经济体制和回忆现代化建设的重要条件。目前，党政机构臃肿、层次重叠，许多单位人浮于事，效率低下，脱离群众，阻碍企业经营机制的转换，已经到了非改不可的地步。各级党委和政府必须统一认识，按照政企分开和精简、统一、效能的原则，下决心对现行行政管理体制和党政机构进行改革。"② 而胡锦涛则从更深层次职能与理念的转变角度，强调要"加大机构整合力度，探索实行职能有机统一的大部门体制，健全部门间协调配合机制"。

随着时代的变迁，党政治中心任务的转移和实现政治任务的手段变化，不断丰富和发展党的视角，这种内在逻辑的演化也带动中国政府机构改革论域的转向。

二、中国共产党领导下的中国政府机构改革阶段的论域转向

由于我国政府机构改革的内在逻辑起点发轫于党领导下的决议与研判，政党的触发机制起着极为重要的作用。从党的领导方式转变和工作重心转变的角度来看，我国政府机构改革主题论域大体可分为五个阶段的转向：第一阶段是初创调适期（1949—1965 年），这一阶段经济职能与政治职能机构建设并重；第二阶段是"文化大革命"时期（1966—1975 年），这一阶段的机构建设完全以政治职能建设为重心；第三阶段为稳定发展期（1976—1987 年），这一时期的改革，本质上都是适应传统计划经济体制的要求构建政府管理体制，并对其进行修补式的改造；第四阶段是优化提升期（1988—1998 年），从偏重经济职能转向更加注重政府职能转换改革；第五阶段是现代化优化期（1998—至今）。

---

① 《邓小平文选》第 2 卷，人民出版社 1994 年版，第 396 页。

② 参见《中国共产党第十四次全国代表大会文件汇编》，人民出版社 1992 年版，第 35 页。

第一阶段是初创调适期（1949—1965 年），这一阶段经济职能与政治职能机构建设并重。从 1949 年中华人民共和国成立，党要为实现国家的工业化和现代化，向着社会主义、共产主义最高目标前进，共产党执政理念发生了深刻变化。在这种情况下，逐步形成了我国现行政府的基本架构，再到第一个五年计划的提前完成和社会主义改造基本结束，第二个五年计划的顺利开展，党的主要任务依然处于经济建设和政治建设职能并重的阶段。

党的八大指出："在党的第七次代表大会到第八次代表大会期间，随着革命的胜利和国家状况的变化，党本身的状况也有了很大的变化。党已经成为领导全国政权的党。"由于中华人民共和国成立初期"面临着和苏联建国初期大体相同的任务。要把一个落后的农业的中国改变成为一个先进的工业化的中国"。但同时还要"肃清残余的敌人，镇压一切反革命分子的反抗"，"党中央委员会根据我国的具体情况，规定了我们党在过渡时期的总路线"，规定"我们党现时的任务，就是要依靠已经获得解放和已经组织起来的几亿劳动人民，团结国内外一切可能团结的力量，充分利用一切对我们有利的条件，尽可能迅速地把我国建设成为一个伟大的社会主义国家"。

中共八大对于当前的政治经济政策问题进行了充分的创造性的讨论，直接决定了第一阶段政府机构改革的特征：由政权组织形式的确定和各级政权机关的建立并摸索政府机构改革，探索中央地方关系，再到为贯彻国民经济调整的方针，干部精简，加强中央集权。但是这一阶段由于理论准备不足，改革出现了一些反复，出现了"精简—膨胀"的循环怪圈。可以说初创调适阶段的改革在反复中艰难而曲折的前进。

第二阶段是"文化大革命"时期（1966—1975 年），这一阶段的机构建设完全以政治职能建设为重心。由于九大要根据毛泽东提出的"无产阶级专政条件下的矛盾、阶级和阶级斗争……无产阶级专政下继续革命"等学说，要发动"有亿万革命群众参加的无产阶级文化大革命"，"发动亿万群众，大鸣、大放、大字报、大辩论"，要"认真搞好斗、批、改"，强调要"抓革命，促生产"，因为当时坚信列宁提出的"政治同经济相比不能不占首位。不肯定这一点，就是忘记了马克思主义的最起码的常识"。如果把政治同经济平列起来，也是"忘记了马克思主义的最起码的常识"。①此时把政治职能建设提高到前所未有的高度。

所以在党的九大前后阶段，各级政府机关遭到了严重的冲击和破坏。从1967年1月开始，从中央到地方都成立了革命委员会，统揽党、政、财、文大权，废除了原来的机构名称和官衔称谓。1970年初，对事实上已经瘫痪的国务院机构进行大裁并，国务院工作部门由79个裁并为32个，其中还包含划归军委办事组管辖的七个部级单位。随着国务院机构的大量裁并，国务院各部门的人员编制也从"文革"时期的5万人裁减到1万人左右。直到1971年以后，周恩来主持中央日常工作，着手整顿遭到严重破坏的国民经济，将一些划出去的部门重新收归国务院领导，并恢复增设了一些机构。

而党的十大在批林整风运动的推动下，认为我国当前"仍然处在帝国主义和无产阶级革命的时代"，要"重视上层建筑包括各个文化领域的阶级斗争，改革一切不适应经济基础的上层建筑"。

十大之后政府机构改革依然无法摆脱阶级斗争的阴影笼罩，到1975年1月，四届全国人大一次会议召开，周恩来作政府工作报告，重申四个现代化的宏伟目标。会后，由邓小平主持中共中央和国务院的日常工作，开始加强国家对经济工作的集中统一领导，国务院的机构也作了相应的调整。到1975年底，国务院设立52个工作部门。

这一阶段党代会及中全会的主题基本围绕着阶级斗争，党对政府机构改革的科学指导有所弱化，仅就国务院改革而言，由于频繁无规划的肆意调整，不断循环往复，形成了一些直到今天还广为诟病的"精简—膨胀"循环怪圈。

第三阶段为稳定发展期（1976—1987年），这一时期的改革，本质上都是适应传统计划经济体制的要求构建政府管理体制，并对

---

① 《列宁选集》第4卷，人民出版社1995年版，第407页。

其进行修补式的改造。1978年"四人帮"垮台以后，由于中国的经济濒临崩溃的边缘，党和政府为挽救经济危机，沿用并发展50年代后期的管理体制和机构设置，并对在"文革"时期被破坏的政府机构进行了一定程度的恢复。

在此期间的党的十一大政治报告指出政府机构要"搞好领导班子的整顿和建设，要注意老、中、青三结合"，1980年8月18日，邓小平在中共中央政治局扩大会议上作《党和国家领导制度的改革》报告时指出，对现行制度存在的党政不分、干部领导职务终身制等弊端，必须进行有计划、有步骤而又坚决彻底的改革，以适应社会主义现代化建设的需要。他强调通过改革党和国家领导制度及其他制度，充分发挥社会主义制度的优越性，加速现代化建设事业的发展。

在党的十二大上确定全面开创社会主义现代化建设的新局面，通过"贯彻执行调整、改革、整顿、提高的方针"，此时完成第六个五年计划，开始执行第七个五年计划，政府机构改革有着迫切的需求，所以十二大七中全会根据当时实际情况强调政府机构改革要注重"党政分开"。

中共十三大报告则提出政府机构改革要"党政分开、进一步下放权力、改革政府工作机构、改革干部人事制度、建立社会协商对话制度"等，对政府机构改革给出具体的指导意见和思路。

这个阶段的政府机构改革在十一大到十三大政治思想的指导下，改革不仅以精兵简政为原则，而且注意到了经济体制改革的进一步发展可能对政府机构设置提出的新要求，力求使机构调整为经济体制改革的深化提供有利条件，较大幅度地撤并了经济管理部门，并将其中一些条件成熟的单位改革成经济组织。同时更具历史性意义的是废除领导干部职务终身制。这一阶段改革使党逐步探索到对政府机构改革主导的有效模式，改革的频次逐步稳定。

第四阶段是完善提升期（1988—1998年），政府机构日趋科学合理化，从偏重经济职能转向更加注重政府职能转变改革。党的十三大之后，于1988年我国政府机构改革首提要注重职能的转变，弱化专业经济部门分钱、分物、直接干预企业经营活动的职能，以此来巩固经济改革的实效；再到适应建设社会主义市场经济的需要，消除政企不分的组织基础，进一步深化政府机构改革；进而到建立"行为规范、运转协调、公正透明、廉洁高效"的现代政府机构。

第五阶段是现代化优化期（1998—至今），随着十五大到十七大有关"科学发展观"、"和谐社会"、"服务型政府"、"依法行政"等新理念和战略的提出，为我国构建新型的公共治理体系提供了基本的指导思想。同时伴随我国市场经济的推进，社会的阶层、结构、运转方式乃至观念都产生了深刻的变化，客观上需要我国构建新型的公共治理体系，以适应社会发展变迁的需要，再到"大部制"方案的确立，政府进一步转变职能，在继续抓紧抓好经济调节、市场监管的同时，要更加注重社会管理和公共服务，更加重视民生，让广大人民群众共享改革开放成果。① 向建设服务型政府作出了渐进努力。

中国政府机构改革的复杂性以至于我们无法用一种单一的、前后连贯的话语体系来对其加以描述和说明，面对纷繁的政府机构改革划分阶段，这种在以中国共产党领导为核心的研究划分阶段，是合乎中国现实国情的，是合乎中国改革实践的，也有助于对中国政府机构改革的本质性理解。

三、党代会视角下探讨机构改革内在逻辑及论域转向的现实意义

林德布洛姆强调政府机构作为行使公共权力以服务社会和公民的执行机关，由于其服务对象与社会在不断发展，"对于政府的许多部门和分支来讲，不存在合理的构造，行政改革是永无止境

---

① 何十青：《新中国政府职能转换的历史回顾与法学反思》，载于《国家行政学院学报》2006 年第 2 期。

的"①，我国政府机构还在继续前进。以上通过从党代会报告入手审慎考量我国政府机构改革60年的成效，探寻其内在逻辑并在此基础上划分四次阶段性的改革话语转向，以期有助于对改革目标的现实设计。若改革目标得不到应有的实现或不被正确认识，将使改革努力付诸东流而徒然劳心费神，也易使人们对于政府机构的改革丧失信心，因此，机构改革具有重要的现实意义。

上述研究还为我们清晰地提供了一种具有中国特色的政府机构方案诞生的流程及意见整合机制（见图1）。这一流程机制首先为我们提供了一种中国共产党领导的多党合作和政治协商制度下的政府机构改革的实践道路。这种实践道路充分发挥了多党合作和政治协商的独特优势，集思广益、兼容并蓄。不同的群体均在为建构社会主义现代的有效服务型政府亲密合作，这也确保了改革的实效和科学。

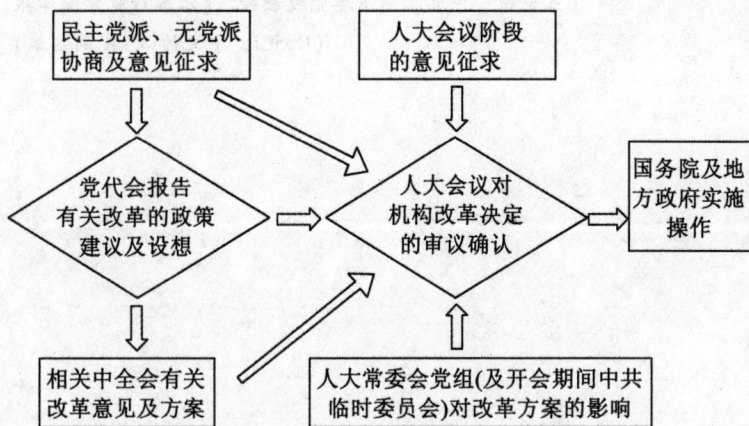

图1　中国政府机构改革方案发轫流程及意见整合机制

其次，这一流程机制表现出党的意志、人民意志与国家意志在

_____

① ［美］林德布洛姆：《政治与市场》，上海人民出版社1995年版，第35页。

政府机构改革过程中的体现，揭示了政府机构改革方案形成的直观过程。它着眼于政府机构的完善，从国家行政机构的设计及意见征求，到国家行政职能机构贯彻执行，都展现这三种意志的完整统一。

最后，这一流程机制厘清了改革过程中主体之间的关系。政府机构改革主体涉及三个方面：改革的设计主体、改革的实施主体、改革的评价监督主体。主体关系的厘清有利于充分发挥各自主体的积极能动性，明确各自分工，做到权责明晰。当然这一分析模式对中国政府机构改革的绩效影响则主要取决于改革设计的主体："党的主导"。所以，党的建设效能高低将对政府机构改革成功与否有着决定性的影响，这也进一步要求党在对政府机构改革的模式设计时候谨小慎微，坚持渐进式改革原则的战略选择。

（臧雷振　江苏行政学院法政教研部教师）

（王世谊　中共江苏省委党校教授、《江苏行政学院学报

（CSSCI，中文核心）》副主编）

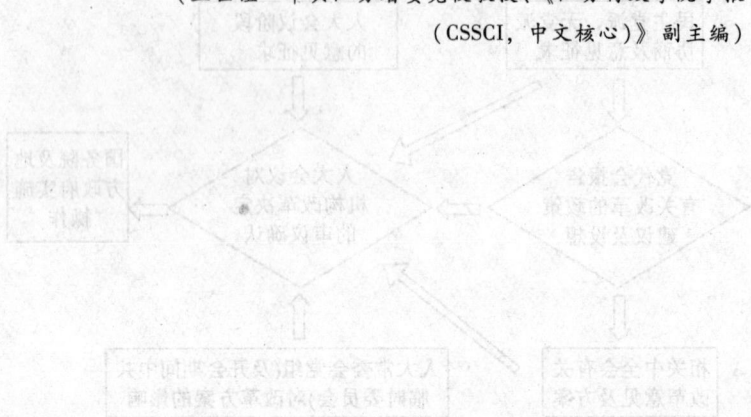

法国女性在政治决策领域中的地位

◎上官莉娜

【摘　要】　女性在政治决策领域中地位的高低是衡量男女平等的重要标杆，本文通过对法国女性在欧洲议会、国会及地方议会、政府等重要政治机构中的状况进行分析，总体上反映出女性在法国政治决策领域中的地位和特点，介绍了法国政府为促进经济社会协调发展、提升女性政治地位而采取的策略和措施。

【关键词】　法国　女性　政治决策　地位

一、法国女性在政治决策领域中的状况

（一）欧洲议会和欧洲委员会

1. 欧洲议会（Le Parlement Européen）

欧洲议会目前有 732 名议员，每五年单轮选举按比例分配名额，法国拥有 78 席。在法国政治领域各层级中，女议员长期以来在欧盟议会保持较高比例。其中两名法国女性分别于 1979—1982 年、1999—2002 年担任欧洲议会主席。如表 1 所示，自 1994 年起，女性占法国欧洲议会议员的近 1/3，1999 年超过 40%，仅次于芬兰的比例。与欧洲其他国家相比，法国女议员比例处于第四位，排在瑞典（57.9%）、立陶宛（46.1%）和荷兰（44.4%）之后。

表 1 　　　　　　　　**1979 年至 2004 年法国欧洲议会选举**

年份（年）	1979	1984	1989	1994	1999	2004
总数（人）	81	81	81	87	87	78
女性（人）	18	17	17	26	35	34
比率（%）	22.2	21	21	29.9	40.2	43.6

资料来源：observatoire de la parité entre les femmes et les hommes. http：//www. elections2004. eu. int

2. 欧洲委员会（La Commission Européenne）

欧洲委员会和欧洲议会一样，每届任期五年。欧洲委员会是常设执行机构，负责实施欧盟条约和欧盟理事会作出的各项决定，向理事会和欧洲议会提交报告和决议草案，处理欧盟日常事务，代表欧盟对外联系和谈判。欧洲委员会设有 27 个委员（成员国各选派一人），其中一名担任欧洲委员会主席领导整个委员会，在欧洲议会选举结束的六个月内换届。委员会的成员之间互相平等，共同制定政策。目前的欧委会中，奥地利、丹麦、立陶宛、波兰、荷兰和卢森堡六国代表是女委员，法国代表任欧委员副主席，主要负责交通事务。总体来看，欧洲委员会女性比例由 1999 年的 25% 增长到 2004 年的 28%，法国连续两届由男性出任委员。

（二）国民议会、参议院和经济社会委员会

1. 国民议会（L'Assemblée Nationale，国会下院）

2007 年 6 月的议会选举共有 577 席，107 名女议员当选，在全球各国议会（下院）女议员人数比例排行榜上，法国的排名位于委内瑞拉和尼加拉瓜之间，由原来第 86 名，跃升为第 58 名，目前在国民议会中女议员的比例为 18.5%，在欧盟国家中排名第 19 位（具体情况见表 2）。

表2 　　　　　　　　欧盟国家女议员比例（国会下院）

排名	国家	女议员（%）	排名	国家	女议员（%）
1	瑞典	46.7	15	爱沙尼亚	20.8
2	芬兰	41.5	16	波兰	20.4
3	荷兰	40.0	17	英国	19.4
4	丹麦	38.0	18	斯洛伐克	18.7
5	比利时	37.3	19	法国	18.5
6	西班牙	35.7	20	塞浦路斯	16.1
7	德国	32.1	21	捷克	15.0
8	奥地利	31.7	22	希腊	14.7
9	葡萄牙	28.3	23	爱尔兰	12.7
10	立陶宛	23.4	24	斯洛文尼亚	12.2
11	卢森堡	23.3	25	罗马尼亚	9.3
12	保加利亚	21.7	26	匈牙利	9.3
13	意大利	21.3	27	马耳他	8.7
14	拉脱维亚	21.0			

资料来源：Fondation Robert Schuman，août 2008.

（http：//www. observatoire-parite. gouv. fr/portail/pdf/parlements_ ue. pdf）

2. 参议院（Le Sénat）

参议员的选举按照法国《宪法》第 24 条进行，由选举团间接选举产生。从 2004 年 9 月参议院的选举程序开始进行大规模改革，这有利于男女政治平等原则的贯彻。参议员的任期从 9 年减少到 6 年，每 3 年选举一次的规则没有改变，但是从 2004 年开始不是每次选举 1/3 的议员，而是半数的议员。计划到 2011 年，议员数目分两期逐步提高，2008 年增加到 341 名，2011 年增加到 346 名。自 2001 年以来女性候选人显著增多，比例分别为 1998 年（15.6%）、2001 年（44%）、2004 年（43.2%）；女性当选者增速缓慢，1998 年时女议员占 5.6%（321 人中的 17 名）；2001 年达到 10.6%（321 人中的 34 名）；2004 年最近一次的续选，新增 56 名女参议员，占总数 331 人的 16.9%。整体而言在参议院中女性地位不高，法兰西第五共和国至今仍没有女参议长，仅出现过两名女性当选为副议长。

3. 经济社会委员会（Le Conseil Économique et Social）

在具有宪法地位的委员会中，经济社会委员会作为重要的咨询机构显得更加"女性化"，1999—2004 年，女性比例为 19%（231 人中的 44 名）；2004—2009 年女性比例为 21.65%（231 人中的 50 名），在经济社会委员会办公室（执行机构）的 19 名成员中，目前没有女性。

（三）地方议会

1. 大区议会（Les Conseils Régionaux）

大区议会是当今法国代表制会议中最具女性色彩的，尽管存在较大的地区差异，但女性在执行机构中的比例稳固上升（见表3）。女副主席 2004 年占 37.9%（总数 338 人，其中女性 128 人），这个比例在 1998 年时仅为 20%。形成反差的是 1998 年 26 名大区主席中有 3 位女性，2004 年仅一名女主席。女性主要负责社会、住房或文化教育事务，在交通、基础设施、研究或经济发展领域，仅 8% 的负责人为女性，92% 则是男性领导人。环境、国土整治和农业等部门都有待进一步均衡化。

表3　　　　　　　　　　　大区议会女当选人情况

年份	候选人数	女性占候选人总数比例（%）	女性当选人数	当选人中女性比例（%）
1986	2 883	22.5	156[①]	9.0
1992	4 075	27.0	206[②]	12.0
1998	6 333	35.9	467[③]	27.1
2004	8 728	49.4	895[③]	47.6

① 法国本土（包括科西嘉）以及海外省。

② 法国本土（不包括科西嘉）。

③ 法国本土（包括科西嘉）和海外省。

资料来源：ministère de l'Intérieur.

2. 大区经济社会委员会（Les Conseils Économiques et Sociaux Régionaux）

大区经济社会委员会是大区的重要咨询机构之一，是社会力量的代表，它在大区经济和社会事务发展中发挥着不可低估的重要作用。根据各大区情况差别，委员会一般在 40～120 人。目前从大区经济社会委员会中女性比例来看，洛林地区最高（26%），且该区 3 名副主席中 2 名是女性。法国 2000 年大区经济社会委员会的女性比例为 9.8%（总数 1 998 人，女性 195 人）到目前的 16.4%（总数 2 282 人，女性 375 人），低于国家经济社会委员会的比例（21.6%）。目前在全国 173 个各类委员会中，女主席仅有 16 名。

3. 省议会（Les Conseils Généraux）

省议会议员任期 6 年，议会成员每 3 年轮换更新一半，每省划为若干个选区各选出一名议员，每次省议会议员更新后都要选出新的省议会主席。2004 年改选后，女性比例由 9.2%（总数 3 977 名议员，女性 364 人）增加到 10.4%（总数 3 966 名议员，女性 411人）。2004 年改选时女候选人比例为 21.5%，女性当选者仅占10.9%。18 个省没有女性当选，16 个省女性当选者比例在 20%～34.8%，仅两个省，即上塞纳省和菲尼斯特省一直保持高于 30%的比例。全法有 101 名省议会主席，仅 3 名女性，1 052 名副主席中女性 132 人，占 12.5%。省议会是目前法国代议制委员会中女性比例最低的。

4. 市镇议会（Les Conseils Municipaux）

市镇作为法国地方行政体制中的基本建制单位，与省和大区相比，历史最为悠久，且作为民众的基本生活社区而与选民联系最为紧密，因而市镇选举在法国的政治生活中备受关注。选举首先产生的是作为行政管理议事机构的市镇议会，然后市镇议会内部选举产生作为行政管理执行机构的市政府（市长），任期 6 年。法律虽然没有规定严格的选择义务（选男或女），按惯例候选名单两性分别占 50%。法国约有 36 000 多个市镇，由于历史原因，这些市镇人口规模差异很大，其中超过 80% 的市镇人口不足 3 500 人，3.2 万市镇人口少于 2 000 人，约 1 万市镇的居民少于 200 人。根据人口统计规模分类的市镇选举情况如下（见表4）。

表4　　　　　　　　　1995 年和 2001 年市镇议会选举情况

按人口统计分类	市长总数 1995/2001	女市长人数 1995/2001	女市长比例（%） 1995/2001
少于 3 500 居民市镇	34 115 / 33 971	2 644 / 3 814	7.8% / 11.2%
3 500 ~ 8 999 居民市镇	1 513 / 1 638	59 / 102	3.9% / 6.2%
9 000 ~ 29 999 居民市镇	701 / 717	37 / 51	5.3% / 7.1%
30 000 ~ 99 999 居民市镇	191 / 196	10 / 16	5.2% / 8.2%
100 000（以上）居民市镇	35 / 36	1 / 4	2.9% / 11.1%
3 500（以上）居民市镇总数	2 440 / 2 587	107 / 173	4.4% / 6.7%
合计	36 555 / 36 558	2 751 / 3 987	7.5% / 10.9%

资料来源：ministère de l'Intérieur，2001.

5. 跨市镇联合组织（Les Structures Intercommunales）

在法国将近 2 500 个各类跨市镇联合组织中，有大约 140 名女性首脑，6% 的市镇联合组织在女性领导之下，她们中的 73.8% 在居民少于 5 000 人的市镇联合组织，在人口超过 20 万的大型联合组织中仅有 3.2% 女性首脑。行政指导（direction administrative）中女性比例占 54.5%（详见表5）。

表5　　　　　　　　2005 年市镇联合组织中女性领导统计

项目	<5 000	5 000 ~ 10 000	10 000 ~ 15 000	15 000 ~ 20 000	20 000 ~ 50 000	50 000 ~ 100 000	100 000 ~ 200 000	>200 000	总计
联合组织总数	753	740	347	176	259	104	54	31	2 464
女主席	50	44	18	4	14	4	1	1	136
百分比	6.6%	5.9%	5.2%	2.3%	5.4%	3.8%	1.9%	3.2%	5.5%
女行政指导	556	470	182	63	59	9	2	1	1 342
百分比	73.8%	63.5%	52.4%	35.8%	22.8%	8.7%	3.7%	3.2%	54.5%

资料来源：observatoire de l'intercommunalité，février 2005.

（四）中央政府和部长办公厅

1. 中央政府（Le Gouvernement）

中央政府是法国最高行政机关，由总理、部长、部长级代表和国务秘书组成。按照萨科齐总统在竞选期间作出的承诺，新政府部长人选按男女基本平等的比例构成，包括 8 名男性和 7 名女性，其中 13 人是执政党人民运动联盟成员，1 人是社会党成员，1 人是法兰西民主联盟成员。而此前十年的历届政府中，女部长的比例一直没有超过 1/4，而法国现任政府组成人员中女性比例约为 43.8%，在欧盟国家中排在芬兰（55.0%）、西班牙（50.0%）、瑞典（45.5%）之后，列第四位。

2. 部长办公厅（Les Cabinets Ministériels）

部长办公厅是部长的直接辅助机构和参谋班子，在各部的内设机构中处于极为重要的位置，因为与部长关系密切而有"部长近卫军"之称，其成员由部长自行任免，往往是从毕业于法国行政学院或巴黎高等综合理工学院的高级公务员中选拔。部长办公厅主任则是部长的主要合作者，是联系部长与下属机构的核心人物，拥有很大的实权，素有"副部长"之称。[1] 根据 l'INSEE（国家战略和经济研究所）调查，在部长办公厅的全体成员中，2000 年时总数为 537 人，其中女性 176 人，占 32.8%；2002 年，总数 534 人，其中女性 142 人，占 26.6%（女性担任办公厅主任 3 人，男性为 35 人）；2003 年年底，总数 619 人，女性 174 人，占 28.1%（女性担任办公厅主任的 3 人，男性为 36 人）。[2] 女性成员的总比例不超过 1/3，担任领导职务的比例则更低。

二、影响女性政治决策地位的制约因素

在法国，伴随着"玻璃天花板"、"玻璃隔墙"以及"粘性地板"等概念的传播，逐步引起人们对女性职业发展隐性障碍的关

---

[1] 实际上，法国政府不设副总理和副部长。

[2] Femmes et hommes-Regards sur la parité，INSEE，édition 2004.

注。早在 1986 年《华尔街日报》（*Wall Street Journal*）的两名记者首次使用了"玻璃天花板"（Glass Ceiling）一词用以描述组织中垂直隔离的现象，即在大多数科层体制中存在着妨碍女性获得更高职位的种种制约因素。"玻璃隔墙"揭示了另外一种更为隐蔽、更具潜伏性的机制，当女性成功地到达较高职位时，她们会发现多数情况下自己进入了横跨性的序列和服务部门（如人力资源管理或交流沟通），男性管理者则进入明显具有操作性的管理部门（业务指导或财务部门），与更高职位等级直接对接，由此产生男女职位的横向隔离。"粘性地板"的概念则概括了女性在等级组织中前进的阻滞力量，制约她们停留在金字塔层级的低层。形成这些现象的深层次原因是社会组织中的文化、管理因素，我们不可忽视权力的男性文化特质、固有的社会刻板印象、女性自身事业规划以及职业投入与家庭投入的平衡等。

（一）社会文化因素

从社会主流文化发展看，作为对"两性无差异"理念的反弹，承认和强调"两性差异"正逐步凸显，强化着女性不同于男性的特征；而政治决策领域内，"忽视两性差异"成为一种标准。女性作为生理性别在不同环境里具有同质性，但作为一种社会性别，却有着迥异的内涵及导向。在层级制度的社会环境中，性别功能是互补的。面对问题，女性是天生的完美主义者，她们深入剖析直至最终细节，以期达到目标。女性的方法是成为行家的有效手段，严密是极重要的；而男性的方法是管理与领导的有效工具，决策手段与整体视角二者缺一不可。目前在所有职业中出现的女性色彩仍然远远无法改变男女传统分工，传统社会分工积淀而成的社会认知定势具有相对稳定性和延续性，例如女性社会标志形象是"母亲"，而男性却不一定和"父亲"的社会形象直接画等号。家庭事业两难问题也是女性独有的，GEF（*Grandes écoles au Féminin*）调查显示 41% 的法国女性认为怀孕是职业生涯的客观障碍，55% 则认为对雇主来说也是如此，女性自身充满对职业、家庭生活平衡的担忧。

（二）组织管理因素

组织实践及职业管理政策同样存在不利于女性的因素，许多政策具有表面的"中立性",即大量的组织规范、规章看似中立实则复制了男性管理模式,如职业投入、绩效产出、责任动机考量机制等。组织中广泛存在着"假性出席文化"(la culture du présentéisme),即人们期待管理者更多更久地留在办公室、出现在工作现场,这成为管理者或决策者勤勉与负责的体现,此外他们还必须经常出席一些特殊场合,如晚会、临时会议、紧急出差等。因此作为管理者自身必须建立"例外事件"紧急回应机制,而这个系统却将女性排除在外,她们面临无法解决的两难问题,只能选择自责或拒绝某些职能。同时,组织中的线性职业路线、凝固刻板的职业标准等也构成阻碍因素。这种机制被"任命或提名"所强化,在位的领导者倾向于提拔与之有相似的年龄、培训经历、职业经验的合作者。管理者的选拔竞争事实上有年龄和职位高低两个标准,在法国 35 岁之前获得较高职位才被认为是有前途的,GEF 调查 35 岁年龄段大学校毕业生,17% 的女性获得职位晋升,而男性晋升比例则达 34%。女性往往由于孕育、照顾子女等原因,错过"黄金年龄"与组织标准产生裂隙。

(三) 女性自我规划

女性职业发展中的行为和特殊选择也是重要的影响因素之一,GEF 调查表明女性在选择职业时非常强调主观感受,首先考虑的因素是"个人喜欢"(83%),其次是"职业抱负"(17%),考虑"拥有权力"的仅占 6%,而超过 57% 的男性表示优先考虑权力因素。Cristina Lunghi 提出女性缺乏男性在军队和正式组织的金字塔层级中所具有的崇敬感,女性注重个人的满意度而将权力因素置于次要位置,她们经常在同级更换服务部门或业务以充实能力,而不是向更高层级发展。此外,在男性管理模式背景下,成功女性往往被视为"具有特殊性格和能力的人(女超人 super-women)"而不能轻易拒绝压力。女性在自我推销方面较男性略为逊色,职业外"热情、时间"的投入与男性相比较少,她们在工作外的场合侧重收集信息,男性则擅长利用微妙的社会关系加速职业发展进度。

三、提高女性在政治决策领域中的地位

女性占目前法国劳动力的 46%，她们在高等教育中占 55.6%，管理者及高级脑力劳动者占 36%。2004 年女性在政治决策领域所占比例分别为 44%（欧洲议会）、48%（大区议会）、12%（国民议会）、17%（参议院）、10%（省议会）。法国政府把促进决策领域的男女均衡作为一个重要的政治、经济、社会目标，提出两性平衡是对男女生存平等的回应。为切实提高女性在政治决策领域中的地位，法国政府和社会积极营造激励氛围，以法律提供保障框架、综合运用各种手段确保目标实现。

（一）法律确立保障框架

法国 1999 年 6 月 28 日修宪确认男女在选举和职位竞争中的平等原则，明确指出"政党和政治团体协助执行此原则"（《宪法》第 4 条）。2000 年 6 月 6 日的法令，即《政治平等法令》（*la loi sur la parité en politique*）具有里程碑式的意义，它要求各政党在立法选举中按男女人数比例确定候选人名单，政党如果不遵守比例原则将会受到财政处罚。根据该法律规定，各政党提出的候选人名单中男女候选人之间的数目差不得超过 1，且必须按"男女相间"的顺序排列，以免将女性候选人或男性候选人都排在前面，增加其当选机会。在国民议会的选举中，女性候选人比例缓慢扩大，2002 年与 1997 年相比，各政党的女候选人平均比例由 22.5% 增加到 38.89%。根据 2000 年 7 月和 2003 年 7 月的法令，地方选举方式以及参议员选举模式改革都有利于两性政治平等。2001 年 5 月 9 日颁布的"男女职业相对平等法令"（又称 Génission 法）开启了由法律平等向事实平等转化的进程，此法令在经济领域迅速得到响应，2004 年 3 月 1 日，在明确参考了男女混合制的具体目标后，一些大型企业签订了与国家的职业间协议。2006 年 3 月 23 日又颁布了"薪酬平等法令"，该法预见到 2010 年 12 月男女报酬差距带来的压力以及职业与家庭生活间最佳连接的保证条件。

（二）政治生活中促进男女代表均衡

除了注重立法保障，法国政府也很重视法律的贯彻实施，成立

了专门的评估委员会，2006 年 4 月 6 日，法国经济社会委员会办公室（le Bureau du Conseil économique et social）任命 Monique Bourven 女士为负责人，由社会学家、人力资源学者组成保障权利促进男女机会平等委员会，注重从宏观和微观层面考察评估女性在决策领域中的具体状况。自 2000 年 6 月 6 日的法令通过后，政治上的男女代表均衡成为有宪法意义的目标，成立了专门的机构"平等观测台"（l'observatoire de la parité）负责法律实施评价，综合政治领域统计信息。具体措施包括，首先保证男女在高级职位或公共部门进入机制平等，确立长期化的测量评定工具，各种高级委员会、各公共部门将依据这些评定工具提升男女平衡状况，为社会起到示范表率作用。其次提高评审团和咨询组织女性比例，2002 年 5 月 3 日的法令规定男女成员在这类机构中至少各占 1/3，这是向平等代表迈进的重要步骤。最后明确目标，通过确定女性提名比例、加强时间管理和组织工作帮助女性进入高级职位。同时注重推广部门成功经验，如法国国防部根据高级职位数确定女性提名比例，适当考虑女性家庭和职业的冲突；装备部实现个性化管理，根据女性不同时期特点考虑其职业投入，在晋升过程中为女性提供职位选择建议等。

（三）提升女性教育和培训水准

在法国，女生约占高校总人数的 57%，47% 的各类高等教育文凭由女性获得，由于女性在教育中所占份额的增加，她们进入劳动力市场和在公共部门就业的条件更受关注，法国政府和社会组织已经并正在采取措施，畅通女性职场道路。如何消除公私部门的显性或隐性性别障碍和歧视，给女性一个公平的起点，是她们获得职业成功的前提。政府倡导高等研究机构在招募新人时，应推崇多样性，公布男女平等的具体目标；要求专业人士不断推出职业研究报告，利用网络及传统媒体营造良好氛围。通过培训提升职业能力，让女性知道如何并且渴望成为领导者。以"数字效应"（通过立法确定女性比例或将之上升到宪法权利）带动女性事业发展，成功女性将不再被视为特例或仅是个人运气，而是打上自身特殊印迹以鼓励更多女性实现自身价值和政治抱负。

[参考资料]

［1］ *La place des femmes dans les lieux de décision*：*Promouvoir la mixité* ［R］. Conseil Éconolique et Social, Année 2007-№6.

［2］ *La recherche scientifique française*：*les enseignants-chercheurs et les chercheurs des EPST* ［R］. Ministre délégué à l'Enseignement supérieur et à la recherche, 2005.

［3］ *L'égalité professionnelle entre les femmes et les hommes dans l'enseignement supérieur et la recherche* ［R］. Ministre délégué à l'Enseignement supérieur et à la recherche, 2006.

［4］ *Les femmes dans la recherche française* ［R］. Ministère délégué à la Recherche, 2002.

（上官莉娜　武汉大学政治与公共管理学院副教授）

国家治理视角下的村落解体问题[*]

◎刘 伟

【内容摘要】 在世界各国的现代化过程中，传统村落总体上面临着解体的命运。近代以来尤其是改革开放以来，伴随着日益深化的国家政权建设、城市化和市场化进程，我国广大村落也比较普遍地出现了解体直至凋敝的现象。通过调查也可以发现，当前我国广大村落普遍存在解体的趋向，但各地村落解体的层面和程度均存在区别。因此，村落未来可能转型的空间也存在较大区别。在国家治理的视角下审视，可以发现，已有的国家治理经验是造成村落解体的重要因素，而村落解体的现状则从深层次对国家治理产生影响。国家在总体上加大对农村投入的同时，应结合各地不同村落的解体现状采取相应的治理对策。

【关键词】 村落解体 乡镇治理 路径选择 重建共同体

一、引 言

本文关注的是我国村落在十余年来普遍走向解体直至凋敝的现实，以及这一现实对我国的乡镇治理带来了哪些挑战。当然，这里所讲的村落主要是自然村意义上的。因为，自人民公社制被废除，

---

* 本文是民政部农村社区建设理论研究课题"村落解体现状与乡镇治理的路径选择"的部分成果。

我国确立家庭联产承包责任制以来，行政村在普遍意义上其共同体的色彩就已经被淡化，行政村更多的是规划后的治理单位。相比而言，自然村落更具有与传统村落相比较的延续性，自然村落的剧变尤其是其解体直至凋敝，对中国乡村社会本身的影响或许是根本性的，其对中国国家治理尤其是乡镇治理的影响也将是根本性的。

在一般的现代化理论中，农村都被视为趋向凋敝的，乡村的命运似乎都被判了死刑。在相关结论的背后，隐含着一种人类宿命意味的判断。那就是城市取代乡村，乡村走向被动或消亡。但这些思考是否就能完全解释当前中国的农村现实，是值得进一步追问的。这里的原因主要有三：一是中国农村地区之广，农民人口之众，即使是按照现有的城市化速度，到 21 世纪中叶，中国农村的人口仍超过世界上其他各发达国家的人口数量；二是中国农村发展的严重非均衡性及其长期存在，各地村落解体的程度和未来发展的趋向相差悬殊，一元化的判断难免会遮蔽更容易刺激治理创新的社会可能；三是当前中国村落尚未定型，不排除部分村落在国家适当介入的情况下重新恢复元气，也不排除现在的部分繁荣仅仅是暂时现象，而转型时代的社会科学并非仅仅具有解释的功能，而是可以预留一些实践的空间。这些方面或许都是中国问题所特有的，因此，对于未完全定型更未全部定型的村落来说，最应拒绝的就是简单化思维。

同时，我们还要考虑中国村落的传统结构，以及其坚强的绵延能力和再生能力，更要考虑到中国村落经历的独特的政治社会改造。中国村落的传统结构基本延续到近代社会，主要有两块：一块是所谓的村社网络①；一块是村落背后的层级市场网络，美国的施坚雅先生对此有标志性的研究②。当然，近代以来，中国村落一方面基本保持了传统结构，另一方面也已开始了演变，这主要是由外

---

① 参见许倬云：《从历史看管理》，广西师范大学出版社 2005 年版，第 20 页。

② ［美］施坚雅：《中国农村的市场和社会结构》，中国社会科学出版社 1998 年版。

部世界如世界市场和国家政权建设带来的。但总的来说，就村落的村社结构而言，其在近代的演变更多的还是自然的平移过程，也即是原有的村落差序性熟人网络自然地向镇或大城市移动。但近代以来的国家政权建设却对传统村落带来根本性冲击，其巅峰就是"延安道路"① 式的颠覆性破坏和重构，直到人民公社体制的建立。用政治强力和阶级话语将乡村社会原有的村社网络表面上全部撕碎。这样的一个比较彻底的、直接针对村落内部社会结构的人为改造和重构，是世界上其他地区农村所没有的。这样独特的变迁经历对我国村落当下的演变和未来最终的转型，势必存在一定的影响。

当然，即使是到了人民公社时期，村落内含的村社结构依然以隐蔽或扭曲的方式延续着。在"大跃进"时期，我们可以看到，连毛泽东当时都不得不承认，要以生产队为基本的核算单位②，而当时的大部分生产队都延续了传统村落的网络结构；而王铭铭对福建某村宗族的调查也表明，即使到比较严酷的政治高压时期，当地的村长依然以本族族长的身份重建宗族，举行纪念活动。③ 或许中华人民共和国成立后30年，在统购统销制度下，村落背后的市场网络遭到取消或压制，也是村落非自然演变的重要变量。而众所周知的20世纪80年代，国家权力形式上撤离到乡镇，而在农村建构了一个民主框架下的自治模式。这种模式同样也有别于传统村落的治理结构。不过值得强调的是，主要是20世纪80年代初到90年代中期，有一段时期，因为城市化和市场化在我国还没有全面展开，城乡二元结构还比较顽固，村落因为国家权力的部分撤离而重新恢复了生气，其体现就是这段时期宗族活动和民间信仰是最为活跃的。

正是考虑到中国农村的独特传统、经历的独特改造以及农村的

---

① ［美］马克·塞尔登：《革命中的中国：延安道路》，社会科学文献出版社2002年版。

② 张素华：《变局——七千人大会始末》，中国青年出版社2006年版，第13页。

③ 王铭铭：《溪村家族——社区史、仪式与地方政治》，贵州人民出版社2004年版，第219～220页。

尴尬现实，当前在学术界出现了两类互相争论的观点。一类观点认为，目前农村的尴尬是由中国现代化不足带来的，如城市化和市场化的水平还不高，只要待以时日，城市化和市场化逐渐深化，问题最终就会解决。政治学角度的这一类思考，则强调国家建设应进一步强化。另一类观点则认为，当前农村出现的种种乱象和发展困局，主要是因为现代化过快超越了村落的内在承受力。因此，要反思我们现在主导的快速现代化和强势的国家政权建设，强调将村落社会重新建设成为"低消费、高福利"的家园。

本研究认为，出于对传统村落的诗意想象和情感留恋，试图阻止整体上村落衰败的趋势，无疑是不现实的。因为村落的命运已经不仅仅取决于自身，更依赖于裹胁着它们不断转型的现代化大潮和外部世界。更为理性的态度可能是：一方面，承认从总体上和最终的大势上，我们难以改变村落衰败直至部分消亡的趋势。但另一方面，从一段时期和某些区域看，村落是否可以在新的条件下焕发活力，以使我们在单向度的现代化面前依然有多样性的生活选择？而国家在这一问题上，是否可以采取帮助村落重建共同体的办法介入村落？考虑到我国独特的国情，广袤的村落、庞大的农村人口和有限的耕地、村落短时间内的快速衰败，对我国的现代化可能会带来损害，而我国各地村落的发展也并非完全定型化，因而存在努力的空间。因此，值得思考的问题可以归结为：在现代化的进程中，因为发展的不均衡和各地村落的明显差异，部分村落是否可以在强势的市场化、城市化和国家政权建设面前保持一定的自主性，延续其积极的治理功能。我们是否可以通过适当的努力，适当延缓村落衰败和村落自主性过快丧失所可能带来的消极后果，或者在新的社会条件下部分激活某些传统资源比较丰富的村落，以部分恢复或延续其自主性？毕竟，面对社会发展的大趋势，身处其中的人们也并非完全无能为力。

二、村落解体的概念

我们这里所讲的"村落解体"，是相对于传统村落的"自成一体"状况而言的。从理想类型上看，传统村落具有自主性，其作为社会基本单位，内部具有紧密的联系，并能很好地通过自身的循环系统满足其需要。具体表现如下：自我提供公共产品，自我生产帮扶体系，自我满足消费欲望，自我维持内部秩序。而从成因上看，以上的诸多特征依赖于相应的内外支持结构：从内部看，村落的自然条件与空间分布，熟人社会的特质，交换圈的客观存在，资源总量限制与模糊化利益，民间信仰体系都是至关重要的变量；从外部看，"编户齐民"的限度，"皇权不下县"与乡绅的非正式治理，政府的重农观念与休生养息的理念，村落与国家共享一套文化符号，是关键的外部结构性因素。① 系统解析村落自主性的形成机制，可以发现其维持所需要的独特的社会条件，且具有先天的脆弱性。应该说，当前我国的村落，在主要方面不可能完全具备传统村落的以上性质。相反，处在快速现代化语境下的村落，更多的是走向解体，即其内部联系变得越来越松散，其对外部世界的依赖性越来越大，其靠自身的循环系统解决其问题的能力趋向弱化。

换言之，本研究对村落解体的判断，主要是其自主性的逐步弱化直至丧失。接下来的问题是，如何测量村落的解体程度，并在此基础上确定村落的类型。我们对村落解体的判断，主要是参照了三个时期的村落形态：帝制时期具有自主性的村落，毛泽东时期的政治性村落共同体，20世纪80年代至90年代初的村落。这里的村落主要是社群意义上的，即那种传统的熟人社会意义上的生活和互动空间，主要以村民小组（自然村）为依托。当然，全国各地情况有别，部分被规划为行政村的自然村落也在观察之中。它有别于帝制时期村落的地方在于，其自主性部分丧失直至基本丧失，而对外部世界尤其是国家和市场的超强依赖。它有别于毛泽东时期村落的区别在于，其依托的政治背景已大为松动。毛泽东时期跨村的政治共同体现在已被极大地压缩和弱化。它同时又区别于20世纪80年代至90年代初的村落，因为它越来越缺乏生气，"村将不村"，"古村不古"。但有一个共同的特点就是，现在的村落，其自主性

---

① 刘伟：《论村落自主性的形成机制与演变逻辑》，载《复旦学报》（社会科学版），2009年第3期。

逐步弱化直至丧失。

三、村落解体的测量指标

具体的测量指标，可以按照如下几个大的方面来设计，综合考虑村落解体的程度进行判断：

其一，常住的人口规模及其结构。一定数量的常住人口是构成社会共同体的前提，因为只有达到一定的人口规模，他们在合作的基础上才能解决面临的公共问题，他们之间的互动也才能使共同体得到延续；而人口内部的结构同样非常重要，性别结构、老中青幼的年龄结构必须具备一定的均衡，否则其社会关系及其延续性将成为很大的问题。

其二，村民间相容性利益的存量。也就是说，居住在村落中的村民之间具有一些共同利益，有一些事关所有人的事务，他们在某些问题上可能因为利益关联而走到一起。一般而言，相容性利益存量越丰富，村民之间的关系就越紧密，他们之间的互动也就越频繁，村民对作为整体的村落的关注度和参与度也就越高。相反，如果相容性利益较少甚至稀缺，村民关系就相对松散，他们之间的互动就不那么频繁，他们对村落共同体就会失去关注的热心。

其三，村落公共生活频率与效果。即村落作为一个生产、生活和娱乐空间，是否能够举行经常性的公共活动，让所有村民或大部分村民都参与其中，并能获得一定的收益。这一方面与前面的第二个方面紧密关联，另一方面又存在区别。村落的公共活动具有一定的独立性和超越性。如果村落公共生活的频度比较高，社会效果比较好，本来关联比较弱或意识不到彼此密切关联的村民，也可能因为公共活动而对其他村民表示关注，并对村落的各项事务表示关心。也就是说，公共活动具有延续和建构村落共同体的功能。

其四，村落精英质量与功能发挥。村落无论在什么时期，相对而言，都是国家权力深化比较弱的空间，其多少具有自然性和自治性。在这样一个比较自然和自治的空间，当地精英的作用显得更为突出也更为重要。很难想象一个秩序良好的村落没有相应的精英，更难想象精英功能不能很好发挥的村落，其自给自足能够长期延续。

其五，村民之间的生活交往及其互动。就日常生活的角度而言，村民之间能否互助以克服某些村民面临的难题，对村落共同体而言也非常重要。家庭个体的力量毕竟是弱小的，而乡村生活又面临一些不可预料的因素如自然灾害、疾病或其他变故。在这种情况下，相邻的村民或具有血缘关系的村民能否互相帮扶，是衡量一个村落内部的社会关联是否解体的重要指标。

其六，面向村落的持续发展取向。也就是说，村落中的人是否将主要的关注点和生活归宿放在村落，还是将目光放在村落之外，而普遍希望离开村落到外面发展。一个很简单的道理，只有大部分村民都把村落当成自己最重要的家和安身立命的所在，村落才具有了长期延续的可能。否则，村落就变成开放性的，它的价值和地位就趋于下降，集中体现就是它对年轻后辈失去吸引力。

四、村落解体的现状

为大致了解当前我国各地村落的解体现状，本研究于 2009 年7 月和 8 月进行了规模适中的实地调研。部分调研由笔者亲自完成，部分调研由经过笔者培训的乡村调研员完成。我们共调研了11 个省的 19 个村落。这些村落中，既有发展态势比较好的，发展态势一般的，也有发展态势比较差的；既有城郊村，一般位置的村落，也有比较边远和落后的村落；既有少数民族居住的村落，也有一般性的村落。应该说，村落的类型还是比较全面的，对了解我国村落的解体现状具有一定的代表性。具体的调查主要分三个部分：第一部分是对村民进行村内关系和乡镇建设方面的问卷调查；第二部分是对乡镇干部进行乡镇建设和村落发展情况的深度访谈；第三部分是在有调研条件的村落，深度跟踪村落中近期发生的各类群体性活动，以此具体呈现和判断村落解体的状况。

这样，我们主要取得如下三个方面的初步材料：其一，444 份调查问卷，问卷中既有客观题，也有主观题目；其二，乡镇干部的访谈记录；其三，关于村落发展和村民群体性活动的说明性材料。

根据以上三个方面的材料，结合前述测量村落解体的一系列指标，我们发现，当前我国村落在总体上是存在解体的情况，并有进一步解体的趋向；但不同地区的不同村落之间，又在解体的方面和解体程度上存在着不容忽视的差别。

其一，常住的人口规模及其结构。调查发现，现在大部分自然村落中的常住人口比十年前都有大规模减少，一方面是大量的年轻人外出打工，至多在农忙时或春节时才大规模返回家乡；另一方面是越来越多的年轻人选择在外地定居，包括乡镇、县城或打工地居住，他们甚至有不少选择举家搬迁，他们的小孩也有很大一部分在入学年龄后就离开家乡。人口的减少规模在部分村落达到全村人口的 60%～70%，一般也都在 40% 以上。个别严重的村甚至只有 7 个老人。人口规模的急剧缩减，使得村落很难展开经常性的群体性活动，也很难展开有效合作。因为他们加在一起的力量也很弱小。剩下留在村落的主要是老年人，中年以上的妇女和部分小孩。老年人或许不愿或者不能离开故土，妇女往往是因为要照顾老人和小孩，她们同时要承担繁重的田间劳作，而小孩的数量同样也急剧减少。我们看到，不少村落的小学因为生源渐少而难以为继，只好走倒闭或合并的道路，而乡间小孩的玩伴也多成为遥远的梦想了。常住人口的结构出现很大危机，他们的素质同样令人担忧，这使村落自身的循环系统紊乱。

其二，村民间相容性利益的存量。当我们向普通村民、村干部和乡镇干部询问村落集体利益时，大部分人的回答都是，村里集体资产比较薄弱甚至没有。不仅是行政村意义上的集体资产现在大部分不多，自然村意义上的村落共同财产更是所剩无几。乡镇干部和村委会的干部一般都向我们表示，村里要想办点事或推动一些自然村落办一些事，行政村里没有一定的财力是很难想象的。而在我们这次调查的村落中，除了福建某村因为集体林权一直没有分配给普通村民，村集体通过比较好的经营不仅保证了村民的收益，也保障了村集体的财政基础，从而使村集体有财力主办了不少公益事业和公共工程，其他的村落基本上因为家庭联产承包责任制使村集体不再掌握丰厚的集体资源。应该说，村民之间，尤其是自然村落范围内，村民事实上还是存在一定的相容性利益，如水利和道路。但在这些问题上，村民之间过于计较得失，较少能够一起合作完成。反而是在某些具有民间信仰意味的活动上，如云南某村①及陕西某村②，他们表现出难得的一致性。这都是值得我们关注的现象。

其三，村落公共生活频率与效果。根据调查，我们发现，村落中的公共生活，包括宽泛意义上的各类群体性活动，其展开的频率都大不如以前。调查结果显示，超过 1/3 的村民认为村里出现大事后，大家并没有聚集在一起讨论。除了行政村意义上的选举之外，自然村落意义上的村民小组组长选举，小组会议的开展并不多。真正比较多见的，主要是婚丧嫁娶和民间信仰等文化活动，只有在这些活动方面，村民才表现出一定的积极性。其他的活动，甚至真正关系到村民利益和发展的活动，如公共工程和经济合作，都很难展开。有的地方甚至是"成片成片的田地都被抛荒了，人们渐渐发现与其广种薄收，靠天吃饭，不如出去打点零工赚点钱来的实在。关于修复渠道也渐渐无人问津了"。公共活动开展的效果，除部分让村民比较满意外，大部分他们都评价不高，尤其是对选举和民主方面，他们一般都表示出不满意，认为存在拉票、派系斗争和"不平等性"。相当多的公共活动如土地分配和选举展开后，村民之间的关系反而更加恶化，他们不仅不信任精英，也不相信彼此。相关的主观回答和文字材料也都能显示出这一点。

---

① 调查员周洪亮就详细记录了云南某村"抬老人"的全过程，这样的活动在当地村落具有宗教般的仪式感和神圣性，对村民关系的维系也起着深层的作用。

② 2009 年春，村长贾某提出修缮庙宇，退休干部栾某等人积极策划，得到村民的一致同意。倡议人又到县城召集在外工作和打工的人员，征求意见，得到大家一致的赞同。据说，在倡议过程中几乎没遇到来自村民的阻力，镇政府也没有进行干涉或阻拦，只要村落有足够的资金可以自行决定修缮与否。在修缮期间由村长负责总体工作，修庙期间一切工作都非常顺利，在外工作人员返家后都积极去帮忙，询问修缮的具体情况。一位 80 多岁的老人说："我很感动，这么多年来村落里很久没有这么多人了，现在又热闹起来了，修庙真好。"现在庙由村长管理，但村民都把庙当作本村公共的财产，从不干破坏庙的事，有的还自愿去打扫卫生，保护庙里的东西。修庙过程非常顺利，也对村落共同体生活的维系起到了一定的积极作用。

其四，村落精英质量与功能发挥。在调查中我们发现，从乡镇干部到普通村民，他们都普遍表示出对现有村落精英水平和能力的不满意，调查问卷的统计结果也显示，超过 1/3 的村民认为他们的发展"缺少带头人"，而对村落出人才或吸引人才的前景更为担忧。他们从心底期待有优秀的带头人，但他们又觉得真正的人才很难走进乡村。有的村落，年轻人不愿担任村里的领导人，村里领导班子年龄普遍在 55 岁以上。部分村干部只想着自身的利益，完全不顾村民的利益。① 现有的村组干部一般都难以取得村民们的普遍认同，村落精英的外流严重，余下的村落精英也并不将主要心思放在本村的发展上，他们要么埋怨村干部的待遇太低，要么埋怨村的工作不好做，所以他们虽然在其位，却热衷于其他生存和赚钱的途径。村落精英的功能发挥虽然在形式上还得到一定的延续，如村落精英参与婚丧嫁娶和民间信仰的组织活动，但他们在解决纠纷和带领村民发展方面，往往无能为力。因为，现在的村民越来越独立，越来越个体化，他们并不轻易承认村落精英的权威。

其五，村民间生活交往及其互动。与传统的村落，尤其是与20 世纪 90 年代中期之前的村落相比，一个非常明显的差别就是，村民之间普遍的往来减少了。现在村落中真正往来比较多的，一般都是亲缘关系非常近的几个家庭之间。村内一般村民之间的互助有减少的趋势。当然，在一小部分的村落，村民之间还是能够保持比较频繁的交往和互动的；但在大部分村落，村民们聚集在一起单纯的聊天和交流变得越来越少了。农活忙完，回到自己家里，门一关，自己家看自己家的电视。调查结果显示，超过 1/3 的村民"不经常串门"了。倒也有一些小规模的村民互动，那就是打麻将和赌博。村民们普遍感到，现在农村人与人之间的关系不如以前有人情味，因为现在什么都讲钱，只要掏钱，就有人帮忙，不掏钱就很

---

① 如湖北某镇农技站与村民们签订订购青蒿的合同后，某村村长带头种植，普通村民由此仿效，结果收购的价格却远低于合同上标注的价格范围，村长却在卖了一个相对好的价格后一逃了之，根本不顾本村村民的巨大损失，更不用说充当他们的带头人为农机站维权了。参见夏红莲的调查记录，2009 年 8 月。

难指望一般的村民了。血缘关系虽然在维持村落秩序方面仍有作用，但利益正越来越成为决定村民关系的最大砝码。在大部分村落，恐怕利益作为影响村民关系的因素已远甚于传统因素。村落作为一个社会共同体的色彩在人与人关系的疏远和理性化中趋于淡化。部分调查员的感慨也很容易得到共鸣："今时不同往日，农忙时节农民们再也不会相互帮忙了，再也没有以前那种热闹壮观的场面，只是偶尔几家关系十分亲密的人之间才会相互帮忙。现在流行的是自家种自己的地，自家管自家的农忙，忙不过来了就花钱请几个小工，或者找匹马来驮东西。"① 就村落秩序而言，问卷统计结果显示，有近一半的村民觉得，村里出现纠纷没有相应的有头有脸的人出面调解。而某村本来出现了小偷，个别村民都已经看到了，村民们却都选择了明哲保身。

其六，面向村落的持续发展取向。我们可以看到，无论是村落精英，还是一般的村民，他们并不满足于村落内的发展，只要有能力，他们都会想方设法地向外发展，开拓其他的发展途径。村落本身的资源有限，发展空间也有限，村落很难在一个日益开放的社会中保持其稳定的吸引力。同时，村落当前的发展态势有好有坏，但在我们问及现有的常住村民他们是否愿意继续在本村发展时，他们大都表示出愿意，这其中很多或许是因为没有别的选择或已经习惯了乡村的生活。而在我们问及他们是否愿意让自己的子女在农村发展时，他们中的绝大多数没有例外地都回答"不愿意"。这部分说明他们对本村前途的评估。在他们的价值判断中，外面的世界，如乡镇、县城，以及大城市的生活要优于乡村的生活，他们并不希望自己的子女继续留在农村。由此可见，村落中的人面向村落的持续发展取向同样有淡化的趋势。

---

① 2009年8月，夏红莲对湖北某村进行调查，她发现在她所调查的村落，个别村落精英同样感慨现在村民的"自顾自"："现在一个村简直不像村了，村民间没有了以前的纯洁的关系，以前有事大家相互帮忙，现在都是各顾各的，不仅如此，如果你家出了事，别人还会心里暗自庆幸，偷着乐，在现在这个社会里，有什么事，一点都靠不了别人，只能靠自己。"

需要强调的是，上面所有这些概括是我们这次调查得到的总体情况。相关材料可以证明，当前我国村落已经部分解体且正趋向进一步解体，但进一步的分析仍是必要的。我们应该看到，大部分村落的解体并非全方位的，相反，村落的解体也是局部性的。前述测量解体的几个方面，并不是说所有村落都同时存在。部分村落存在解体的方面比较少，其解体的程度比较弱，这一类村落可以称为基本稳定的村落；部分村落存在解体的方面比较多，其解体的程度比较强，这一类村落可以称为基本解体的村落；更多的村落是在某些方面出现危机，但在另一些方面还能延续，这一类村落最多，可以称为部分解体的村落。我们可以看到，那些基本解体的村落，人口稀少，共同利益缺失，缺少公共生活和精英，村民间互动很少，村落的前途非常黯淡。那些基本稳定的村落，人口较多且比较稳定，村民能意识到存在一定的村落共同利益，能够开展一些公共活动，并不缺乏相应的精英，村民间的互动尚可，村落的发展在近期内还比较乐观。大部分的村落是处在这两者之间的，属于部分解体的村落，它们或许有一定的人口和共同利益，但公共活动难以展开或缺乏相应的带头人，或者人口规模不大但能有比较好的互动，但村落前景仍不被看好。所以，需要我们结合具体的村落来具体分析。正是因为不同村落其解体的方面和程度不同，它们对国家治理的意义也就不同。而且这种状况和局面在今后相当长的一段时期内都会延续；同时，通过政府和社会各方面的努力，部分村落的改观和村落某些方面的改观都将是可能的。

总而言之，一方面我们要看到我国村落总体上的解体现状和趋势，另一方面也要看到不同地区村落解体的程度和性质不同。相应的国家治理包括乡镇治理的路径也应建立在对村落解体的充分把握上。

五、已有的国家治理经验对村落解体的影响

从国家治理的视角下思考，有必要追问导致当前村落解体的国家因素。现代国家是应该加速村落解体进而挤占治理空间，还是适当维护和吸收村落的自生秩序，使其成为现代国家治理的社会资

源，这是我们应该考虑的问题。而通过反思已有的国家治理历程，我们可以总结出一些经验教训。部分历程已无可更改，它们是我们展开进一步的乡镇治理所要面临的社会前提；而另一部分做法，却有可能在我们反思下得到适当的调整或改革，这对未来我国的乡镇治理同样是非常重要的。

总体来看，如下几个方面对我国当前的村落解体构成潜在的影响：

其一，权力伸缩与机构设置：强调村民自治还是党政建设。即我们是通过进一步的机构设置和权力延伸来实现对乡村的刚性控制，还是帮助其自身走向有效的自治和自主。正是因为现代国家权力所具有的史无前例的贯彻能力，村落本身在这样的力量面前多是被动的，其自身原本比较有效的一套秩序机制可能被搁置、破坏或取代，由此带来国家治理成本的增加和村落自身的局部解体。

其二，制度安排与利益调整：进一步分权还是夯实共同利益。与国家权力延伸相伴随的是，村落本身的利益基础一方面遭到削弱，另一方面又被重新调整。我们可以看到，从人民公社体制到家庭联产承包责任制，在强调"分"的潮流下，村落共同的利益基础尤其是集体资产普遍减少，而乡村治理本身的变化则带来了乡村利益尤其是集体资源的再分配，包括部分村落精英的攫取，由此破坏了村落社会相对平衡的社会结构，而使村民间关系走向激化，村落共同体的维系难度加大。

其三，国家建设与符号渗透：资本话语、城市话语和国家话语。现代国家和现代社会的强势话语全面进入村落，它们改变着村民们的观念和行为模式。国家话语的推进增强了村民对普遍性规则的了解和认同，使他们对村落原有的规则和秩序失去认同；资本话语的入侵使村民对金钱的偏好超过对其他价值的认同，金钱成为社会评价的唯一标准或最高标准；城市话语使村民对自己的身份越发不自信，感到自身"不如城里人"，对乡村本身的积极价值和优势反而失去坚持的耐心。在这些外部入侵的各种话语面前，村落本身的价值和吸引力变得黯淡无光了，村落的前途也就可想而知。

其四，政策安排与强制执行：如殡葬制改革、打击"封建迷信"等。传统的婚丧嫁娶等民俗活动，既是村民生命中的大事，更是村落中的大事，通过这些活动，村民之间进行互助和互动。我国现有的殡葬制度在部分地区成为地方政府牟利的工具，他们强制推行火化，在某种意义上毁灭了部分老人的生命意义；而打击迷信则使村落中很多传统的文化活动失去正当性，村民们从心底失去了敬畏和依托，村落作为一个意义共同体由此面临崩溃的命运。

六、村落解体对国家治理的影响：宏观的角度

从大的方面，放到国家治理的视角下来分析，首先是要看到村落解体的现状对国家当下的治理和长远的转型意味着什么。如下五个方面的问题可能值得深思：

其一，对国家治理资源的需求扩大，国家对农村的投入还要加大。总体上看，我国的村落已经普遍地局部解体，部分村落的解体甚至非常严重。在此情况下，单纯靠村落自身的力量是不够的，这需要国家进一步加大对农村的投入，帮助村落克服其面临的困难。其二，使国家的治理成本急剧加大，短期的治理效果可能不理想。村落解体就意味着国家的治理政策和治理资源的供给缺乏来自村落的有力配合，既缺乏来自村落的参与和表达，又缺乏来自村落的有效制约，国家治理的成效往往大打折扣。例如，有的村本来赶上了修路的机遇，因为"村村通"工程是市财政补贴加农民自己出资，但很多农民不愿意出资修建公路，这样就使很多村人心不齐，公路修建不了了之。山西某些村的情况同样如此，一位副镇长的话多少有些无奈："你看修路钱也不能国家全掏吧，一般资金是政府出一些，村民再自筹一些，这应该是合情合理吧。但是就有一些村民不交钱，不交钱路也没法修，所以他家门前的路也就空那里了。"其三，影响基层和地方政权的运作，尤其是地方和基层政权的行为模式。村落解体容易给地方和基层政权一个信号，那就是只有统一规划加大介入力度，村落才能实现改观。但这种基于政府本位的思考可能使治理问题过于简单化了，因为各地村落的解体原因和解体程度并不相同，简单的一元化政策可能只会收到事倍功半的效果。

因此，更需要认真研究的问题是，村落解体程度不同，其治理

后果也就不同：如基本稳定的村落、部分解体的村落和基本解体的村落，它们对国家治理的需求和影响也就不同。同时，我们还要将眼光放得更远，村落前途不同，他们对国家需求不同。部分村落因为资源禀赋和地理位置，存在繁荣的空间，只要政府适当帮助，他们就可以恢复甚至积聚人气，村落的复兴则可预期。部分村落资源贫乏，人气严重流失，也看不到发展的前景，这样的村落对国家治理的需求就是在其存续期间国家要保证供给。

（刘伟　武汉大学政治与公共管理学院）

中国外交与权利政治

中国外交的周期性与外交转型

◎刘胜湘

【摘　要】　1919 年新民主主义革命以来，中国外交经历了将近九个 10 年、四个 20 年、三个 30 年、一个 60 年。通过考察 1919 年以来中国 90 年的外交历程发现，中国外交具有周期性。10 年左右为一个小周期，20 年左右为一个中周期，30 年左右为一个大周期。每个周期的尾声，中国外交政策会进行调整，大周期的调整比小周期的调整剧烈。每逢几个周期尾声的交汇点，外交政策调整会加剧。这些周期的形成并不是偶然的，而是具有其内在的必然性。在认识到中国外交周期性的基础上，通过分析当前的国内外形势，笔者认为，当前中国外交正处于一个重要的转型时期，而更加剧烈的变化和调整将在 2039 年左右发生，那或许将是中国百年一遇的外交巨变。

【关键词】　中国外交　外交周期　外交转型

"冷战"结束以后，中国外交已成为国内外学界研究的热门话题，这主要是由于中国的持续高速增长使中国的国际地位迅速提升造成的。他们猜测中国未来发展的各种方向，并运用政治学、经济学、历史学和社会学视角研究中国外交和对外关系，探讨中国崛起、中国与世界体系的关系、中国的外交观念等，鲜有探讨中国外交的一般规律与特性。笔者将主要运用统计学的视角，以中国外交与对外关系中的重要事件为线索，考察中国外交和对外关系的周期性，并进一步分析当今中国外交的转型问题，借以抛砖引玉。

一、中国外交的周期性表现

中国外交与对外关系在近一个世纪以来的发展变化表现出周期性特征，其表现是外交政策的周期性调整和对外关系的周期性变化。这种调整和变化每10年左右为一个小周期，20年左右为一个中周期，30年左右为一个大周期。

（一）10年左右为一个小周期

自1919年以来，中国外交每10年左右进行一次调整，中国对外关系每10年左右发生一次变化和转折。1918年，第一次世界大战结束。1919年1月召开的巴黎和会是一次地道的帝国主义分赃会议，中国在和会上连连受挫。① 中国外交上的失败引发了五四运动，当时中国外交的主要内容是要求废除不平等条约。② 1929年，资本主义国家爆发了一场空前的经济危机。1930年，蒋介石发动中原大战，放弃了"联俄，联共，扶助工农"的政策，实行"攘外必先安内"的基本国策。③ 1936年和1937年分别发生"西安事变"和"七七事变"，中国进入全面的抗日战争阶段。1949年，中华人民共和国成立，面对以美国为首的资本主义阵营的包围和封锁，中国作出了以"一边倒"为核心的三大外交决策，即"另起炉灶"、"打扫干净屋子再请客"和"一边倒"。

1959年，苏联发表"塔斯社声明"，中苏分歧公开暴露在世界面前。④ 随后，苏联撤走全部在华专家，中苏关系恶化。而此时美国继续插手中国台湾地区，干涉中国内政，入侵越南。中国面临苏

---

① 石源华：《中华民国外交史》，上海人民出版社1994年版，第151～154页。

② 王绳祖：《国际关系史》第4卷，世界知识出版社1995年版，第112～146页。

③ 石源华：《中华民国外交史》，上海人民出版社1994年版，第374页。

④ 谢益显：《当代中国外交史（1949—2001）》，中国青年出版社2002年版，第197页。

联和美国两方面的侵略威胁，中国被迫采取反美反苏战略。① 20 世纪 60 年代末，中国外交摒弃了"两个拳头打敌人"的对外战略，走上了与美国共同制约霸权主义的道路。反对霸权主义、维护世界和平是 70 年代及其后的长时期里中国对外政策的一项基本国策。② 1978 年 12 月，中国结束了"以阶级斗争为纲"的思想路线，确立了以经济建设为中心的改革开放战略，强调外交为国内经济发展服务。

1989 年"东欧剧变"，1991 年"苏联解体"。1989 年 6 月，中国国内发生了"六四风波"。以美国为首的西方阵营立即对中国实施了制裁，中国外交再一次面临恶劣的外部环境。面对这一局面，邓小平提出了"冷静观察、稳住阵脚、沉着应付、韬光养晦"的对外关系指导方针，并说"要冷静、冷静、再冷静，埋头实干，做好一件事，我们自己的事"。③ 1997 年，东亚发生金融危机。中国政府坚持人民币不贬值，避免了国际金融局势的恶化。中国从此开始积极主动参与东亚一体化进程，这是中国外交的一个巨大改变。2008 年，美国次贷危机引发世界金融危机，中国外交面临新的调整。

（二）20 年左右为一个中周期

从 1919 年开始，中国外交每 20 年左右一次中期调整，中国对外关系每隔 20 年左右一次较大变化。中国外交与对外关系经历了四个 20 年周期，由于这是一个 20 年周期，又是 10 年周期和 20 年周期的交会点，因此每一次中国外交的变化非常剧烈。

20 世纪 30 年代末，第二次世界大战爆发，国际局势发生剧变。随着中国共产党在抗战中的不断壮大，加之"大战"在欧洲

---

① 王泰平：《中华人民共和国外交史（1957—1969）》，世界知识出版社 1998 年版，第 5~6 页。

② 王绳祖：《国际关系史》第 4 卷，世界知识出版社 1995 年版，第 380 页。

③ 《邓小平文选》第 3 卷，人民出版社 1993 年版，第 321 页。

的全面展开，蒋介石希望寻求外援和国际形势的变化来解决中日战争，谋求与英美合作，反对日本建设大东亚新秩序的政策。①

20世纪50年代末，中国在国内进行"大跃进"运动，在对外政策上逐步放弃了"一边倒"战略。中苏分裂开始是这期间中国外交的最主要变化。中美关系继续对抗，加之这一时期民族解放运动的兴起，毛泽东提出了"全世界革命人民团结起来，打倒帝国主义，打倒现代修正主义，打倒各国反动派"②。这一时期，"中国的外交重点是发展同广大的亚非拉关系，即单一性；外交政策是以打倒三个敌人为主，即斗争性；外交目标是推进世界革命，即世界性"③。

20世纪70年代末，国内因为"文化大革命"和长期封闭，正面临重大改革，国际上中苏继续对抗，中美建立正式外交关系。中国提出了和平与发展的世界主题和以经济建设为中心的改革开放战略。

20世纪90年代末，东亚发生金融危机。中国坚持人民币不贬值，避免了国际金融局势的恶化。中国从此开始积极主动参与东亚一体化进程，这是中国外交的一个巨大改变。中国以负责任大国的形象出现在国际舞台上。中国外交开始逐渐由消极被动转变为积极主动，中国的大国外交战略起源于此。

（三）30年左右为一个大周期

自1919年以来，中国外交与对外关系每隔30年左右为一个大周期。在30年周期的末期，尤其是多个周期交汇的末期，中国外交都会有较大调整，甚至出现历史性的大变革。

1945年，日本战败投降，第二次世界大战结束。经过四年多

---

① 王绳祖：《国际关系史》第6卷，世界知识出版社1995年版，第70页。

② 中央文献研究室：《建国以来毛泽东文稿》第12册，中央文献出版社1998年版，第153页。

③ 李宝俊：《当代中国外交概论》，中国人民大学出版社1999年版，第120页。

的内战，中华人民共和国于 1949 年成立，中国外交进入新时期。此后，中国赢得了主权独立和内外事务上的自主，中国外交发生了转折性变化。由于 1949 年是 10 年周期和 30 年周期的交汇点，中国外交政策的震动比 30 年代末更加剧烈，1949 年也成为中华人民共和国外交的起点。

1978 年 12 月，中国确立了改革开放战略，提出和平与发展的世界主题，强调外交要服务国内经济建设。1979 年 1 月 1 日，中美建立了正式外交关系，两国关系进一步加强。1979 年 2 月，中国进行了反越自卫还击战。由于这是中国外交 10 年、20 年和 30 年周期的交汇期，因此，此时的中国外交震动异常强烈，这是中国外交进入 20 世纪至今最为剧烈的变化。中国外交的性质发生的变化，中国从根本上改变了几百年的闭关自守政策，中国外交进入了一个全新的时期，中国真正走上了世界舞台。

2008 年 9 月以来，美国的次贷危机引发了全球性金融危机，这是 1929 年以来最为剧烈的世界金融危机，中国已不可避免地被卷入这次危机。中国的一些企业受此危机影响很深，尤其是中国的外贸和金融。中国和美国等国家一起参与讨论如何应对金融危机，这促使中国对外交政策作出新的调整。国际上很多问题的解决越来越需要中国的参与，"六方会谈"、"达尔富尔问题"、"索马里海盗"及世界金融危机等都需要中国作出贡献。国际形势的新动向呼吁中国外交转型。

2006—2009 年，世界经济危机又波及中国，中国股市暴涨暴跌，房市开始出现危机。2008 年和 2009 年，中国相继发生"特大雪灾"、"西藏 3·14 事件"、"5·12"汶川特大地震和"新疆 7·5 打砸抢事件"。一方面，中国国内社会长期以来积累的问题和让世界惊叹的成就同时展现出来。中国因举办奥运会、"神七"发射和责任性外交等而向世界展现出一个新的形象；另一方面，中国国内社会存在的诸多问题被暴露后，国外对中国又出现一些不友好的声音。如何让其他国家及其民众更了解中国，如何应对日益复杂的国际局势，如何为国内发展创造良好的国际环境，如何在中国改革发展时保持各个群体的利益平衡，如何在中国和平崛起时保持中国与世界体系关系的平衡，等等，也需要中国政府实施强有力的国内政策和切实可行的外交政策。

二、中国外交周期性的根源

中国外交的周期性变化并不是一种偶然现象，而是具有其内在的必然性，背后有着深刻的根源，主要包括自然法则、中国与国际实力对比的变化和国际局势与国内形势的联动等方面的原因。

（一）中国外交遵守周期性的自然法则

"人法地，地法天，天法道，道法自然。"① 人、国家、国际社会都要受到自然法则的制约。自然法则导致外交周期。自然法则也即自然规律、自然本性，包括时间周期性、周期性波动和周期性趋势等。周期性是自然本性的主要特征，是波动性和趋势性的基础。自然就是一种循环，其周期性体现在空间方面是月亮绕着地球、地球绕着太阳和太阳系绕着银河系等周期性转动，原子绕原子核也是空间上的周期性变动；体现在时间方面是一年四季、一天二十四小时等周期性变化，气候也因此出现一年一度的周期性循环：春夏秋冬。自然界也因此体现出夏季炎热、冬天寒冷、春暖花开、秋风落叶等季节特征。动植物生长也随着时间呈现出周期性变化，它们一年一度的周期性变动和整个成长的周期性变动都是自然本性。植物生长从幼苗到老化有其自然过程，动物生长从幼龄、成龄到衰老直至死亡等也是一个自然过程。人来自自然，属于自然，受自然制约，遵循因季节和生长周期而出现的周期性变动规律。个人生命的周期性、个人情绪的周期性和人类的代代传承特点等属于自然规律。国家是人类的产物，也是自然的产物，具有人类特性和自然特性，遵循自然法则和社会规律。一个国家的外交属于国家行为，是众多人群相互影响的一种综合性结果，也像人的行为一样呈现出一种周期性的变化。国家有生有死，其成长具有周期性变

① 李耳：《老子》，远方出版社2004年版，第44页。

化的特点。国家成长从生成初期、兴盛、衰落到最后灭亡也是一个自然过程，一个国家的外交也因为处于不同时期会有不同的变化和调整。

周期性波动体现在自然、人类社会和国际社会等层面。从物理学的角度看，波动性是指能量在空间的连续分布和传播，是物质具有连续性的反映。自然的波动性体现在很多方面，如太阳光是由光波组成的，声音是由声波组成的，风也是波浪式的前进，水面呈现出的是波浪式的变化。波动式变化既是自然规律，也是人类规律，人类社会活动也是波动式的。从心电图谱可以看出，人的心脏呈现波动式跳跃，是一条曲线。人的情绪变化也是波动式变化，情绪高昂时喜笑颜开、手舞足蹈，情绪低落时垂头丧气。人有喜爱波动的天性，如喜爱音乐和舞蹈。由人类行为所致的股票市场、期货市场和房产市场等时涨时跌是一个波动式的变化曲线。国家的行为也具有波动特性，国家的经济发展呈现波动式变化，经济发展速度时快时慢甚至负增长是一条波动式的变化曲线。国家的政治形势时而稳定时而动荡，也是一种波动式的变化。国家在对外关系上有时强硬，有时缓和，有时对抗，甚至发动战争，缓和与强硬交替变化，使得对外政策也因此呈现波动式的变化曲线。国家对外行为反复出现的波动其实就是外交周期，一国外交的周期性规律就是该国外交政策和对外行为的反复性的波动和调整。

周期性趋势也是一种自然特性，趋势一旦形成就难以扭转。每天的气温和一年的气温变化就是由两种不同的趋势组成的，它们的区别在于变化的幅度和频率。每天的天气从凌晨一点到中午一点是逐渐变热的，而从中午一点到凌晨一点则是逐渐变凉的。一年的气候也是如此，从春天到夏天，从夏天到冬天，气温呈现上升和下降两种不同的变化趋势。在上升过程中，气温有时会有所下降，然而这种下降不能改变总体的上升趋势，反之亦然。万物生长伴随这一趋势的变化而变化。人类须顺势而为，不可逆势而动，否则会受到自然规律的惩罚。实际上，人类的行为也是一种趋势行为，趋势一旦形成也是难以逆转的，人类自己可能还没有发觉。人类的这种趋势不断循环，反复出现。国家的行为也遵循趋势性法则，如国家的扩张性趋势和收缩性趋势。一个国家的扩张趋势一旦形成就会持续很长时间，扩张，收缩，再扩张，再收缩成为国家持续性的循环趋势，总的趋势是扩张。霸权国家在获得霸权前直至顶峰状态处于扩张性趋势中，而从顶峰状态开始就逐渐处于收缩性趋势中，即人们常说兴起和衰落。如西方国家进入近代以后就处于扩张性趋势之中，现在整个人类也是处在以地球为核心的对外扩张趋势中。人类一旦进入下降趋势，人类也就走上了衰亡的道路，这如同人的成长和死亡。周期性的扩张和收缩、成长和死亡、兴起和衰落是自然法则，一国的外交行为也必然遵循这一法则。

中国外交也遵守周期性及周期性波动和周期性趋势的自然法则，自然法则是中国外交表现出周期性的本性根源。

（二）中国与国际实力对比的变化

当一个兴起国的实力达到霸权国家的一定比例时，两国的关系会随着比例的变化而发生变化。这种变化有一个重要的分割线：0.382 和 0.618，这也可以当做各类不同国际格局的分割线。我们可以通过国际关系的实践和数据验证这一假设是否准确。当其余所有大国中没有一个大国与最强国家之间的实力对比超过 0.382 时，这时的国际格局是单极格局，如当今国际结构。从"冷战"结束后至今，没有一个国家的总体实力达到美国的 0.382，日本只是在经济方面接近、达到或超过这一比例。2007 年，只有日本的 GDP 最接近这一比例，达到美国的 31.7%，但它的军事实力和美国差距巨大，日本军费只有美国军费的 1/10，加上日本是美国的盟国，还需要美国的军事保护，日本目前还不能对美国的地位构成威胁。德国、英国、法国等国的情况类似于日本。中国的 GDP 还不足美国的 1/4（见表1），军事实力差距更大。如果只有一个国家达到或超过这一比例，这时的国际格局将是两极格局，如"冷战"时期，苏联与美国的比例。1950 年，当时苏联的经济指标达到美国的 30% 左右，如 GDP 达到美国的 35%。苏联的军事实力却超过美国的 38.2%，军费支出超过了美国（见表2）。实际上，"冷战"的最终形成是 20 世纪 50 年代中期。20 世纪七八十年代，日本的 GDP 虽然已超过这一比值，但它的军事实力和美国差距巨大。当有两个或两个以上的国家达到或超过这一比例时，这时的国际格局就是多极格局，如 19 世纪末 20 世纪初期。和英国比较，法国、德国、日本、美国等都超过了这一比例。因此，英国霸权时期的国际结构实际上是多极均势（见表 2）。

中国外交的周期性规律与中国的实力地位变化，特别是与美国的实力对比有密切关系。从 1952 年到 1979 年，除了"大跃进"和"文革"带来了几年的负增长外，中国的 GDP 基本是平稳增长。30 年的发展使中国的实力有很大增长，加之中国在 1964 年又成功进行了原子弹试验，这提高了中国在世界上的地位，也促使了中国对外政策的重大调整。从 1979 年到 2007 年，中国的 GDP 更是增加到 24.37 万亿元。中国占世界的 GDP 比值也从 1978 年的 1.747% 增加到 6%。1952 年，中国的 GDP 只有 679 亿元，1978 年，中国的 GDP 已达到 3 645.2 亿元，达到美国的 6.45%，2000 年，这一比例为 12.3%，2007 年则达到了 23.7%（见表 2、表 3 和表 4）。从这个意义上看，"冷战"结束以后，"中国威胁论"之所以甚嚣尘上，是因为中国的快速增长使西方国家害怕中国对西方的地位构成挑战。实际上，西方更多的是一种心理恐惧。不过中国的快速增长使中国正逐渐接近 38.2% 这一敏感比例，中美之间的实力结构正在发生着巨大变化，中国外交政策正面临新的调整。中国实力的提升意味着中国国家利益的重新界定，意味着中国领导人外交思维的巨大变化，中国外交战略与政策将会据此进行调整，甚至有可能是根本性调整。因为"每一个国家都必须根据自己所处的国际格局结构和自己的实力地位，来确定自己的国家利益，制定自己的对外政策。"①

---

① 李义虎：《论国际格局的作用规律及其对政策偏好的影响》，载《山西大学学报》（哲社版），2004 年第 4 期，第 5 页。

表1　　　　　　　世界国内生产总值（亿美元）

国家和地区年份（年）	1978	1990	2000	2007
美　　国	22 769	55 541	97 648	138 112
日　　本	9 676	29 700	47 461	43 767
德　　国	7 166	1 719 511①	19 002	32 972
法　　国	5 018	11 954	13 280	25 623
英　　国	3 220	9 755	14 383	27 278
俄罗斯联邦		5 791	2 597	12 896②
中　　国	1 473	3 546	11 985	32 801
世界总计	84 315	213 544	317 755	543 470

注：本表是依据中华人民共和国统计局国际数据统计网站数据编制而成。

表2　　　　　1870—2006 年大国间的 GDP 和军事支出比例③

a. 与霸权国的 GDP 比例

年份（年）	美国	英国	俄罗斯	日本	奥地利	德国	法国	中国
1870	108	100	90	无	29	46	75	无
1950	100	24	35	11	无	15	15	无
1985	100	17	39	38	无	21	18	46
1997（PPP）	100	15	9	38	无	22	16	53
1997（exchange rate）	100	16	5	50	无	25	17	10

---

① 德国为 1991 年的数据。

② 俄罗斯的数据参见经南：《世界经济指标》，载《国际信息资料》，2008 年第 6 期，第 46 页。

③ William C. Wohlforth. The Stability of Unipolar World. International Security, Vol. 24, No. 1（Summer 1999），p. 12.

续表

b. 与霸权的军事支出比例

年份（年）	美国	英国	俄罗斯	日本	奥地利	德国	法国	中国
1872	68	100	120	无	44	65	113	无
1950	100	16	107	无	无	无	10	无
1985	100	10	109	5	无	8	8	10
1996	100	13	26	17	无	14	17	13

表3 **1952—2007年中国 GDP 的发展**

统计年度（年）	指标值（亿元）	涨跌额
2007	249 529. 90	37 606. 40
1999	89 677. 10	5 274. 80
1989	16 992. 30	1 949. 50
1979	4 062. 60	417. 40
1978	3 645. 20	443. 30
1969	1 937. 90	214. 80
1959	1 439. 00	132. 00
1958	1 307. 00	239. 00
1952	679. 00	0. 00

资料来源：http: //data. icxo. com/htmlnews/2008/12/29/1346878. htm。

表4 **2007年和2006年 GDP 居世界前六位的国家**

项目 年份（年） 国家和地区	GDP（亿美元）		占世界比重（%）	
	2007	2006	2007	2006
美国	138 438	131 947	25. 5	27. 2
日本	43 838	43 771	8. 1	9. 0
德国	33 221	29 159	6. 1	6. 0
中国	32 508	26 446	6. 0	5. 5
英国	27 726	24 020	5. 1	5. 0
法国	25 603	22 521	4. 7	4. 6
世界	543 116	484 360	100. 0	100. 0

资料来源：中国统计信息网站 http：//www. tjcn. org/news/20080628/6556. html。

（三）国际局势与国内形势的联动所致

中国的内政与外交联系非常密切，可以说，中国的外交是中国内政的另一种表现方式。因此，中国外交不仅与国际方面的影响有关，也与国内因素的变化紧密相连。中国外交受到国内和国际两个方面因素的影响，中国外交的变化正是这两个方面综合影响的结果。

第一，国内政治变革与社会发展的影响。一个国家的内部变化有其自身规律，往往不以人的意志为转移。当这些发展变化到了一定程度后，往往会相应地使得国内政治或社会中其他重大领域发生深刻变革，政府会因此重新界定其国家利益，从而引起一个国家的外交政策的相应调整。一国国内的政治经济变革越强烈，其对外政策的变化也越巨大。这些由各种客观因素导致的国内政治变革及社会发展，实际上也是一个从量变到质变的过程，往往每 10 年这些因素之间的相互矛盾就会集中表现出来，而积累 20 年的矛盾就更加深刻，社会震动也更大。大致每 30 年便会出现更加剧烈的国内社会巨变，而 60 年的变化会超过 30 年的变化，如中国 1949 年和 1979 年的变化。这些国内社会的周期性变化，要求中国制定出适合新形势的外交战略，从而促使中国外交政策发生规律性的调整或变化。

第二，国际局势周期性变化的影响。长期以来，国际社会一直处于无政府状态，各国努力追求自身的实力、安全和利益，导致各国政治经济发展不平衡，这会导致国家之间的权力结构、安全结构和利益结构对比发生变化。国家之间尤其是大国之间的权力结构、安全结构和利益结构关系改变会在很大程度上推动国际环境的变化。"如果权力关系仅仅发生照旧维持原有比例的分配的变化，那这种体系就能继续无限期地处于均衡状态。然而，无论是国内或是国际局势的发展，都必然会破坏这种现状之稳定性。"[1] 尽管国际

---

[1] 罗伯特·吉尔平著，武军等译：《世界政治中的战争与变革》，中国人民大学出版社 1994 年版，第 13 页。

环境复杂多变，然而这种变化是遵循一定规律的。因为任何事物的发展都有一个过程，国际社会中各国权力关系、安全关系和利益关系的变化也是在经过周期性不平衡的发展后才发生的，而这些变化往往会引起国际形势的大变革。国际社会这种呈周期性规律的变化发展在很大程度上影响到了中国对外关系的变化和调整。尤其是国际环境中那些与中国国家安全和利益紧密相关的变化，例如20世纪的两次世界大战和"冷战"，六七十年代苏联的权力膨胀和80年代末的苏东巨变，1997年的亚洲金融危机和2008年的世界性金融危机。这些严重影响到中国的安全和利益，也对中国外交战略与政策产生了巨大影响，并促成其进行战略性调整。

第三，国际局势与国内形势的联动所致。中国外交这种"10年一小变，30年一大变"的周期性规律根源于国际形势和中国国内形势变化的联动。当国际局势或中国国内社会政治形势发生了变化，中国的外交政策就会做出相应调整或变革。由于中国与国际社会的关系是部分与部分、部分与整体的关系，大多数时候，国际形势变化往往与中国国内发展变迁相生相伴，相互依赖，也即所谓的"俱损俱荣"、"蝴蝶效应"。在国际社会和国内社会中，不可避免地有各种矛盾，随着时间的推移，矛盾越来越尖锐，最终导致国内外局势的变化，这种变化则往往以10年、20年、30年或60年为一个变化周期。

中国外交的周期性是客观的，其客观性体现在其深受自然规律、社会规律、中国实力增长、领导人更迭等因素的影响。中国外交历程中这种每10年、20年、30年和60年经历一次对外政策调整几乎成了一种"规律"。中国外交的历程是一个外交经验积累基础上不断革新的过程。中国外交的周期性调整并不是简单机械地反复，而是在前一次革新的基础上根据新形势的变化而进一步调整或变革，尤其是30年和60年的外交调整更具历史性意义。看来，"30年河东，30年河西"还是很有道理的。

三、当前中国外交转型

通过对1919年以来中国外交历史周期性的考察，当前的国内外形势正经历着重大变化，中国外交又到了 10 年短周期与 30 年长周期交汇的关键时刻，处于外交转型的新时期。①

（一）中国外交转型的时间周期与背景

从时间周期上来看，2009 年是 1919 年以来的中国外交第九个 10 年和第三个 30 年的交会点，现在中国已进入 10 年小周期和 30 年大周期的交汇的尾期，时间周期预示中国外交会发生剧烈的变化和调整，甚至是革命性的。也许这次变化和调整没有 1949 年和 1979 年的变化剧烈，但这一变化应该会大于其他几个时间周期外交政策的调整。这并不是基于简单的数字情结或盲目的经验主义，而是由自然规律和社会规律共同作用的结果。中国外交的周期性规律可以被认识和利用，但不能违背，否则受到客观规律的惩罚。因此，当前中国的外交活动开展仍然要遵循中国外交的周期性规律，中国要学会利用这一规律。

从国际背景来看，2008 年 9 月以来，美国的次贷危机引发了全球性金融危机，这是 1929 年以来最为剧烈的世界金融危机，中国已不可避免地被卷入这次危机。中国的一些企业受此危机影响很深，尤其是中国的外贸和金融。中国和美国等国家一起参与讨论及如何应对金融危机，这促使中国对外交政策作出新的调整。在政治上，"冷战"结束后的国际结构呈现出"一超多强"的态势。进入 21 世纪，虽然国际机制的影响在不断加强，"在国际舞台上活跃的不仅仅是国家，国际组织、非政府组织、跨国公司等国际行为体的活动能力和能量都在增加"②，但国际社会的无政府状态依然没有改变，国际社会的发展充满着诸多不确定因素。"任何一次全球性危机都有可能导致国际格局的震荡乃至重组，而目前的这场全球经济危机尤其如此。"③ 伴随着全球化的进一步推进，国际力量结构

---

① 笔者也是受到王逸舟先生提出的推动中国外交转型研究倡议的启示来思考这一问题的，见王逸舟：《卷首语》，载《世界经济与政治》，2008 年第 11 期。

② 秦亚青：《和谐世界：中国外交新理念》，载《前线》，2006 年 12 期。

③ 《联合早报》：《中国跻身"世界领导层"之后》，中国日报网站—环球在线：http://cbbs.chinadaily.com.cn/viewthread.php? tid=25179。

正在发生巨大变化。美国的相对优势正在逐步减小，中国的相对优势在增加。国际上很多问题的解决越来越需要中国的参与，"六方会谈"、"达尔富尔问题"、"索马里海盗"及世界金融危机等都需要中国作出贡献。国际形势的新动向呼吁中国外交转型。

从国内背景来看，中国改革开放走过 30 年。从 1979—2007年，中国 GDP 年均增长 9.8%，中国国力持续增强，2007 年中国GDP 占世界 GDP 的比重已达到 6%。尤其进入 21 世纪第一个 10 年的尾声，国内形势发生巨大变化。2006—2008 年，中国股市暴涨暴跌，中国房市开始出现危机，世界经济危机又波及中国。2008年，中国相继发生"特大雪灾"、"西藏 3·14 事件"和"5·12"汶川特大地震、"三鹿奶粉事件"。也在 2008 年，中国又进行了一系列的经济改革，"土地流转"是最重大的经济改革，这会带来中国社会阶层的巨大变化，中国的两极分化会进一步加剧。股市的上涨和下跌已将股民变得贫困，而房价的上涨又使许多人无房可归，目前发生的经济危机又进一步加剧了这一趋势。而今天中国的医疗保险和养老保险制度又不健全，这也是 2008 年出现很多官民冲突的原因。当前的一系列国内局势的变化都暗示着中国的内政与外交将走进一个新的时期。2008 年对中国来说注定是波澜壮阔的一年，2008 年已深深刻在世人的记忆之中。一方面，中国国内社会长期以来积累的问题和让世界惊叹的成就同时展示出来。中国因举办奥运会、"神七"发射和责任性外交等而在世界上展现出一个新的形象；另一方面，中国国内社会存在的诸多问题被暴露后，国外对中国又出现一些不友好的声音。如何让其他国家及其民众更了解中国，如何应对日益复杂的国际局势，如何为国内发展创造良好的国际环境，如何在中国改革发展时保持各个群体的利益平衡，如何在中国和平崛起时保持中国与世界体系关系的平衡，等等，也需要中国政府实施强有力的国内政策和切实可行的外交政策。

（二）中国外交转型的影响

中国外交转型主要会带来三个方面的影响，即国际权力结构的变化、中国与周边国家关系的变化和中国的世界构想与现有国际体系关系的变化。

第一是国际权力结构的变化。尽管有学者认为，在未来可预见的 15～20 年内，国际系统的权力结构不会发生实质性的变化，"欧洲、日本与美国的实力对比将继续维持目前的状况，中国、印度与美国的力量差距可能会缩小，但仍无法决定性地改变世界权力分配的格局"。① 这是否意味着 20 年后会发生变化？这和 21 世纪前 20 年的战略机遇期相吻合。如果中国经济能在今后 15～20 年持续保持年均增长 9% 速度，中美两国的实力对比会发生根本性变化。从 2007 年算起，如果美国 GDP 年均增长 3.5%，到 2017 年和 2026 年，美国的 GDP 分别是 19.53 万亿美元和 26.61 万亿美元，而中国的 GDP 则分别是 7.70 万亿美元和 16.71 万亿美元（见表 5）。这两年正好是中国的 GDP 超过美国 GDP38.2% 和 61.8% 的年份。中国的 GDP 会大大超过日本、德国、英国和法国等国家。虽然中国的人均 GDP 与这些国家比较起来有很大的差距，但中国的总体能力会大大超过这些国家。有学者预测，中国有可能在 21 世纪初后段在总体力量上显著强于美国以外的任何一个实在和潜在强国。在东亚国际政治中，总体的长期趋势是美国权势衰减，中国影响增长，以致最后有可能发生根本性的"权势转移"。② 随着中国实力的增长，国际权力结构也会重新分配。如中国在联合国的分摊费用增加了，2007 年，中国的会费及维和摊款比额大幅上升，较 2006 年增长 42%，共缴纳联合国会费等各项摊款达 2.7 亿美元，中国的分摊比率增至 2.7%，以后可能还会增加。另外，中国在国际货币基金组织的份额也将增加。2009 年 3 月，在伦敦 20 国峰会召开前，中国已提出了超主权储备货币设想。中国主导了朝鲜核问题"六方会谈"，尽管当初中国政府"很不情愿"。这些实际上是中国在国际上地位和权力增加的一些表现。

如果中国经济能够持续发展，到 2039 年左右，中国的 GDP 和

① 朱锋：《中国外交向"新国际主义"转型》，载《中国与世界观察》，2007 年第 1 期。

② 时殷弘：《战略问题三十篇——中国对外战略思考》，中国人民大学出版社 2008 年版，第 141 页。

总体实力将超过美国的 38.2%（GDP 见表 5），中国的军费开支也会超过这一比例。2007 年，中国年度国防费 3 554.91 亿元人民币，占当年国内生产总值的比重为 1.38%，而 2/3 的国防费用于军队生活、训练等维持性开支。即使到 2039 年，如果按占当年 GDP 的比重为 1.38% 计算，中国军费支出为 0.707 万亿美元。美国的军费支出为 1.873 万亿美元（按美国 2007 年的军费支出占其 GDP 的 4.5% 计算）。① 中美之间实力结构将出现根本性的变化，国际实力对比也会发生根本性转折，那时的中国外交将是名副其实的大国外交。

表 5　　　　　　　　**各国 GDP 预测**　　　　（单位：亿美元）

国家 / 年份	美国	中国	日本	德国	英国	法国	俄罗斯	印度
2007	138 438	32 508	43 838	33 221	27 726	25 603	12 896	10 989
2012	164 421	50 018	49 599	37 587	31 369	28 967	16 459	14 706
2017	195 280	76 958	56 116	42 526	35 492	32 774	21 006	19 680
2022	231 932	118 410	63 490	48 114	40 156	37 081	26 810	26 335
2026	266 147	167 145	70 082	53 109	44 324	40 930	32 588	33 248
2035	362 731	363 021	87 522	66 326	55 355	51 116	50 554	56 172
2039	416 243	512 434	96 608	73 211	61 101	56 423	61 449	70 916

　　注：从 2007 年开始，只要中国保持年均 9% 的发展速度，美国以年均 3.5% 的发展速度，日本、英国、法国和德国以年均 2.5% 的发展速度，俄罗斯保持年均 5% 的发展速度，印度以年均 6% 的发展速度，各国的 GDP 如表 5。2012 年中国会超过日本成为 GDP 仅次于美国的国家，2035 年中国将成为全球 GDP 最大的国家。实际上，"冷战"结束以后，美国的发展速度低于 3.5%，而日本、英国、法国和德国的发展速度低于 2.5%，中国的发展速度高于 9%。因此中国的 GDP 超越日本和美国 GDP 的时间有可能提前。其中有一个前提就是中国必须保持发展持续和社会稳定，这还没有考虑汇率等因素的影响。

---

　　① 《2008 年中国的国防》，载于 http：//news. xinhuanet. com/newscenter/2009-01/20/content_ 10688192_ 12. htm。

　　第二是中国与周边国家关系的变化。中国外交转型会带来中国与周边国家关系的变化。日本是中国的东部近邻，是亚洲的主要国家之一。中国参与国际事务更加积极，主导世界事务能力的增强会刺激日本。加之中国和日本还有历史、东海石油和钓鱼岛等争端。针对中国的发展和变化，日本可能会有三种选择，一是进一步加强与美国的同盟关系以平衡中国对东亚事务的主导；二是逐渐摆脱美国的制约，回归东亚，加强与中国的关系；三是增强自己的实力，尤其是军事力量，在中美两国间寻求平衡，既不靠近美国，也不靠近中国。从日本的历史来看，日本更有可能选择靠近某一个国家。从目前的情况来看，日本会选择美国，进一步加强与美国的同盟关系。然而，当中国的总体实力接近或超过美国实行大国外交时，美国将难以承担与中国对抗的代价而选择接纳中国的崛起，日本外交战略的选择可能就不一样了。因为"当美国的盟友接纳了中国的崛起，中国还将影响到美国与这些国家的关系"。① 同样，当美国接纳了中国的崛起时，也将影响到美国的盟国与中国的关系。

　　俄罗斯是中国的北方近邻，也是中国周边军事实力最强大的国家。"冷战"时期，中俄（苏）关系的砝码倾向俄方，"冷战"后中俄关系的砝码开始倾向中方。中俄在 1996 年建立了战略协作伙伴关系。2001 年，在两国的合作下又设立了上海合作组织。截至 2008 年，两国全部完成了边界堪界工作，包括黑瞎子岛的交接。在一个相当长的时期内（20～30 年），双方相互不存在战略威胁。由于美国等西方国家对俄罗斯的战略包围，中国实力的逐渐提升会促使俄罗斯倾向中国，以平衡美国等西方国家的压力。当中国的总体实力接近或超过美国，实行大国外交时，俄罗斯也可能会成为平衡中美关系的重要支点。

　　韩国和朝鲜是中国东方的重要近邻，双方历史源远流长，彼此没有根本冲突，韩国和朝鲜的统一还需要中国的支持。从目前来看，韩国会倾向美国，朝鲜会倾向中国。当中国的总体实力接近或

---

　　① 战略与国际研究中心、彼得森国际经济研究所编，隆国强译：《账簿中国：美国智库透视中国崛起》，中国发展出版社 2008 年版，第 19 页。

超过美国时，韩国会因为自身利益而选择中立甚至倾向中国，而朝鲜会进一步加强与中国的关系。

"冷战"后的东盟一直在中美日之间寻求平衡。假如今天中美发生分裂，东盟也发生分裂，有些国家会倾向美国，有些国家会倾向中国，更多的国家将选择中立。东盟和中国的争议在南中国海，由于中国提出"搁置争议，共同开发"的战略，加之中国在"中国—东盟自由贸易区"中让利东盟，这会进一步加强中国与东盟的关系。当中国的总体实力接近或超过美国时，东盟总体上将可能选择中立或接近中国，因为与东盟—美国关系比较起来，东盟—中国双方将具有更紧密的战略利益。

印度是中国的南方邻国，中印两国有许多相似之处：两国同属文明古国，人数众多，都是发展中国家。中印的主要争议在边界，两国不存在战略冲突。当中国的总体实力接近或超过美国实行大国外交时，印度将依据自己国家利益的考虑而更有可能选择中立战略，而不是支持某一方，印度的选择也是其历史和文化的暗示。

第三是中国的世界构想与现有国际体系关系的变化。中国关于未来世界的构想是较为现实的和谐世界，取代了以前目标更加宏大的共产主义设想。随着中国国力的提升，中国在世界舞台的地位越来越高，中国会逐步走进国际舞台的中心。"综合国力的成倍增长和国际地位的迅速提高，使中国已经初步具备塑造国际体系的能力和影响。几个世纪来，中国终于拥有了对现有国际体系的修正权和对未来国际体系的设计权。"① 中国的和谐世界构想会影响到当今世界体系，与此同时，中国要建构起和谐世界体系必然要受到当前国际体系的制约。中国越强大，和谐世界体系与现有国际体系的碰撞就越强烈。和谐世界体系与当前的国际体系虽然存在着差异，但两者并不必然相互排斥。中国倡导的和谐世界将与当前西方主导的国际体系发生摩擦，并逐渐妥协和融合。"中国的世界态势应当是既有防范和斗争，也有协调和顺应，而且协调和顺应应当多于防范

---

① 杨洁勉：《大体系：多极多体的新组合》，天津人民出版社2008年版，第3页。

和斗争。"① "和谐世界理念需要国际机制的支撑。和谐世界理念所包含的愿景必须经历从理想到现实的转换过程，需要国际机制这一重要的载体。"② 中国的和谐世界构想是要改善现有国际体系，以使现有体系运转得更好，更有利于保护弱者的利益，有利于体现公平、公正、合理、平等、和平、稳定、多元的价值。世界一定要保持多元化。国家失去多元化，国家会毁灭；世界失去多元化，世界也会毁灭。世界大同一的日子也许就是世界的末日。中国的对外目标，不是要另建立一个新的世界秩序，而应在当今世界体系中不断地注入积极的、能够代表未来的"中国因素"。③ 未来的世界体系将主要是以中国为代表的和谐世界理念和以美国为代表的规范理念之间的互动、整合与妥协。或许外壳是西方规则，内核是东方和谐。未来的世界体系既不是西方体系，也不是东方体系，而是反映多元利益的新型世界体系。朝核问题"六方会谈"已初步表现出这一体系的迹象。

中国外交转型的实质是伴随中国国力的提升，中国需要通过外交转型来保护日益增加的国家利益，需要通过外交转型来保护曾经没有能力保护的国家利益。中国的实力和国家利益变了，中国的世界观念也会变化，中国的国家身份会随之发生改变。中国从过去国际体系的革命者和旁观者到现在的建设者、参与者和利益攸关者。④ 需要注意的是，中国外交的转型不是要"当头"。中国需要在自己力所能及的范围内有所作为。有所作为并不是要"当头"。"我们千万不要当头，这是一个根本国策。""这个头我们当不起，

---

① 时殷弘：《战略问题三十篇——中国对外战略思考》，中国人民大学出版社 2008 年版，第 247 页。

② 杨洁勉：《试论和谐世界理念与国际体系转型的互动》，载《毛泽东邓小平理论研究》，2007 年第 1 期。

③ 朱锋：《中国外交向"新国际主义"转型》，载《中国与世界观察》，2007 年第 1 期。

④ 杨洁勉：《试论和谐世界理念与国际体系转型的互动》，载《毛泽东邓小平理论研究》，2007 年第 1 期。

自己力量也不够。当了绝无好处，许多主动都失掉了。"①

　　总之，当前中国外交处于转型时期，需要重视和利用中国外交的周期性特征，处理好中国外交转型过程中的一系列问题，未雨绸缪。到了外交周期的末期，尤其是当几个周期相交汇时，中国外交决策需要缜密思考和战略谋划，否则，中国国家利益会受到损害。这一周期有可能提前，也有可能延迟，并始终影响着中国和世界。只有利用好这一周期，中国的外交才有可能更好地为国家和世界服务。中国外交更大的变化在 2039 年左右，因为那是 10 年周期、20年周期、30 周期的交汇的尾期，或许还是 60 年周期和 120 年周期，中国外交或将迎来自 20 世纪以来最为剧烈变化和转折，那或将是中国百年一遇的外交巨变。

（刘胜湘　中南财经政法大学国际问题研究所教授）

---

① 《邓小平文选》第 3 卷，人民出版社 1993 年版，第 363 页。

试析"求同存异"在当代
中日关系中的现实含义

◎何祥武

【摘　要】　20 世纪，中日两国曾经在"求同存异"的原则指导下建立和发展了两国关系；21 世纪，中日关系面临巨大机遇和挑战，然而制度性的矛盾妨碍了中日之间的深入合作。中日两国只有切实遵循求同存异的理念，通过有效的磋商机制积极筹建"战略互惠协作关系"，才能缓解彼此之间的竞争与冲突，并在战略高度上实现经济利益的融合。求同存异要求中日两国超越社会体制和意识形态的差异，从战略高度处理两国关系，包括完善有效磋商机制和部署战略性产业协作。

【关键词】　求同存异　战略互惠协作　有效磋商机制

2009 年 9 月 16 日，日本民主党党首鸠山由纪夫当选为日本新首相。据悉，新内阁中将可能有多名"知华派"人士参与。由此，人们对中日关系的改善有了新的期待。然而，中日关系的实际改善仍然需要中日双方坚持"求同存异"的基本原则，精心构建和谐的中日战略关系。

求同存异既是一种思想，也是认识问题、解决矛盾的一种基本方法。"求同"与"存异"二者是统一的：一方面，求同是存异的目的，另一方面，存异是求同的条件，那种不允许任何个性存在的所谓求同只能导致不平等的强权政治。1955 年 4 月，在万隆会议上，周恩来正式阐述了"求同存异"的国际关系行为准则。这种"求同存异"思想强调在处理矛盾时寻求共同基础，保留意见分歧，实现原则性和灵活性相结合。求同存异也是推动中日关系发展的基本原则。1972 年，在谈论中日关系时，周恩来强调，"中日两国的社会制度不同，但这不应该成为我们两国平等友好相处的障碍"，而中日关系的正常化正是两国求同存异的结果。1997 年 11 月 11 日，李鹏总理访日，提出把"求同存异"作为发展中日关系五项原则之一。①可见，"求同存异"是中国协调中日关系的指导思想。

进入 21 世纪以后，"求同存异"的理念依然是中日关系发展的指导原则。"冷战"结束后，各大国纷纷宣布相互建立"战略伙伴关系"。1998 年 11 月中日发表的"联合宣言"明确提出了确立"旨在促进和平与发展的友好合作伙伴关系"。2007 年 4 月，中日两国达成《战略性互惠合作协议》，为未来的中日经济关系的发展确定了框架，双方决定为构筑战略互惠关系开展具体合作。2007 年 12 月，日本首相福田康夫在北京大学发表演讲，表示日中应结成"创造性伙伴"。他进而阐释了关于中日战略互惠关系的三大核心支柱：互利合作、国际贡献及相互理解、相互信赖。这意味着日本对华政策发生重大转变。显然，中日双方已经意识到了实现战略互惠协作的重要性。

然而，随着中日经贸往来的扩大，出现了一些纷争和摩擦。中国与日本由于在经济制度和地缘战略上的巨大差异成为中国入世以来中日经济摩擦加剧的主要原因。21 世纪的中日关系实际上已进入战略性经济摩擦期，中日经贸关系在经济领域的矛盾和摩擦，表现在贸易、金融、经济合作等方面。这些经济摩擦包括贸易摩擦、汇率摩擦、体制摩擦。② 贸易摩擦的发展与各国之间经济的发展不平衡有着因果联系。

---

① 五原则为：相互尊重，互不干涉内政；求同存异，妥善处理分歧；加强对话，增进了解；互惠互利，深化经济合作；面向未来，实现世代友好。

② 中国经贸部国际贸易研究所的金柏松认为，中日经贸摩擦主要经历了三个阶段，包括：以农产品为主的贸易摩擦阶级；日元贬值以抑制中国产品的进口阶段；以苛刻的检疫手段限制中国产品的进口阶段。发生这一系列磨擦的主要原因有：两国适应国际经济环境变化采取的对策不同，两国经济增长差异，以及两国政治、社会、人为的各种因素等。参见李建伟、米新丽，《中日经济与社会发展国际学术研讨会综述》，载《日本问题研究》，2003 年第 1 期。

长期存在的制度性的矛盾严重限制了中日两国在经济上的深入合作，也无形中损害了两国对未来合作的预期效益。实现中日经济关系实现从功能性合作到战略性协作的飞跃，确立深入、广泛合作的双赢合作机制，依然任重道远。中日两国必须利用时代契机，求同存异，积极采取实质性的行动充实和完善战略性互惠合作机制。于是，求同存异也就具有了新时代的现实含义：第一，完善中日有效磋商机制，这是双边政府在外交上确认战略协作的制度保障；第二，实施由两国政府共同安排、两国企业广泛参与的中日产业联合的战略部署。

一、中日有效磋商机制的构建

中日战略互惠协作关系框架的首要任务是建立有效磋商机制。建立全面、有效的沟通渠道，有助于两国从双边到多边、制度化管理中日经济关系。建立有效磋商机制的直接目的是求同存异，要通过相互接触，沟通彼此思想，努力寻找和扩大双方的共同点，避免和减少双方的分歧。

相互依赖下的多渠道联系包括政府决策人物之间的非正式关系和外交部门的正式安排；非政府权势人物之间的非正式联系及跨国组织。这些渠道可概括为国家之间的关系、跨政府关系和跨国家关系，而中日之间的联系渠道包括双边高层会晤和多边机制下的磋商。[1]

到目前为止，中日之间已经建立了全面、系统的双边高层会晤体系。这使中日双方能够充分、及时进行信息沟通，并且就相互关心的问题进行有效的磋商。已经建立的磋商机制包括：中日高级事务级定期磋商制度（包括中日政府成员会议与中日外交当局定期协商，1980 年启动）；中日经济伙伴关系磋商会议（2002 年启动）；中日战略对话（2005 年启动）；中日财长对话机制（2005

---

① 参见［美］罗伯特·吉尔平著，杨宇光等译：《国际关系政治经济学》，上海人民出版社 2006 年版，第 33 页。

年）；中日经济高层对话机制（2007 年启动）。同时，多边渠道也为中日沟通提供了沟通平台。多边渠道包括国际组织与国际会议，例如在联合国、世界贸易组织、亚太经合组织、亚欧会议等国际组织名义下举行的国际高层会晤会议，包括定期与非定期、正式与非正式的，也为中日领导人之间的协商与沟通提供了机会。随着东亚经济一体化的发展，"10+3"合作框架及其中日韩三边合作机制为中日两国提供了有效的高层协商平台。

总之，经过共同努力，中日两国已经建立了全面、立体的对话与磋商机制。① 中日之间建立的全面的磋商机制可以有效避免中日两国之间因为沟通不利而可能导致彼此陷入"囚徒困境"（Prisoner's Dilemma）。

二、求同存异的基本内涵

求同存异还需要双方对交往方式和共同利益的认同，国际关系理论建构主义学者认为，认同构成利益和行为，国家追求的对象是权力、安全和财富。若国际政治处于无政府状态，国家利益和行为动机是自私的，国家之间不能完全确保了解对方的真实意图，因为国家是理性的行为。② 而共同利益、共同价值观和共同规范能够促成国家间的认同。同样，中日之间的磋商机制只有建立在价值观认同的基础上才能有效达成一致。对中日两国而言，求同存异的基本理念包含以下具体共同价值的认同：

---

① 中国总理温家宝于 2007 年 4 月对日本进行了正式访问，并与日本首相安倍晋三举行了会谈。双方再次确认全面加强双边有效磋商机制的建立，包括：（1）高层交往安排。两国领导人保持经常性往来，在国际会议场合继续举行经常性会晤。（2）中日经济高层对话机制。（3）外交当局对话。双方确认，两国外长就双边及共同关心的地区和国际问题保持密切合作，加强中日战略对话、中日安全对话、中日经济伙伴关系磋商、中日联合国改革问题磋商等涉及广泛领域的各层次对话。

② Alexander Wendt. Constructing International Politics, *International Security*, Vol. 20, No. 1, 1995, p. 73.

1. 求同存异，坚持"政经不可分离"，促进中日政治关系与经济关系协调发展

求同存异首先得超越社会体制和意识形态的差异，从战略高度处理两国关系。这意味着给予对方以准确的战略定位，与对方平等相处，相互承认对方的大国身份和国际地位。邓小平在论述中国制定国际战略所应遵循的原则时曾经说过：考虑国与国的关系主要应该从国家自身的战略利益出发，着眼于自身长远的战略利益，同时也尊重对方的利益，而不去计较历史的恩怨，不去计较社会制度和意识形态的差别，并且国家不分大小强弱都相互尊重，平等相待，以自己的国家利益为最高原则来谈问题和处理问题。①

目前，中日双方都清醒认识到两国政治关系与经济关系密不可分。江泽民同志曾分析道："要坚持政经结合，深化同周边国家的关系。政治关系和经济关系密不可分。政治关系为经济关系提供良好的环境，经济关系则为政治关系奠定坚实的基础。"② 为此，求同存异一直是中国对日外交的基本出发点。日本也意识到中日之间政治与经济关系相互协调发展的必要性。2006 年 3 月，日本前首相桥本龙太郎在接受《中国经济周刊》专访时也说："从国际事务的发展来看，真正的政经分离是不可能的，政经分离只是某种形势下的暂时现象，我还是认为两国只有在政治外交上成功，才能在经济合作上取得成绩。"③

对日本而言，日本放弃强权优势逻辑下的东亚地缘战略取向，在战略上接纳崛起中的中国，从战略思想上回归亚洲是中日求同存异的前提。然而，冷战后日本依然坚持以日本为主导，视中国为边缘的东亚政治经济秩序。例如：实施"价值观外交"孤立中国，拒绝承认中国的市场经济地位，并以制度差异为由拒绝与中国就建

① 参见《邓小平文选》第 3 卷，人民出版社 1993 年版，第 330 页。
② 《江泽民文选》第 3 卷，人民出版社 2006 年版，第 316 页。
③ 参见 http：//news. xinhuanet. com/politics/2006-04/03/content_ 4376516. htm。

立自由贸易区进行谈判。① 日本政府刻意强调制度差异，在外交战略中排斥中国，无疑严重阻碍了中日关系的深入发展。在经济全球化时代，中日双方都不可能完全隔绝对方，也不可能离开对方而孤立发展。"政经不可分离"要求日本顾全大局，求同存异，放弃列强的民族心态，在地缘战略上接受中国的社会主义特色，放弃排斥中国的地缘战略思维。

2. 求同存异要求中日两国坚持国际市场规则下的对等开放、优势互补

开放、合作是中日两国求同存异的基本途径；经济环境的变化为中日经济关系提供了新的发展空间。2001 年 12 月，中国政府正式加入世界贸易组织（WTO），从此中国市场跨入全面开放的新时代。WTO 的任务是建立以自由贸易和开放市场两者为基础的国际贸易制度。它的工作目标是通过成员间达成互惠互利安排，实质性削减关税和其他贸易壁垒，消除国际贸易关系中的歧视待遇。它所代表的多边贸易体制坚持成员间贸易遵循非歧视（含最惠国待遇和国民待遇）、可预测的和不断扩大的市场开放以及公平竞争等基本原则。② 中国加入世界贸易组织推动了双向开放：中国市场对外开放，世界市场也对中国开放，日本的市场也不可避免地对中国开放，确保相互开放才是实现贸易自由化的前提。

———————————

① 日本政府一再对中日 FTA 说"不"，拒绝与中国启动中日自由贸易区的谈判。而日本拒绝与中国实现在 FTA 方面的双赢，主要是因为日本在战略上防范和限制中国。1999 年之后，中方多次积极提出中日韩经济整合的构想，都遭到日本的婉言拒绝。中国在多种场合倡议与日本建立 FTA，日本政府却刻意强调差异和条件而保持观望或回避的态度。根据日本方面的经济调研，中日 FTA 对于日本的收益非常可观。日本内阁府 2004 年底曾表示，就日本与各国的 FTA 谈判战略及效果来看，一旦启动同中国的 FTA 谈判，其对日本经济的推动作用大为可观，将推动日本 GDP 增长 0.5%。2002 年 10 月日本外务省正式提出"日本的 FTA 战略"的报告，明确指出日本与其他国家谈判缔结 FTA 的"战略性优先顺序"，该顺序要根据"经济、地理、政治外交和现实可能"等标准加以判断，其中"政治外交"与"现实可能"标准尤为重要。参见《日本的 FTA 战略》，http://www.mofa.go.jp/mofaj/gaiko/fta/policy.html。

② 参见 http://wto.mofcom.gov.cn/column/ddgk.xml。

如果中国的劳动力和日本的技术力量能够基于各自的比较优势来确定分工的话，中日两国都可以从中受益。中国对于日本来说，是一个非常有潜力的市场和投资国。随着中国经济实力的上升和对外开放的扩大，以贸易为中心的中日经济关系不断加深，中国也迫切希望日本尽快开放国内市场（包括农产品市场和劳务市场的开放），只有相互开放才能促使中日的相互依赖更加均衡。

3. 求同存异需要彼此寻求经济安全的协调一致

经济安全，即一国经济发展所依赖的国外资源和市场的稳定与持续，能避免因供给中断或价格剧烈波动而产生的突然打击，以及一国散布于世界各地的市场和投资等商业利益不受威胁。① 不同的国家对经济安全的考虑有不同的侧重点，但协调一致符合各国的共同利益。"只要每一个国家都自由地用它自身的眼前利益来看认为可取的任何措施，而不考虑这些措施对于其他国家可能有任何损害，那就很少有建立国际秩序或实现持久和平的希望可言。"②

长期以来，日本的经济安全观致力于解决"资源小国"与"经济大国"的矛盾。日本认为，保障海外能源、资源的稳定供应和保护海外市场便是其经济安全的根本所在。同样是能源、资源进口大国的中国也迫切需要安全的供应渠道。为此，中国政府也把国家经济安全问题提上议事日程，江泽民在十五大报告中将维护国家经济安全作为一个重要课题提了出来。十六大报告又强调指出："要全面提高对外开放水平，但在扩大对外开放中，要十分注意维护国家经济安全。"

毋庸置疑，中日在能源与资源的国际供应方面存在竞争关系，在工业制造方面也存在行业内竞争关系，但这仅仅是国际市场规律作用的结果。中日两国必须从彼此共同利益和地区共同利益出发，而不是从各自狭隘的民族利益出发彼此争斗。如果中日两国之间通

① 参见余潇枫等：《非传统安全概论》，浙江人民出版社 2006 年版，第 167 页。

② ［英］弗里德里希·哈耶克：《通往奴役之路》，中国社会科学出版社 1997 年版，第 208 页。

过有效机制实现了双边和东亚地区的经济安全协调一致，那么，两国在处理共同危机和区域外挑战时就会更加富有成效。例如，2000年东亚各国共同达成了"清迈倡议"，这是东亚地区实现金融安全合作的第一步。

三、中日战略性产业协作

以经济一体化为目标的中日战略性产业协作依然是建立在两国不同的经济优势互补的基础上的求同存异。21世纪初期，中日两国的垂直分工的产业格局依然明显存在，这一互补关系还将在较长时期内得到维持和加强。中日两国完全可以从长远战略出发，利用彼此的经济比较优势，利用地缘上的便利，规划中长期的产业协作，从而突破国界的限制，确立起全面合作的产业链，这是在中日两国间甚至在东北亚地区率先实现经济一体化的构想。

随着经济全球化的发展，中日两国贸易规模迅速增长。两国经济互补性强，互为重要经贸伙伴；而且中日经贸合作具有地缘优势，中国希望借鉴日本的先进技术和发展经验，同时中国的发展也为日本的经济发展提供了机遇。中国希望尽快启动中日双边自由贸易区进程，与东亚一体化进程和中日韩合作相协调，促进产业战略对话。例如，双方在钢铁、造船、精密仪器、IT、软件等重要产业领域加强合作，进而探索建立某种形式的联盟；就产品结构、产量和发展方向进行战略协调，继续推进自由贸易区进程，促进相互投资，形成平等互利的产业合作链条；还可以加大在金融、能源、交通、农业等领域的合作。

中日在地区合作中角色互补：日本的相对优势是充裕的资金、先进的技术和管理经验；中国的相对优势是巨大的市场、丰富的人才资源以及完备的工业生产能力等。中国在现代化进程中确立了成为制造业大国的目标，而日本进入后工业化时代，确立了信息立国的战略目标，两国之间存在全面战略合作的产业链接条件。

对于两国的民间企业来说，应该敏锐地注意到对方的产业结构调整和变化，能够率先捕捉商机。而双方政府经过协调协商，把本国的产业部署通对方衔接起来，必然可以实现更大的潜在利益。因此，2006 年 5 月中方提议启动"中日经贸合作中长期发展规划"的联合研究，日方予以积极回应。

总之，在求同存异的原则基础上，在中日战略互惠协作关系的框架内，在中日双边政府的精心安排下，在两国企业的积极参与下，战略性产业协作可以实现两国长远而巨大的合作利益。

四、小　　结

21 世纪中日关系的发展依然需要求同存异，需要中日两国建立有效的磋商机制。全方位的沟通可以促使两国建立战略互信，消除两国之间的战略误判。求同存异要求两国坚持"政经不可分离"，促使中日政治关系与经济关系的协调发展；要求两国坚持国际市场规则下的对等开放、优势互补。求同存异需要彼此寻求经济安全的协调一致，而建立中日战略性产业协作将是当代中日求同存异的发展基本方向。中日两国只有切实遵循求同存异的理念，才能进一步推动两国构筑战略互惠关系，从而在更大程度上实现各层次的互利合作。

（何祥武　武汉大学政治与公共管理学院讲师）

国际政治权力的变迁

◎封永平

【摘　要】　权力是理解世界政治的关键，但它却是社会科学中争议最大的概念之一。准确认识和把握权力内在构成及其变化，意义重大。国际政治层面的权力，体现为一国控制或影响他国意志和行为的能力。长期以来，军事力量一直被视为国际政治中最重要的权力来源和象征。但今天，权力的概念及内涵逐渐扩大，经济力量和软力量已经成为国际政治新的权力增长源。这一权力变革进程尚未结束，未来国际政治权力将呈现"微观化"发展趋势，从权力政治走向权利政治。

【关键词】　国际政治　权力　权利政治

　　长期以来，权力是理解和实践世界政治的核心和关键。① 在一定程度上可以说，任何版本的国际关系史，都是论述大国权力变迁的历史；任何种类的国际政治理论，都是阐释权力不同逻辑的理论。因此，在西方传统国际政治理论的视野中，国际关系在本质上就被视为一种权力关系，国际政治即权力政治，而传统国际政治理论亦被称为权力政治理论。

---

① Robert Lieber. *Theory and World Politics*, Winthrop Publisher, 1972, p. 89.

一、国际政治权力的基本含义

"权力"是一个容易令人着迷的字眼,被人们广泛引用,权力的意义似乎不言自明。但是如果就此探查下去,权力是什么?很快就会发现,对其了解愈深就愈感迷茫。

尽管权力概念构成大多数政治分析的基础,但它却是社会科学中争议最大的概念之一。① 正像帕森斯所说的那样,"权力是西方政治思想传统的主要概念之一,同时,尽管该概念有很长的历史,但在分析层面上,对于其特定含义以及它应存在的理论脉络,缺乏明显的共识"②,以至于它在语义和概念上造成了相当大的混乱,不经意间,权力概念的使用差异也成了常识。久而久之,权力成了以下几种概念的同义词:实力、能力、力量、影响力、控制力、支配力、强制力、武力、暴力。克劳德(Inis. L. Claude, Jr.)对于均势概念作出的评价也适用于权力,"这一概念的缺点不在于它没有含义,而是含义太多"。他认为,对其概念进行分析极其困难,因为那些论述这一概念的人不仅不能指出其确切的含义,并且常常是"随心所欲地从这个词的一种用法跳到另一种用法,然后又跳回来,而且往往不预先告知它存在多种含义"。③ 丹尼斯·沙列文(Dennis Sullivan)曾列举出 17 种典型的关于权力的定义。不掌握权力概念,就无法进行国际政治学的研究,但有关权力的定义如此之多,这是令政治学家们感到尴尬的事情。

尽管存在着林林总总、众家各异的权力定义,但依其界定和使用的不同角度,基本上可以归结为以下五种:

第一,权力作为一种国家追求的目标和手段。在传统现实主义者摩根索等人看来,权力是国家追求的目标及手段,目的与手段合

---

① [美] 阿什利·泰利斯等:《国家实力评估》,新华出版社 2002 年版,第 15 页。

② Talcott Parsons. Power and the Social System, in Steven Lukes, ed. , *Power*. New York University Press, p. 94.

③ Inis. L. Claude, Jr.. *Power and International Relations*. Random House, 1962, pp. 13-22.

而为一。结构现实主义代表人物肯尼斯·沃尔兹虽强调权力的工具性，但也认为权力也是一种目的，相比较而言，是一种次要目的。在这一意义下，权力类似经济学中的货币，可以用来兑换政治领域的其他资源。它在成为兑换工具的同时，也变成所求的目标。对某些现实主义者而言，权力甚至"自身"就是欲望的主要目标。权力关系的获得就是满足其需求的凭借，不需要用权力兑换其他资源。此一论点也可以在某些心理学、社会学、哲学流派中找到根据。

第二，权力作为一种影响力或控制力。对于部分现代政治科学研究者而言，将权力定义为国家追求的目标似乎过于抽象、玄奥，无法证实。因此将权力视为是争夺其他资源的"影响力"或"控制力"似乎较为恰当。美国当代著名政治学家罗伯特·达尔在《现代政治分析》一书中把权力归结为影响力，将权力、影响力、权威、控制、说服、强权、武力、强制等术语统称为"影响力术语"。[①] 杰弗雷·哈特简洁地将权力定义为"对资源、行为者、事件及其结果的控制能力"。[②] 法国著名学者雷蒙·阿隆将权力看做"某个政治单位在国际关系中将自己的意志强加给其他政治单位的能力"。[③] 卡尔·多伊奇则直接将权力定义为"在冲突中一国对另外一国取得优势和在国际关系中克服障碍的能力"。[④] 在他们看来，权力的核心内容就是控制力，在这一层面上所使用的权力用语还包括暴力、武力等强制力。"权力，不论其依据为何，是在某一社会关系内部，甚至是在遭受抵制的情况下，一切足以使自己的意志胜出的能力。"[⑤] 马克斯·韦伯的这一权力定义也隐含着一种强制性

① ［美］罗伯特·达尔：《现代政治分析》，上海译文出版社 1987 年版，第 31 页。

② 转引自倪世雄等：《当代西方国际关系理论》，复旦大学出版社 2001 年版，第 262 页。

③ 转引自宋新宁、陈岳：《国际政治学概论》，中国人民大学出版社 2000 年版，第 101 页。

④ 转引自宋新宁、陈岳：《国际政治学概论》，中国人民大学出版社 2000 年版，第 101 页。

⑤ 转引自［法］贝特朗·巴迪：《权力标准的演变》，载《国际论坛》，2003 年第 2 期，第 37 页。

的控制力。

第三，权力作为一种关系。有学者认为，权力不能孤立存在，而是通过一种相互关系体现出来。在这种关系中，其中一些行动者可以指挥、控制或影响其他的行动者。上述影响力的观点实际上已经包含了关系的成分，"影响力是行动者之间的这样一种关系：一个或更多的行动者的需要、愿望、倾向或意图影响另一个或其他更多行动者的行动，或行动倾向"。① 戴维·鲍德温认为："社会科学中最普遍的权力概念把权力视为一种因果关系，在这种因果关系中，权力的行使者影响着其他行为体的行为、态度、信仰和行为的倾向。"② 《不列颠百科全书》也持相同观点，把权力定义为"一个人或许多人的行为使另一个人或其他许多人的行为发生改变的一种关系"。③

第四，权力作为一种能力或资源。雷蒙德·阿隆指出，英语中的"权力"在法语中有两个专门名词，一个表示能力或潜力，另一个表示其实际的行使。这就是为什么阿隆能用法文原文说，当人们具有适当的武器时，他们具有杀死一个人的"权力"，但是并非一定要行使"权力"来这样做。④ 前一"权力"所指的正是"能力或潜力"之意。与此类似，沃尔兹米尔斯海默等人为提高权力概念的科学性和解释力，将权力界定为"能力"（capabi-lities）。此"能力"其实也是摩根索等人曾提出的"权力资源"（re-sources）。此种定义简约化的优点是使"能力"可以较精确地度量。例如对各国的军事力量、经济实力等进行比较，并用数理模型

---

① ［美］罗伯特·达尔：《现代政治分析》，上海译文出版社 1987 年版，第 37 页。

② David A. Baldwin. Neoliberalism, Neorealism, and World Politics, in David A. Baldwin, ed., *Neorealism and Neoliberalism: The Contemporary Debate*, Columbia University Press, 1993, p. 16.

③ 转引自卢少华、徐万珉：《权力社会学》，黑龙江人民出版社 1989 年版，第 19 页。

④ 参见［美］L. 克塞尔：《权力概念：理论的发展》，载《社会》，1985 年第 5 期。

演绎、模拟其对抗的可能结果。

第五，权力作为一种精神力量。一些学者反对将权力简化为物质力量间的制约关系，认为过度压缩权力承载者"人"的能动性，有沦为物质决定论的危险。摩根索认为，权力始于心智，归根到底，权力是通过施予自己意志改变对方意志实现的，体现了一种心理联系。约瑟夫·奈的"软权力"即是一种无形的精神力量；老子曾提出"以柔克刚"；毛泽东论证过"弱国击败强国"，强权资源丰富却是"纸老虎"的观点。这类观点非常重视无形的精神力量，而不偏执于有形的资源。

上述五种理解权力的角度各有优长，分别涉及了权力内涵的不同方面。笔者认为，如果定义权力仅仅从其中的某一部分出发，就难以洞察权力的全貌。正如斯坦利·霍夫曼所言："人们不可能用一句话来概括多种多样变数。也就是说，权力是决策条件、决策准则、潜在权力与实际权力，以及资源总和的一系列过程。"① 因此，权力应该是一个较为宽泛的综合性的概念。

综合上述各种权力观，本文认为，所谓国际政治权力，简而言之，就是在国际政治的特定环境中，一国控制或影响他国意志和行为的能力。这一定义包含五层含义：第一，国际政治权力的行为体主要是国家，国际政治权力总是存在于国家间政治关系的相互作用之中，其中居于优势的国家将拥有权力地位。第二，国际政治权力体现的是一种影响力或控制力。它既包含硬性的控制力或强制力，又包含软性的影响力；既具有强制性，也具有柔性。第三，国际政治权力具有相对性。一方面，国际政治的权力总是一国相对于其他国家而言的，"国家的能力只有在把它的目标与另一国的能力和目标联系起来考虑时才有意义"。② 一般而言，大国和强国比小国和弱国具有更强的能力。另一方面，权力总是同特定的时空情境相联

① Stanley Hoffmann. *Contemporary Theory in International Relations*, Englewood Cliff, 1960, p. 32.

② ［美］布鲁斯·拉西特、哈维·斯塔尔著，王玉珍等译：《世界政治》，华夏出版社 2001 年版，第 120 页。

系。"兵无常势，水无常形。"在不平衡发展规律作用下，各国权力都处于不断消长变化之中。在一定时期和问题领域内发挥作用的权力到另一时期和领域可能完全失效。第四，国际政治权力是"能力"和"关系"的结合，既体现为一国所掌握的特定的权力资源，也表现为影响他国行为的变化、控制后果的能力。也就是说，国际政治权力意味着权力资源和权力行为的统一。第五，权力是物质因素和精神因素的产物，是行为者对于彼此精神和物质能力的认识，是客观权力与主观权力的统一。

二、国际政治权力的历史演变与现状

近代以来，权力一直被视为在国际无政府社会中国家安身立命的根本所在，但这种权力所赖以产生的源泉是不断变化的，不同来源的权力在不同的时期起着重要的作用。约瑟夫·奈 2002 年发表《处于十字路口的美国巨人》，对过去 500 年来国际政治权力演变过程，为我们提供了一个简单而直观的描述（见下表）。

1500—2000 年世界主要国家及其权力来源①

时期	国家	主要权力来源
16 世纪	西班牙	黄金、殖民地、雇佣军、王朝联系
17 世纪	荷兰	贸易、资本市场、海军
18 世纪	法国	人口、农业、公共管理、陆军
19 世纪	英国	工业、政治凝聚力、金融和信贷、海军、岛国位置、自由主义规范
20 世纪	美国	经济规模、科技领先、地理位置、军事力量和同盟、普世性文化和自由主义国际制度
21 世纪	美国	科技领先、军事和经济规模、跨国通信枢纽、软力量

---

① ［美］约瑟夫·奈，郑志国等译：《美国霸权的困惑：为什么美国不能独断专行》，世界知识出版社 2002 年版，第 6～9 页。

尽管权力的资源多种多样，但有一样要素自从国家诞生以来，就一直被视为国际政治中最重要的权力来源，几近成为权力的代名词，它就是军事力量。军事力量是最能反映国家间权力对比的标志，军事失败即意味着政治权力的丧失。军事力量权力化的倾向使得"国际政治权力＝国力＝军事力量"的公式长期以来一直占据着主导地位。①

对军事力量权力作用的推崇具有悠久的历史渊源和传统，早在古希腊时期，政治家们就习惯从军事力量的角度来测度权力。伯里克利曾说过：雅典帝国的权力在于它拥有比古希腊其他国家数量更多、战斗力更强的海军部队。在国际政治中，拥有显赫权力的大国必须是军事强国，这似乎是个不言自明的道理。② 在 16 世纪欧洲王朝的竞争中崛起的西班牙，它的军事力量在陆上超过法国，在海上超过英国，成为哈布斯堡王朝最坚固的支柱之一。训练有素的西班牙步兵兵团成为欧洲战场上战斗力最强的作战队伍。由装有火炮大型战舰组成的庞大"无敌舰队"雄霸海上，使西班牙成为当时欧洲的第一号军事强国。③ 17 世纪崛起的荷兰拥有庞大舰队的海军力量，确保了其"海上马车夫"的地位。仅 1644 年，荷兰即拥有 1000 余艘战舰用来保护商业，其舰船总数几乎超过英、法两国海军总和的一倍。④ 从路易十四时期崛起的法国建立在其固有的军事力量上，到 1710 年，法国军队人数已从过去的微不足道的 3 万人激增至 35 万人，⑤ 法国军队的规模雄踞欧洲榜首，使欧洲任何

① 参见［日］星野昭吉：《变动中的世界政治》，新华出版社 1999 年版，第 294 页。

② 参见［英］赫德利·布尔：《无政府社会：世界政治秩序研究》，世界知识出版社 2003 年版，第 161 页。

③ 参见［美］保罗·肯尼迪：《大国的兴衰——1500—2000 年的经济变迁与军事冲突》，求实出版社 1988 年版，第 53～54 页。

④ 参见丁一平等：《世界海军史》，海潮出版社 2000 年版，第 185～187 页。

⑤ 参见［美］保罗·肯尼迪：《大国的兴衰——1500—2000 年的经济变迁与军事冲突》，求实出版社 1988 年版，第 104 页。

对手都感到相形见绌。拿破仑战争期间,法国更是缔造了一支令人生畏的强大军队,几乎征服了整个欧洲大陆。从16世纪开始,经过三百多年的时间,欧洲岛国英国一如西班牙、荷兰那样靠强大的海军确立了其海上霸权地位。19世纪末,英国终于建立起了史无前例的地跨五大洲的殖民帝国,对于帝国海军的重要作用,阿尔弗雷德·马汉一语中的:多少世纪以来,英国商业的发展、领土的完整、富裕帝国的存在和世界大国的地位,都可以直接追溯到英国海上力量的崛起。① 美国真正成为世界强国是在其军事力量走向世界之后,19世纪末经济已实现起飞的美国国际影响力极为有限,仅仅被当做国际体系中的二流国家来对待。而"二战"结束时,美国建立起了庞大的军事力量,成为无可争议的世界霸主。

军事力量得到权力尊崇的原因还在于其权力的战争转化逻辑,以至于权力又被界定为成功发动战争的能力,只属于在战争中取胜的国家。② 这一点似乎在国际政治的实践中找到了证据。荷兰在抗击西班牙人战争的胜利之后赢得了独立,并由此奠定了领先国家的地位。法国通过三十年战争及其后1657年和1667年的两次对西战争,得以取代西班牙崛起成为欧洲头号陆上强国。英国的崛起始于16世纪末的伊丽莎白时代,到19世纪初击败拿破仑帝国而成为世界头号强国。其间,英国先后向当时的海上及欧洲大陆霸权国发起挑战,1588年,英国海军先是在大西洋上一举击溃西班牙的"无敌舰队",继而从1652年开始,英国又三次向"海上马车夫"荷兰开战,荷兰殖民及海上优势被彻底摧毁。18世纪又开始同仅有的劲敌法国展开激烈的霸权争夺,从1689—1815年,两国共进行了七次重大战争,特别是1805年英国在特拉法尔角海战中的胜利,标志着英国在海上彻底战胜了法国,从而确立长达百余年的海上霸主地位。③ 德国的崛起始于普法战争后,而日本则在日俄战争击败俄国后获得了

---

① 转引自彭澎:《和平崛起论》,广东人民出版社2005年,第42页。

② [美]约瑟夫·奈:《理解国际冲突:理论与历史》,上海人民出版社2002年版,第14页。

③ 参见丁一平等:《世界海军史》,海潮出版社2000年版,第257~258页。

大国地位。美国的世界大国之旅始于 1898 年的美西战争，两次世界大战则最终正式确立了它的全球性超级大国地位。①

今天，国家无疑也使用军事力量，但在过去的半个多世纪里，军事力量在国际政治中拥有的显赫权力地位正在发生变化，军事力量越来越难以转化为国际政治中的现实权力。对于大多数国家而言，在今天使用军事力量实现自己的权力目标要比过去困难得多，也要付出更高的代价。正如斯坦利·霍夫曼（Stanley Hoffmann）所说，军事实力和要实现的目标两者之间的联系已经不那么紧密了。② 核武器巨大的破坏力，难以成为人们追求任何理性的政治目标的手段而加以使用。在核武器出现以前，很难想象一个国家会有过多的力量，以致在政治上无法有效使用它。③ 在一个民族主义自我意识空前觉醒的时代，即使使用常规军事力量也很难再像 19 世纪时轻而易举地占领和征服一个国家，美苏当年在越南战争、阿富汗战争以及今天美国在伊拉克战争的艰难历程都说明了这一点。随着全球化的发展，国家之间相互依存程度的加深，国际制度网络的蓬勃发展，并不能使国家更为安全，也无法解决诸如经贸争端、气候变化、疾病传播、跨国犯罪、恐怖主义等非传统问题。和平发展已成为当今时代的潮流，一种反战的和平伦理观念已经在世界主要国家中形成，并日益深入人心。今天，现实主义所关注的战争越来越不常见，地缘经济而不是地缘政治更多地塑造了国际关系，军事力量借助战争垄断国际政治权力的局面一去不复返了。权力的概念及内涵逐渐扩大，这使得今天的国际政治权力构成比过去更复杂，形式更趋多样。其中，至少有两种新的权力增长点已然凸显出来，并在当今的国际政治中发挥着越来越重要的作用。

第一种是经济力量。在传统的观念中，经济力量在国家权力组

---

① 参见封永平：《军事力量观的嬗变与大国崛起》，载《现代国际关系》，2005 年第 7 期。

② 参见［美］约瑟夫·奈：《理解国际冲突：理论与历史》，上海世纪出版集团 2005 年版，第 13 页。

③ 参见金应忠、倪世雄：《国际关系理论比较研究》，中国社会科学出版社 2003 年版，第 149 页。

合中远远比不上军事力量的权力地位。正如马基雅维利所指出的：
"战争的力量源泉不是黄金，而是优秀的士兵。因为单单靠黄金并
不能获得优秀的士兵，而优秀的士兵可以夺取黄金。"①

但在今天，对于一个现代国家而言，肆意施以武力谋取利益已
经成为一种不可能的情况。这样的侵略者将需要中东的石油，南非
的矿产资源，澳大利亚、加拿大和美国中西部的谷物及铁矿。依赖
性的影响和权力的限制，使这成为一件不可能完成的任务。权力不
再来自于枪杆子，而是来自于银行金库、实验室、董事会、会议
室、工厂车间、教室和互联网。各国按照自己的意愿颠覆原有的力
量平衡，不再通过雄厚的军事权力，而是通过巨大的贸易盈余。军
队的装备已经变成了西装、便携式电脑和生产流程图，而不再是卡
其布军服、步枪和坦克。超级强权依靠的是企业，而不是核力
量。② 理查德·罗斯克兰斯（Richard Rosecrance）在其《贸易国家
的崛起》中比较了美国、苏联等军事国家的衰变和日本等经济国
家的崛起，得出了这样的结论：今天国家权力的首要源泉已经不是
军事权力，而是经济权力。③

沃尔特·罗素·米德（Walte Russell Mead）形象地将经济力
量称之为"粘性权力"，它不仅起到吸引的作用而且可以发挥出强
制作用。④ 1973 年第四次中东战争后，阿拉伯石油输出国家实施石
油禁运，将全球市场的石油价格提高为原来水平的 4 倍，1979 年
将油价又提高了一倍，这使西方经济陷入了严重的衰退，并引发了
持续 10 年的滞涨局面，石油危机第一次展现了经济权力的威力。
如今，石油这一潜在权力工具依旧在发挥作用，随着石油价格史无

① 转引自 ［美］威廉·内斯特：《国际关系：21 世纪的政治与经济》，姚
远等译，北京大学出版社 2005 年版，第 102 页。

② 参见 ［美］威廉·内斯特：《国际关系：21 世纪的政治与经济》，北京
大学出版社 2005 年版，第 103 页。

③ 转引自 ［美］威廉·内斯特：《国际关系：21 世纪的政治与经济》，姚
远等译，北京大学出版社 2005 年版，第 103 页。

④ 参见 ［美］约瑟夫·奈：《软权力再思索》，载《国外社会科学》，2006
年第 4 期。

前例地飙涨，数以万亿计美元的财富从那些需要石油的国家，流入了那些拥有石油的国家，对全球权力的分布产生了深远的影响，整个世界开始经历结构性的变化。在这样的背景下，国与国之间展开的石油博弈迅速上升到地缘政治层面，石油建立起的经济权力正迅速取代军事权力而成为国际政治的中心问题。

同样，20世纪90年代末发生的东南亚金融危机也预示着一种非传统经济权力的崛起。值得深思的是，以索罗斯量子基金为首的金融投机力量竟权可敌国，1997年从泰国开始一连掀翻数个主权国家，致使这些国家的财富巨量缩水，多年经济发展的成果消逝于无形。金融危机使泰国一夜之间失去1/5的财富，人民生活水平几乎倒退了10年。而作为"富国俱乐部（OECD）"成员的世界第十一经济强国的韩国在危机过后风光不再，几乎也是一夜之间被赶回发展中国家的行列。量子基金对这些国家带来的伤害不亚于一场大规模的战争，难怪有学者形象地将其称为"货币战争"。

以上种种事例表明，在一个相互依赖日益强化的世界里，经济冲突和经济权力的争夺已经取代军事冲突进入国际政治权力的前沿。

第二种是软力量。近几十年来，国际政治权力发展变化的趋势之一是，伴随着以军事为核心的硬权力的地位和作用的下降，以"第二种形式的权力"（the second face of power）出现的所谓"软力量"的地位和作用逐渐上升。这一软力量的内容除了已被广为阐述的文化、价值观、意识形态外，还有两种新的权力来源十分突出，这就是制度和信息。

制度是权力的来源，改变和建立制度都应被纳入权力分析之中，这是一种隐性的、间接的权力。① 国际制度的出现及其网络化进一步遏制了强权，但同时又不可思议地生发出新的权力增长点和新的权力实现形式，这就是制度权力。简单地说，制度权力（Institutional Power）是指一国塑造和主导国际制度及其规则的能力。

---

① Stefano Guzzini. Structural Power: The Limits of Neorealist of Power, *International Organization*, Vol. 47, No. 3, 1993, p. 452.

事实上，对权力的约束表现在制度的过滤功能上：如果一个国家堪称强大，那是因为它拥有监督和操纵国际组织的手段。① 如果一个国家可以塑造国际规则和制度，使之与自己的利益和价值观念相吻合，其行为就更可能在他人看来具有合法性。如果它可以使用和遵循那些能够引导和限制他国自愿行为的制度和规则的话，那么它就没有必要使用代价高昂的胡萝卜与大棒。② 对于这一新的潜在权力，约瑟夫·奈这样解释道："如果一个国家可以通过建立和主导国际规范（International norms）及国际制度（International Institutions），从而左右世界政治的议事日程，那么它就可以影响他人的偏好和对本国国家利益的认识，从而具有软力量或者具有制度力量。"③ 以美国为例，在当今国际政治中，美国拥有十分明显的全球性的制度霸权，这也是美国有别于历史上众多霸权国的地方。"二战"后，美国通过联合国、国际货币基金组织、世界银行、北约等一系列国际安全、政治、经济领域的全球性国际制度建设，确立了有利于自己的权力分配和国际游戏规则，成为美国霸权的一种国际保障。④ 正如约瑟夫·奈所言，软力量也通过国际组织发挥作用，它们在一定程度上为其他国家提供了多样化的、与美国利益相一致的选择，这些国际组织巩固了美国的权力。然而，美国"9·11"后没有充分重视和发挥出其制度权力优势，而是频频采取单边主义的对外政策，尤其是竟然绕过联合国发动伊拉克战争。合法性的丧失，使得美国的对外政策行为遭遇到国际社会的强烈反对，其结果严重损害了美国的软力量。对美国而言，亨利·基辛格当年的告诫仍不乏警示：对美国的历史考验将是，我们是否能让我们当

---

① 参见［法］贝特朗·巴迪：《权力标准的演变》，载《国际论坛》，2003年第2期，第41页。

② Joseph S. Nye, Jr.. *Soft Power: The Means to Success in World Politics*. Public Affairs, 2004, pp. 10-11.

③ Joseph S. Nye, Jr.. *Bound to Lead*, the Changing Nature of American Power. Basic Books, 1990, pp. 33-34.

④ 布热津斯基：《大抉择：美国站在十字路口》，新华出版社2005年版，第44页。

今首屈一指的实力获得国际的认同，将我们自己的原则转变成广泛接受的国际规范。①

信息是软力量的重要体现。早在 400 年前，英国政治家和哲学家弗朗西斯·培根（Francis Bacon）就认为信息就是力量。罗马俱乐部成员、系统哲学家 E. 拉洛兹在 1992 年提交给罗马俱乐部的报告《决定命运的选择》中着重指出："在 20 世纪末和 21 世纪初，规定世界上权力与财富性质的游戏规则已经改变。……一个比黄金货币和土地更灵活的无形的财富和权力的基础正在形成，这个新基础以思想、技术和通讯占优势为标志，一句话，以'信息'为标志。"② 在信息革命浪潮的背景下，1996 年，约瑟夫·奈在《美国的信息优势》一文中，率先提出了"信息力量"（Informational Power）的概念，并指出，信息力量作为软力量的核心，逐步渗透到政治、经济、文化等各个领域，已经不争地成为权力最重要源泉之一。

信息革命所引发的权力变革具有深远的意义和影响。法国学者贝特朗·巴迪（Bertrand Badie）这样描述道："即使没有完全消失，强制性权力也因此让位于劝诱性权力，领土版图则让位于音像符号，封闭的社会也让位于开放的社会了，几个装甲师并不能阻挡无线电广播、图像传输或信仰的归属。一个通讯网络拥有远比一个辽阔的版图更大的权力。"③ 如果说，19 世纪殖民时代西方发达国家向落后国家输出信息尚需借助于枪炮和传教士的身体力行才得以实现的话，那么今天足不出户，在小小的键盘上"弹指一挥间"即可实现信息的瞬间传递，也可以借此对相距遥远的国度发起网络攻击，打入对方电脑系统中的秘密程序，获取他国的机密情报，散发恶性病毒破坏敌方系统或使之超载瘫痪。

---

① 参见［美］约瑟夫·奈：《美国霸权的困惑：为什么美国不能独断专行》，郑志国等译，世界知识出版社 2002 年版，第 182 页。

② E. 拉兹洛：《决定命运的选择》，三联书店 1997 年版，第 6 页。

③ ［法］贝特朗·巴迪：《权力标准的演变》，载《国际论坛》，2003 年第 2 期，第 41 页。

信息时代的权力公式：权力＝信息＋力量。不具有信息能力的各种物质力量将难以在国力竞争中发挥出应有的作用，规模庞大、数量惊人但没有实现信息化的军事武器将不再有效，而只是一堆废铜烂铁。正如海湾战争所揭示的那样，除非具备将信息与武器结合起来的能力，传统的坦克、飞机等武器实力对比已没有意义。① 信息革命并没有拉平国家间的权力差距，相反，西方发达国家因此而受益良多，在信息上处于垄断地位；而许多发展中国家则处于信息贫困状态，被远远甩在后面，二者之间出现了巨大的"数字鸿沟"。可以断言，享有信息权力的国家将在21世纪的世界政治中占据重要一席。

三、国际政治权力的未来发展趋势

自从摩根索于1948年首次提出他的权力理论的半个多世纪以来，世界政治发生了"沧海桑田"式的变化。一位目光敏锐的观察家指出："自第二次世界大战结束以来，权力的组成要素、使用及其所能达到的目的发生了根本性的变化。"② 这一权力变革的过程到现在还远未结束。展望未来，有以下两种趋势尤其值得关注。

第一，国际政治权力将出现"微观化"趋势，从"以国为本"转向"以人为本"。在21世纪初这个历史时代，人们在探讨国际政治权力时不再把眼光盯在国家这个权力行为体身上，而是在更多地关注构成权力的微观组成部分——人。国家由一定数量和规模的人口组成，个人是国家的细胞，是构成国家权力的最基本的单位。国家在国际政治中的权力归根到底是由组成国家的人的文明程度、教育情况、法制意识、健康状况等素质状况决定的。很难设想，一个国家的人民孱弱而这一国家的国力强大。人的素质水平直接关涉一国权力的可持续发展能力。历史上有过太多的教训，追求片面的

---

① 参见［美］约瑟夫·奈：《美国霸权的困惑：为什么美国不能独断专行》，郑志国等译，世界知识出版社2002年版，第69页。

② 转引自［美］罗伯特·基欧汉、约瑟夫·奈：《权力与相互依赖》，门洪华译，北京大学出版社2002年版，第12页。

国家的强大而忽视人的素质发展，曾使得多少在世界舞台上叱咤风云辉煌一时的大国分崩离析，如今再难觅踪影。离开了人民，权力就成了无源之水、无本之木，也就没有了国家。在人类进入21世纪的今天，衡量和分析权力，应当改变"以国为本"的传统观念，树立以"以人为本"的新权力观。

"人多并不必然力量大"，一个国家拥有的数量巨大的、贫困的、缺乏教育的人口与其说是其资产，不如说是债务。在近代，中国拥有世界上最多的人口，但中国人却被称为"东亚病夫"，"弱民"导致"弱国"，在国际政治中也就毫无权力可言。比如，在凡尔赛和会期间，尽管作为战胜国身份的中国与会代表顾维钧充分施展自己的外交才华，在会上据理力争，但最终西方列强仍然坚持要把德国在山东的权益交给日本。因此，最强大的国家并不一定是人口众多的国家而一定是人口素质最高的国家。历史上，葡萄牙、荷兰和英国，虽然远比其对手法国或西班牙的人口要少，但都成为欧洲的领导大国。对于这些国家，受过教育的、人丁兴旺的、技术娴熟的人的确是越多越好。分别拥有2.7亿人口和1.26亿人口的美国和日本，就占有了巨大的市场，从中获得了巨额的产品、利润和财富。①

随着中国近30年来的改革开放，经济迅速发展，人的素质有了较大的提高。但越是改革开放，经济越是发展，就越是痛感我们国人的素质的不够高，在很大程度上阻碍了我国经济的发展与社会的进步，阻碍了我国国际影响力的增强。中国的进一步发展，最缺乏的已不再是资金、物资，也不完全是技术，而是人力资源，是人的素质。因此，当前的当务之急是要集举国之力从人的素质抓起，抛弃本末倒置、急功近利的做法，大力提高人民的素质水平。大国崛起首要之义在于人的崛起，从长远的角度看，如果人的素质没有较大的提高，没有达到世界先进的水平，中国的现代化、中国建设成为文明、民主、富裕的社会主义现代化强国就是一句空话，中国

---

① 参见［美］威廉·内斯特：《国际关系：21世纪的政治与经济》，北京大学出版社2005年版，第84页。

就不会是真正的世界一流强国。①

第二，国际政治权力中将更多地注入权利内容，从权力政治走向权利政治。与新权力观关注的目标从国家向人的转变相一致，随着时代的进步，国际社会文明程度的提高，国际社会中的权利意识日益显现，而人类对于数百年来曾经坚信不已的权力观念第一次出现了弱化的迹象，正如英国著名历史学家霍布斯鲍曼所说，"今天的国家和权力思想削弱了。从前只需要一营伞兵就足以在非洲某个地方进驻一个城市，然后根据情况废黜一个总统或者使一个总统重新上台。这种情况已一去不复返了"。②

权力和权利本来是政治学的两个重要概念。与权力相比，权利更强调依法行使的权力和享有的利益。在政治领域，总是权力与权利并存，权力与权利相互作用，因此，政治学的研究始终不能脱离这两个基本内容。③ 在历史上，大国间群雄逐鹿，曾经上演了无数血雨腥风式的权力角逐剧情。无政府的国际体系一如英国政治学家托马斯·霍布斯在《利维坦》中所描述的充满恐惧和冲突的"自然状态"：国家"将它们的武器彼此瞄准，让它们的眼睛彼此紧盯"。④ 在他看来，在这种无政府状态中，几乎是不存在任何保障权利的国际制度或规范，权力是国家在这一状态中赖于生存的唯一可靠工具和保障。正如英国学者诺森奇所说，世界的现实生活使人们不得不承认，国家对自己的防卫最后还得靠自身的权力。⑤ 然而，对权力的无限制的追逐最终引发了给人类带来巨大创伤的第一

① 参见楚树龙：《国际关系基本理论》，清华大学出版社 2003 年版，第 79 页。

② 殷叙彝：《没有权利的权力》，载《国外理论动态》，2003 年第 11 期，第 29 页。

③ 秦亚青：《从权力政治走向权利政治》，载《世界经济与政治》，2004 年第 5 期，第 1 页。

④ 转引自〔美〕卡伦·明斯特著，潘忠岐译：《国际关系精要》，上海世纪出版集团 2007 年版，第 67 页。

⑤ 转引自金应忠、倪世雄：《国际关系理论比较研究》，中国社会科学出版社 2003 年版，第 139 页。

次世界大战，在对这一惨痛教训反思之余，不甘心受权力奴役的威尔逊理想主义应运而生，希冀通过国际联盟来约束权力，以民族权利的概念来抵制权力概念，以人权来超越权力本身。① 不幸的是，第二次世界大战的爆发再一次将人类推向了权力争斗的深渊，以至于汉斯·摩根索为此得出结论：数百年来国际关系的政治历史就是一部权力政治的历史。一切政治活动围绕权力展开，一切国际关系都是权力关系，国际政治就是权力政治，权力似乎成为国际政治的最终目的。国际政治理论中的权力话语由此建立，其结果就是权利意义更加边缘化。权利服从权力，权利附属于权力，权力不仅成为国家的目的，也成为权利的目的。②

但是现存的并不一定是合理的和永恒的，从现代国家政治权力与权利相互关系发展的历史可以清晰地看出，权利是本，权力是末，权利政治是现代政治文明的发展方向。由独裁统治者垄断一切权力和权利，而被统治者毫无权利的专制统治早已失去了存在的合法性。在现代民主社会中，权力来源于每个公民享有的神圣的不可剥夺的权利，权力必须服从权利，为权利服务，接受权利的制约。失去控制的权力容易导致专制、暴政和霸权，危害权利。在国际政治中，"二战"后一系列的限制和规范国家行为的国际法、国际制度，以联合国为核心的国际组织和国际机构如雨后春笋般大量涌现。其中，值得一提的是，2002 年，一个处理全球种族屠杀和战争罪行及其他反人类罪行的永久国际法庭正式成立。尽管这一切看来仍远非尽如人意，国际政治实践中权力因素也依然不时在发挥作用，但是，一个不容忽视的事实是，国际规范被世界各国接受、社会化的程度日渐提高，世界不再是一个毫无秩序可言的国际无政府状态，而越来越像英国学派所倡导的"国际社会"，几乎所有的国家在几乎所有的时候都遵守国际规则和国际法。美国不经联合国授

---

① 参见［法］贝特朗·巴迪：《权力标准的演变》，载《国际论坛》2003年第 2 期，第 39～42 页。

② 参见秦亚青：《从权力政治走向权利政治》，载《世界经济与政治》2004年第 5 期，第 1 页。

权发动伊拉克战争的强权行为，之所以不会得到国际社会的认可，是因为它只是一个不具有权利的权力，也就是说，虽然美国有这样做的权力，却没有这样做的权利。毫无疑问，国家拥有权利的权力将更能得到本国民众以及其他国家的支持和认同，并在未来占据国家间竞争的制高点。1994 年，联合国在《人类发展报告》中首次提出了具有变革意义的"人的安全"概念，呼吁国家、国际组织、普通民众对"人"给予更多的关注，在考虑安全问题时以人为本。这一新概念蕴含着浓厚的权利色彩，代表着对传统权力政治的一种反动。

总之，站在人类进步史的角度观察，传统国际政治意义上权力的弱化和权利的凸显，反映了全球化时代的关切，可能预示着重要的国际政治思考和发展方向。在人类经历了无数的战争的摧残和长期的专制统治之后，旨在以人为本以权利为主要内容的各类新的权力观念将逐步为国际社会所接受和认可，并有可能在未来国际政治中占据主导地位。

（封永平　武汉大学政治与公共管理学院讲师）

国际秩序与国家联盟

俄罗斯与冷战后的国际秩序

◎罗志刚

【摘　要】　"冷战"结束后，国际秩序并未发生实质性变化，但呈现出许多新的特点。在新的形势下，俄罗斯决心在新国际秩序建立过程中尽可能发挥作用。为实现国家利益，俄罗斯制定了维护国际稳定与安全、反对美国霸权、争取成为世界"一极"等一系列重要外交目标。这些目标的实现既有现实的可能性，又有很大的困难。虽然目前俄罗斯的经济实力和在世界的政治影响力还不够强大，但它在维护国际稳定与安全方面仍具有相当重要的作用。随着国家经济实力的迅速增长，俄罗斯对国际秩序的影响力势必增强，其在国际秩序中的地位也将逐渐上升；而且，新国际秩序的建立也离不开俄罗斯的积极参与。

【关键词】　国际秩序　俄罗斯　美国　联合国

根据国际关系理论，"秩序"这一术语一般被理解为是与具体形式联系在一起的一种机制。而"国际秩序"应被理解为在整个国际关系或其中一部分国际关系中所存在的哪怕是最低限度的公认规则。在一定的条件下，这种秩序可能是"世界秩序"，它随着"全球共同体"的出现，可能转换为"全球秩序"。① 实际上，各

---

① П. А. Цыганков, Теория международных отношений, Москва, 《Гардарики》, 2004, с. 451、с. 470–479.

个具体历史阶段上的国际秩序，都是由国家之间关系中的基本原则所决定的。它取决于国际社会中各种因素的相互作用，其中起着最重要作用的是某些行为体的综合实力对比以及在此基础上形成的相互地位。因此，民族国家、国际组织与国际秩序的关系，是国际政治研究中必须关注的问题之一。

"冷战"结束后，国际形势发生了根本性的变化，国际秩序的重建也因其深度涉及国际成员的切身利益而成为许多国家，尤其是一些大国关心的关键问题。其中，作为前苏联的主要继承者，俄罗斯一开始就想在国际秩序建设上有所作为。而且，它在结束 20 世纪 90 年代的持续不断的国内经济、政治混乱状态而迈入 21 世纪后，随着其国力逐渐增强越来越表现出不甘心受西方的挤压，要尽可能地对国际秩序发挥积极作用和影响，以使它最大限度地符合其国家利益。

一

国际秩序于 18 世纪开始形成，是由这一历史时期的国家间关系体系的基本原则所决定的。冷战结束后，国际秩序依然没有实质性变化，还是一种由少数西方大国主导的强权秩序。但在新的国际条件下，它也有了一些新的特点，其中值得注意的如下：

第一，美国霸权主义更加嚣张，出现"一超多强"的过渡性国际关系格局。由于国际力量对比发生巨大变化，美国成为唯一的世界超级大国，它和欧洲盟国的优势实力地位更为突出，西方在国际秩序中的主导作用得到进一步加强，更希望使国际秩序变得更加符合自己的利益。特别是美国，认为自己是冷战的胜利者，希望扮演唯一世界领导者的角色，并依靠其军事和经济实力和发达的联盟体系，肆意推行扩张主义政策，在很大程度上损害了不少弱小国家的利益，俄罗斯也未能幸免。而且，在一个很长的时期里，人们不能指望美国在国际政治中彻底放弃霸权主义和单边行动，因为美国外交政策的变化往往只是形式上的而不是实质上的。另一方面，冷战后的中国、俄罗斯等非西方国家，在政治上或军事上也各有自己的一定优势，并在经济全球化的影响下加快走上经济发展的道路，因而它们在世界经济中的地位有了不同程度的改善。这样，在世界范围内便出现了一种新的"一超多强"的过渡性国际关系格局，而且多极化进程变得不可逆转。

第二，现在国际秩序的最大问题在于其不稳定性。在新的国际条件下，传统安全威胁没有消失，非传统安全威胁日渐严重，世界范围内的不稳定甚至混乱呈现上升趋势。特别是在新世纪，地区冲突、地区军备竞争、大规模杀伤性武器和导弹扩散、恐怖主义、民族和宗教极端主义、国际贩毒等，使世界大多数地区和国家安全都受到严重的挑战及威胁。美国以军事手段输出民主进而把自己的意志强加于人的做法，加剧了国际社会的不安全感，而且世界军事竞赛已达到新的水平，而一些地区的军备数量和规模甚至达到冷战期间的最高水平。此外，在全球化进程中，国际社会贫富两极分化的不公平现象日益严重，发达国家和发展中国家之间的经济发展程度、生活水平之间的巨大差距，同样不可避免地导致西方与非西方之间的矛盾和冲突加剧，引发许多安全问题。国际秩序的不稳定现况，对世界发展和所有国家的经济、政治和安全都有很大的负面影响。

第三，全球化成为一股不可逆转的潮流，对国际关系的内容和性质产生着深刻的影响。在全球化的影响下，全球经济发展的特点在于两个矛盾倾向的结合：一是各国之间的经济相互依赖性日益增强的倾向，二是国家经济体系之间的竞争日趋激烈的倾向。这两种倾向交织在一起，对各个国家的发展、国家之间的关系乃至整个世界经济和政治面貌产生了复杂的影响，带来了许许多多的矛盾和问题，从而也深刻地影响到国际秩序的稳定程度和发展前景。

总的来看，在经济、安全上的相互依赖不断加深和共同利益日渐增多的形势下，所有国家都越来越倾向于加强合作，共同解决当前国际社会中的各种重大问题、矛盾和冲突，其主要表现是世界范围内的地区一体化进程加快和国家间战略伙伴关系的广泛建立。由于世界发展需要稳定的国际秩序，因此，大多数国家希望维持现存国际秩序，它们之间的协调与合作程度不断提高，不妨认为，现存国际秩序虽然遭到严重破坏，但还大体稳定。但是，对国际社会大多数成员主要是发展中国家来说，也面临着一个对国际秩序实现民主改造的长期艰巨任务。

冷战后国际秩序的上述特点对世界各国的外交战略产生了深刻的影响。尤其是一些大国从不同利益的角度出发，都希望在新国际秩序的形成过程中发挥重要作用，俄罗斯作为一个欧亚大国和国际社会的一个重要成员，自然也不例外。近年来的事实表明，俄罗斯在国内外新形势下，日益明确地确定了外交目标，一直在为改造国际秩序而进行外交努力，以使新国际秩序最大限度地符合自己的国家利益。

二

20 世纪 90 年代是俄罗斯处于极其困难的外交地位的一个历史阶段。但是，衰弱的俄罗斯在国际社会中还是有着一般国家不曾具有的重要地位和作用。它不仅是联合国安理会常任理事国之一，还是一个仅次于美国的世界军事强国，在政治上和安全上具有重要的国际影响，这种地位和作用在很大程度上是由过去而不是现在所决定的。① 对于俄罗斯来说，巩固和提高自己的国际地位和作用是一个关键性任务，在很大程度上关系到它的国家利益。因此，即使在十分困难的国内外条件下，俄罗斯也在国际上不断地表示要通过正当的国际机制，尤其是通过联合国来维护国际秩序正常化，尽管现存国际秩序并不完全适应它的许多具体利益。归纳起来，俄罗斯自独立以来，为实现自己的国家利益，不断调整其外交政策，积极参与国际秩序建设，以实现下述具体外交目标：

首先，维护地区和全球的稳定与安全，促进有效的国际安全体系的建立，以保证世界政治和经济的进步。

如前所述，两极格局结束后，国际安全环境发生了根本变化，全球性的冲突威胁虽然已降到最低水平，但国际稳定遭到严重破坏，冲突的潜在因素总体在上升。同时，现有的国际主要安全机

---

① Редакционная коллегия. Россия на рубеже XXI века: Оглядываясь на век минувший, Москва, 《Наука》, 2000, с. 267.

制——联合国、北约、欧安组织都因其内部改革未取得多少进展，不足以应对现实的安全挑战和威胁，国际危机管理体系的能力也因此下降。

在这种形势下，俄罗斯将维护国家利益明确规定为国内外政策的重要任务。而在俄罗斯国家利益中，具有优先意义的就是保证俄国家安全。① 为此，俄罗斯政府在国内采取加强安全保障措施的同时，极力主张避免地区局势动荡，保持国际稳定，共同对抗新威胁，首先是防止大规模杀伤性武器扩散和打击国际恐怖主义。俄罗斯也不断加强和世界其他国家的合作，推动欧亚地区新安全体系的建立。它除了成功地推动签订《独联体集体安全条约》，成立地区防御组织之外，还极力主张建立以欧安合作组织为核心的新安全体系，在危机调解、维和行动中主动同北约和欧盟进行安全合作；在亚洲，俄罗斯又和中国等国建立了上海合作组织。在全球层面，俄罗斯极力支持联合国这一世界上最大的集体安全组织发挥作用。现实要求俄罗斯必须将国家安全和全球安全联在一起来考虑，正如法国学者扎基·拉伊迪所认为的那样："把安全问题放在世界范围内考虑，是当今国际关系中最为重要的因素之一。"也就是说，一切国家都必须兼顾国家安全和国际安全，一个有效的国际安全体系对它们是不可缺少的。这种国际安全体系在功能上应对国家、地区和全球提供三种安全保障。② 而在这种国际安全体系中，联合国无疑占有最重要的地位，其维护国际秩序稳定的作用是不可代替的。因此，俄罗斯前总统普京在2003年向联邦会议提交的年度咨文中更加明确地强调："极其重要的是，在（对整个世界共同体和单个国家的）某种威胁尖锐化的情况下，要使一个合理的、透明的和为大家所公认的决策机制仍然发挥作用。不用说，这种最重要的机制

---

① И. А. Василенко, Геополитика, 《Логос》, Москва 《Логос》, 2003, с. 148-149.

② Косолапов Н. Безапасность международная, национальная, глобальная: взаимодополняемость или противоречивость? Мировая экономика и международные отношения, 2006, №9, с. 3.

就是联合国及其安理会。"① 俄罗斯原则上同意对联合国进行必要的改革，但还坚持认为国际稳定只有靠遵守国际法准则才能得到保证，希望广泛建立战略伙伴关系，并以此作为合理而稳定的国际秩序基础。2009 年 5 月，俄国新当选的总统梅德韦杰夫批准的《俄罗斯联邦 2020 年前国家安全战略》要求：俄罗斯要在国际法基础上建立起与世界其他国家之间的平等互利关系，同时采取合理、实用的外交政策来维护国家利益。

其次，反对美国主宰国际秩序，阻止其加强全球霸权地位，积极推进世界多极化进程，促进多极世界的建立。冷战结束后，美国企图凭借其超强实力优势，通过推行单边主义、弱化国际法和修改国际秩序赖以建立的基本原则等手段，来建立其领导下的新国际秩序。在这一目标下，美国破坏了国际秩序的民主化，不仅改变了20 世纪最后几十年中在最发达国家关系中的多边"协商政策"，还通过动用武力来解决几乎所有国际问题。美国在"人道主义干涉"、"先发制人"、"惩罚性干涉"等借口下发动的战争，对国际关系产生了恶劣的影响。联合国的存在是国际秩序稳定的基础，对于这一组织，美国甚至指望以形式上是半联盟性的西方"七国集团"（俄罗斯加入后成为"八国集团"）和北约组织取代它发挥作用。现实情况是，直到 21 世纪初，这两个组织在实际影响世界政治方面，与联合国不相上下。而且，在目前的国际竞争中，这些国际组织相对于联合国具有一定的优势。② 美国的霸权企图对国际秩序是一个巨大的威胁，也对俄罗斯的国家利益非常不利。例如，在单极世界下，美国不需要同任何国家协商自己的利益，而联合国安理会将成为虚设，这对在很大程度上决定着俄罗斯大国地位的其联合国安理会常任理事国的身份也将是一种否定。因此，俄罗斯政治领导人多次声明反对单极世界模式和美国霸权，主张建设多极世

---

① Белоногов А. Другой ООН у нас нет, Международная жизнь, 2003, №6, c. 69.

② Отв. Ред. А. В. Торкунов, Современные международные отношения и мировая политика, Москва, 《Просвещение》, 2004 , c. 83.

界、国际法高于一切，尊重国际社会参与者平等和主权的原则。梅德韦杰夫新总统在阐述俄罗斯外交政策的原则时指出：俄罗斯不能接受由一国作出所有决定的世界格局，就连美国这样的大国也不能这样做，"这种世界格局不稳定，面临各种冲突的威胁"。① 俄罗斯还主张发挥联合国的全球作用，强调一切在国际舞台上采取的行动（包括军事行动），尤其是大国的行动，应当得到联合国安理会的同意，并处于国际法的框架内。它认为，规定国家间关系的国际法基本原则具有至高无上的地位。俄罗斯相信实力，但并不像有的学者认为的那样相信单边主义，② 而是主张在国际事务中采用多边合作（multilateral approach）原则，协商解决各种矛盾和问题，如反导体系问题。俄罗斯在 2000 年的《俄罗斯联邦对外政策构想》中，更是明确表达了反对"人道主义干涉"的正式立场。其中指出："将'人道主义干涉'和'有限主权'一类概念引入国际交往中，以证明绕过联合国的单边武力行动的正当性的企图是不可接受的。"③ 针对美国的霸权图谋，俄罗斯还公开主张，在一个将走向不同模式"复合体"的多样性世界上，应当实行"集体领导制"。而且，俄罗斯外长拉夫罗夫在谈到这一点时还强调："这种集体领导要在地理和文明方面具有真正的代表性。"④ 俄罗斯希望促进国际关系多极结构的形成，原因也在于"新的多极体系将提供一个权力系统是松散平衡的新环境"。而且，俄罗斯的多极化构想是以几大中心力量之间的均势为基础的。⑤ 俄罗斯对美国霸权战略和促

---

① 《梅德韦杰夫提出外交五原则》，载《参考消息》，2008 年 9 月 2 日。

② ［保］伊万·克拉斯特夫：《后冷战欧洲秩序的危机》，载《国际政治研究》，2009 年第 1 期。

③ Отв. Ред. А. В. Торкунов, Современные международные отношения и мировая политика, Москва, 《Просвещение》, 2004, с. 183.

④ 谢尔盖·拉夫罗夫：《21 世纪的俄罗斯与世界》，载［俄］《全球政治中的俄罗斯》，2008 年第 4 期，转引自《参考消息》，2008 年 8 月 6 日。

⑤ Джеймс Гудби. Петрус Бувальда, Дмитрий Тренин. Стратегия стабильного мира: Навстречу Евроатлантическому сообществу безопасности, Москва, 《Международные отношения》, 2003, с. 52.

进世界多极化的立场，正是美国对俄感到失望和美俄关系不和的一个重要原因。

俄罗斯虽然反对美国霸权，也曾表示不害怕爆发冷战，① 但并不愿与之发生冷战。它深知与美国发展关系对本身安全和经济的重要意义，因而在寻求多边解决主要国际问题时，一再表示愿与美国及其主导下的国际组织发展关系，达成有关协议。即使在北约准备向东扩张而加紧对俄形成挤压之势的情况下，俄罗斯仍在 1997 年和北约缔结了《相互关系、合作与安全基本条约》，2002 年 5 月又签订了关于俄罗斯与北约相互关系的《罗马宣言》。不过，俄罗斯实际上只是有选择地扮演着美国伙伴的角色。在许多问题上，俄罗斯支持美国，但在某些问题上，如 1999 年北约对科索沃的干涉、2003 年的伊拉克战争，则与美国保持着相当的距离。除了美国之外，俄罗斯还希望和世界其他国家，特别是欧盟、中国和印度等国广泛建立战略伙伴关系，以作为合理而稳定的国际秩序的基础。

最后，争取西方平等对待俄罗斯，便于俄罗斯重新崛起为名副其实的世界大国。这一外交目标决定了俄罗斯更要维护联合国的权威地位，因为它是一个有利于巩固俄罗斯大国地位的国际机构。② 为了实现大国目标，俄罗斯除了极力保持其在独联体地区的影响之外，还越来越积极地广泛参与世界其他地区重大事务的解决，包括科索沃危机、伊拉克危机、朝核危机和中东问题。尽管俄罗斯在政治上极力维护其在独联体中的势力范围，在国际上不断扩展外交空间，以不同形式在对美国的霸权提出挑战，且近年来不断增加军费预算，但与前苏联不同，它一直没有追求军事和意识形态扩张、争夺世界统治权的企图，即不想依靠武力来实现大国目标，推翻现存国际秩序，取代美国而成为新的世界霸主，仅打算成为一个真正的

① 2008 年 8 月俄格冲突发生后，面对西方的巨大外交压力，俄罗斯作出了强烈的回应。据日本《朝日新闻》（2008 年 8 月 27 日）报道，梅德韦杰夫总统 26 日不满地说："我们不希望出现冷战，但也决不害怕。"

② Дзлиев М. И. Урсул А. Д. Основы Обеспечения безопасности России, Москва，《Экономика》，2003，c. 118-125.

大国，多极世界中的"一极"。而且，它希望其他国家，特别是西方大国能将它当做一个平等的伙伴来对待，承认它在国际新秩序中的大国地位。而这种大国目标，也使得俄罗斯从 20 世纪末起更不愿在经济上再苦苦求助于西方。俄罗斯对外政策专家阿尔巴托夫指出："国家老是乞求援助之时，很难成为一个大国。"①

总而言之，俄罗斯要尽可能地融入世界，与欧洲、美国和世界其他国发展关系，要推动建立一个稳定的、公正的、民主的新国际秩序，主张加强联合国在世界事务中的核心作用。其使命就是使国家内部的发展适应世界形势变化的趋势，而且要争取作为一个世界大国对这种变化进程施加积极的影响。

三

冷战结束后，俄罗斯从国家利益出发，希望参与新国际秩序的建设，其在国际秩序中追求的上述目标和实施途径应被视为正当合理的，也体现出俄罗斯和广大国际社会成员的现实利益是基本一致的。特别是它反对美国对外进行武力干涉，维护联合国的权威和强调尊重国际法等做法，是符合国际秩序稳定的需要的。英国学者赫德利·布尔正确指出：现在，"国际秩序的维持依然有赖于规则和制度发生作用"。② 但是，俄罗斯的这些外交目标和行动实际上在不同的国际范围内引起不同的反应，其目标的实现既有现实可能性，也有相当大的困难，这就不能不使它在国际秩序内的作为受到限制。

国家之间的综合实力对比是影响国际秩序的最重要因素，任何一个国家在国际舞台上的活动及其效果都取决于自身的实力基础。俄罗斯虽然参加了最有势力的西方"七国集团"，但由于其经济实力远远落后于美欧大国，不可能对国际秩序产生重大的影响。这也

① Andrew Felkay, *Yeltsin's Russia and the West*, Wesport: Praeger Publishers, 2002, p. 188.

② ［英］赫德利·布尔著，张小明译：《无政府社会——世界政治秩序研究》，北京，世界知识出版社 2003 年版，第 190 页。

表现在它对国际机制，包括关键国际问题的决策体系只能施以有限的影响上。现在，俄罗斯虽然打算争取扩大自己对国际事务的影响，但在不利的实力对比的情况下，事实上它只能在地区层面而不能在全球层面与美国展开竞争。看来，在今后一个较长时期里，这种情况都将不会改变。

俄罗斯成为世界大国的困难是很多的，而其中一个巨大困难来自于西方。西方大国虽然在冷战结束后的新形势下在安全和经济领域实行了一定的合作，但并没有从根本上摒弃冷战思维，仍坚持对俄罗斯实行遏制政策。尤其是美国，为了长期保持自己的唯一超级大国地位，更是千方百计地防止任何国家迅速重新崛起。为此，美国及西欧国家不遗余力地推行北约、欧盟双东扩的战略方针，挤压俄罗斯的战略空间。现在，除了中东欧以外，独联体国家在西方遏制俄罗斯的战略中占有越来越重要的地位。鉴于俄罗斯的世界地位和它与独联体国家的关系程度密切相关，西方极力分化独联体国家，与俄争夺势力范围，双方之间正在上演日趋激烈的地缘政治争夺的一幕。西方一意推行的遏制战略，成为俄罗斯实现独联体一体化以增强对国际秩序影响的最大外部障碍。俄学者指出：冷战结束以来，美国军事政治领导层坚持将俄罗斯视为主要潜在敌人和竞争对手。其一个主要努力方向正在于：不让俄罗斯重振强国地位，防止在莫斯科领导下成立新的国家联盟。[1] 但即便如此，俄罗斯领导人也不打算采取有可能使俄卷入同世界发达国家的冲突的措施，因为这些做法会促使这些国家限制对俄贸易、采取禁止对俄提供贷款的行动，从而严重损害俄居民利益，破坏俄国内稳定,[2] 使俄在崛起道路上面临更多困难。这些困难不仅妨碍了俄罗斯的崛起，也限制了俄罗斯在国际秩序重建上的作为。

---

① 参见米哈依尔·加茨科、阿列克谢·马鲁耶夫：《俄罗斯的地缘政治利益：方向性保障原则》，载《参考资料》，2008 年 2 月 22 日。

② Н. Заглабин. Новый мировой беспорядок и внешняя политика России, Мировая экономика и международные отношения, 2000, №1, с. 18.

客观而论，虽然现在俄罗斯的综合实力和在世界上的地位远不及前苏联，但在维护国际稳定与安全方面仍具有相当重要的作用。尤其是进入新世纪以来，俄罗斯在世界安全领域的作用是更加明显。国际政治分析家们普遍认为，没有俄罗斯的支持，西方将在国际恐怖主义、大规模杀伤性武器完全扩散、维护欧亚地缘战略稳定，以及生态和能源等问题上遇到极其严重的困难。俄学者弗·巴秋克指出："现在，在苏联解体和俄联邦走上国际舞台之后，西方首次反倒更加依赖俄罗斯的国际行为，这也是普京总统 8 年执政所取得的外交成果之一。"①

因此可以认为，俄罗斯在维护世界安全和国际关系民主化方面起着积极的作用，即它在当今国际秩序中"所发挥的作用是相当正面的"，"扮演着建设者的角色"。② 至于俄罗斯与西方之间的矛盾、冲突，归根到底，其实质在于要建立一个什么样的新国际秩序，要不要维持一个西方霸权支配的国际秩序。可以肯定，对于美国极力建立以它为领导的国际新秩序的企图，即"全球统治倾向"来说，俄罗斯是一个重大的制约因素。不过，俄美国际战略之间的冲突，也给世界增添了一定的危机风险。

迄今为止，俄罗斯因其经济实力和在世界的政治影响力还不够强大，实际上对西方国家，尤其是美国破坏国际秩序的做法产生不了多大的影响。但是，作为"金砖四国"之一，其能源大国地位重要性的上升，经济实力的迅速增长，以及全方位外交的推进，必然导致今后其对国际秩序的影响力大大增强。俄罗斯国内因素的有利变化，也可能加强俄罗斯在国际秩序中的地位与作用。

对于国际社会而言，最重要的是，由于俄罗斯的潜力能够同除美国之外的任何一个西方国家相比，在安全、能源等领域又有突出

---

① 弗拉基米尔·巴秋克：《梅德韦杰夫的外交政策》，载《参考资料》，2008 年 5 月 6 日。

② 阿列克谢·阿尔巴托夫：《俄罗斯再也不会追随西方》，载《参考资料》，2008 年 2 月 20 日。

的优势，而且，"从国际地位来说，当今的俄罗斯是一个相当典型的恢复了原状的大国"，① 因此可以认为，不仅欧洲国际秩序，而且全球新国际秩序的重建都肯定离不开它的参与。西方学者在冷战刚结束时就指出：欧洲安全问题如无俄罗斯是无法解决的，即在军事方面，俄罗斯仍然是国际秩序的保障之一。② 基辛格亦认为，不应该损害俄罗斯作为一个建设者成员参与新国际秩序的前景，并指出："在建设一个新国际秩序时，非常重要的一点是使俄罗斯发挥重大的作用，同时又防止它重蹈历史的覆辙。"③可见，在国际秩序重建上，西方国家也需要与俄罗斯发展联系，对于它们来说，这完全不是一个选择问题，而是势在必行。

（罗志刚　武汉大学政治与公共管理学院教授、博士生导师）

---

① 参见弗拉基米尔·巴秋克：《梅德韦杰夫的外交政策》，载《参考资料》，2008 年 5 月 6 日。

② Изменения в. системе международных отношений: роль Европы（реферативный сборник），Москва，1995，с. 10.

③ 参见［美］亨利·基辛格著，胡利平、凌建平译：《美国需要外交政策吗？——21 世纪的外交》，中国友谊出版公司 2003 年版，第 60、82 页。

处理南海争端的东盟方式

◎严双伍　李国选

【摘　要】　东盟以其独特的处理内外关系的"东盟方式"应对复杂的南海争端，一定程度上缓和了成员国之间及其同中国在南海问题上的冲突，避免了南海地区极端局面的出现，为该地区维系了一个和平的环境。本文分析了以东盟方式处理南海争端的框架，又对东盟方式处理南海争端的基本目标、基本手段和效用进行了分析，对处理南海争端的东盟方式做了基本的阐释，这些对中国解决南海争端、推动区域合作和创造良好的外部经济发展环境具有一定的启示。

【关键词】　南海争端　东盟方式　南海价值

学术界研究东盟方式大多集中在东盟方式的演变、地位与作用等方面，而较少地从东盟方式的视角分析其如何解决外部争端，特别是鲜有研究东盟方式如何处理南海争端。而"冷战"结束以来亚太地区大国力量的消长和南海价值的日益凸显，使该地区成为竞争、合作和冲突相互交织的热点之一。作为直接当事方的东盟（部分成员国）和中国，如何面对和处理南海争端关系正受到越来越多的关注。

一、东盟方式处理南海争端①的框架性分析

迄今为止，东盟自己并没有给出东盟方式统一的确切定义。比较有代表性的观点有两种：一是著名的东盟研究专家阿米托夫·阿查亚的观点，他认为东盟方式是东盟独特的一种组织文化。这一文化主要包括如下规范：不使用武力与和平解决争端；地区问题地区解决；不干涉主义；非军事条约和对双边防务合作的偏好。二是研究东盟的新锐约根·哈克的看法，他认为东盟方式是东盟的外交与安全文化。这种文化包括：主权平等；不诉诸武力与争端的和平解决；不干涉与不干预他国内政；成员国之间对解决双边冲突的不卷入；私底外交；相互尊重与容忍。

归纳以上两种观点，我们可以概括出东盟方式处理冲突的基本原则为：平等外交原则，不干预其他成员国内部事务原则，不使用武力原则和通过磋商形式解决争端原则。

总的来说，东盟40多年的成功实践证明了东盟方式处理东盟内部的争端是相当成功的。历史上缺乏多边合作经验的东盟成员国，在国土面积大小、种族构成、宗教信仰和社会文化传统等方面存在明显差异，故被一些西方学者喻为"亚洲的巴尔干"。但东盟做到了有效预防、控制和解决成员国与中国之间的冲突，保持南海地区的和平与稳定，其中很重要的原因就在于东盟方式的有效运作。东盟方式就是东盟结合本地区的状况，把联合国宪章、万隆会

---

① 南海争端的产生是多种因素综合作用的结果，主要有：一是经济因素，南海资源丰富和重要的贸易通道对有关争端方经济发展具有重大的意义；二是法律因素，《联合国海洋法公约》提升了南海的价值；三是中国因素，海洋意识的淡薄和自身力量的制约使中国忽略了对南海的经营。南海争端的实质是中国与某些东南亚国家及其之间在南海主权归属上的争议。主要表现在：一是南沙群岛主权归属问题；二是领海、大陆架和专属经济区的划分问题。第二个问题从属于第一个问题，因为解决了南沙诸岛的主权归属问题，根据《联合国海洋法公约》，可以划分领海、大陆架和专属经济区。故第一个问题是南海争端的核心问题。根据研究的需要，本文的南海争端主要指中国与某些东南亚国家的争端。

议精神和其他国际法准则内化为一条适合东盟实情的动态冲突管理模式和基本准则。东盟方式不仅在东南亚地区冲突管理中起到了重要作用，而且这种具有特色的冲突管理模式在更广泛的范围内也有一定的借鉴意义。

一般而言，东盟方式处理南海争端的框架包括处理南海争端的目标与处理南海争端的手段，其追求的层次性目标与达成目标的手段相协调构成了东盟特色的处理南海争端的模式。

东盟方式处理南海争端的目标可以分为两种：最高目标与最低目标。最高目标是为东盟与中国彻底解决南海问题奠定过渡的基础。处理南海争端不仅要在争端的强度、规模、后果的严重性程度上有所作为，从而制止或减少破坏行动、冲突发生的可能性，还要设法解决双方的需求，改变冲突双方的互动关系，促使冲突的性质由毁灭性向建设性转化，其结果是要变双方争端的恶性循环为良性互动，在一定程度上扭转争端自身运转的动力机制，为解决争端创造条件；东盟方式处理南海争端的最低目标是防止争端升级，维持或降低南海争端的强度，控制或缩小南海争端的规模，遏制南海争端的灾难性后果。总之，东盟方式处理南海争端的目标可以概括为：限制南海争端的继续升级；最大限度地减少争端导致的危害性；促进争端各方的理性沟通与合作。

东盟方式处理南海争端的手段是多重而丰富的。从手段类型来看，有政治、经济和外交等手段。东盟方式处理南海争端的手段不是盲目的，而是根据南海争端的程度、范围和情境而综合确定的。所以，东盟方式应该采取何种手段取决于争端的阶段性和引起争端的动力机制，采取的手段因争端阶段不同而有差异，同时驱使南海争端的动力不同，采用的干预手段也不同。无论采取何种或多种手段，必须服务于东盟方式处理南海争端的目标。

二、东盟方式处理南海争端的基本原则

东盟的性质与宗旨、东盟方式蕴涵的价值以及东盟与中国的相互依赖关系，决定着东盟方式处理南海争端的基本原则是最大限度

地保证东盟各争端方的利益，以渐进之方式和平解决南海争端，促进东盟与中国的关系持续健康地发展。

东盟是一个地区性的国际组织，决定东盟各国的地位应当是平等的，但不是说它们的利益完全重合，它们的共同利益只限于成立该组织的条约所规定的范围。一旦东盟或东盟内的某个国家的政策或行为损害或违背了条约所规定的范围，必然会遭到其他国家的反对，从而使那些只顾自身特殊利益的国家受到限制。东盟宗旨是：通过共同努力加速本地区的经济增长、社会进步和文化发展；通过坚持不懈地维持正义和法制及遵守联合国宪章的原则，促进区域合作和稳定；在经济、社会、文化、科学和行政管理领域内，促进对共同有利的事业的积极合作和互助；在教育、职业、技术和行政方面用培训和提供研究条件的方式相互援助；为更充分地利用成员国的农业和工业、扩大其贸易（包括国际商品贸易）、交通运输设施的改进和提高人民生活水平而进行富有成效的合作；促进对东南亚地区的研究；与其他进步组织密切合作。东盟的性质与宗旨决定了它必须最大限度地保证东盟在南海争端中的权益，同时防止个别东盟国家为其私利而损害东盟的整体利益，更重要的是防止南海争端成为阻碍东南亚地区区域经济合作的阻碍因素。

东盟方式具有的协商、和谐与合作的核心价值决定了东盟方式处理南海争端时具有某种程度上的和平性。东盟方式蕴涵有两大基本原则：一是求同存异原则；二是循序渐进原则。求同存异原则在东盟方式中具体体现为非正式性、非对抗性、不干涉内政和协商一致；"循序渐进"原则表现在处理争端的过程中始终坚持先易后难、逐步推进的方式，充分体现出亚洲传统文化中共有的理解、忍耐、务实的精神，从而具有很强的可操作性。这些价值与原则在处理南海争端的问题上，集中表现为主张通过渐进的方式和平解决南海争端。

东盟与中国的相互依赖是全方位的，表现在经济联系日益密切，政治关系全面提升，安全合作不断加强和文化交流频繁。这意味着离开中国的参与，东盟的政治、经济和安全目标就很难达成。

所以东盟对华政策日益呈现积极合作的态势，在现阶段不会容许相关成员国在南海问题上激化与中国的矛盾，而是把南海争端控制在一定的范围内，底线是不能阻碍东盟与中国关系的健康发展。

三、东盟方式处理南海争端的基本手段

（一）利用政治宣言和联合声明的约束作用，主张和平解决南海争端

"冷战"后，南海争端成为东盟与中国安全合作的重要议题。东盟方式处理争端的原则①限定了东盟在处理南海争端的手段的选择。东盟以东盟方式处理南海争端的原则为依据，首先在 1992 年第 25 届东盟外长会议通过了《东盟南海宣言》，表达了东盟处理南海争端的 5 点基本立场：强调必须用和平的手段而不诉诸武力解决同南中国海有关的一切主权和管辖权问题；敦促有关各方为了最终解决一切争端创造积极的气氛而克制；决心在不损害在这个地区有直接利益关系的国家主权和管辖权的情况下，探讨在南中国海的海上航行或交通安全，保护海洋环境不受污染，开展对付海盗和武装抢劫的工作以及对付毒品、走私等方面实行合作的可能性；建议有关各方以东南亚友好合作的原则作为制定南中国海国际行为准则的基础；邀请各有关方签署本原则宣言。其次，在 2002 年第 8 届东盟首脑会议上签署了《南海各方行为宣言》。宣言内容的主要原则是：禁止使用武力和武力威胁、采取自我克制、和平解决国际争端和建立信任措施等。上述两个宣言对维护南海地区的和平与稳定，增进中国与东盟互信有重要的积极意义，特别是《南海各方行为宣言》的签署，标志着东盟与中国政治信任发展到了一个新

---

① 《曼谷宣言》（1967 年）、《和平、自由和中立区宣言》（1971 年）、《东盟第一协调宣言》（1976 年）、《东南亚友好合作条约》（1976 年）、《东盟远景2020》（1997 年）和《东盟第二协调宣言》（2003 年）较为详细地规定了东盟处理争端的基本原则，主要表现为禁止使用武力和武力威胁、和平解决国际争端和维护民族特性。详细内容请参见唐志明：《冲突管理的东盟方式》，载《东南亚研究》，2007 年第 2 期。

的水平，它为对南海岛礁和海域提出主权要求的国家未来进行有关领土问题的谈判，提供了一个强有力的构架。

东盟发表集体联合声明表达对南海争端的立场也经历了一个演变过程。1995 年的美济礁事件发生以前，东盟能够低调处理南海争端；美济礁事件发生以后，东盟对南海争端的关切程度明显提高，表示严重关切南海情势的发展。这些联合声明主要内容是以《东南亚友好合作条约》、《东盟南海行为宣言》以及《联合国海洋法公约》为依据，早日寻求和平解决南海争端的方法。可以预期，在南海争端未来的演变中，东盟还可能发表类似的宣言。

（二）实行区域经济发展战略，利用经济发展的"溢出效应"为解决南海争端提供良好的基础

东南亚金融危机与美国支配的货币基金组织火中取栗的态度催生了东盟的区域经济合作战略，东盟再次走上了以经济合作带动政治合作和安全合作之路。中国经济持续、快速和健康地发展以及在金融危机中承诺人民币不贬值的政策给东盟留下了深刻的印象，双边关系发展快速，东盟乐意与中国进行区域经济合作。目前，在东盟方式指导下以及中国的努力下，中国—东盟自由贸易区（CAF-TA）已正式启动。随着自贸区建设的推进，中国和东盟的经济纽带必将大大加强。

东盟与中国的经济合作会给双方其他领域的合作形成示范或形成推力。因此合作会自然地"溢出"到其他领域。中国与东盟越来越紧密的经济贸易联系将导致双方建立更加紧密的政治联系，双方的信任程度进一步加深，有利于东盟与中国的相互理解，有利于消除政治上的猜忌，有利于南海争端的缓和，从而为解决南海争端提供良好的氛围和前提条件。

（三）利用东盟地区论坛作为舞台直接就南海争端与中国对话

东盟地区论坛是"冷战"后亚太地区出现的第一个区域性的安全机构。除 1994 年东盟地区论坛年会的主席声明没有提及南海争端外，以后的历次主席声明均提到南海争端。东盟利用东盟地区论坛，把中国、东盟争端方和美、日、印均纳入其对话机制，通过多边外交牵制中国，一定程度上加剧了南海争端的国际化和复杂化。

东盟利用东盟地区论坛直接就南海问题与中国对话是东盟基于自身利益的考量而深思熟虑的结果：第一，东盟以东盟地区论坛为平台，运用大国平衡战略，保持介入南海争端力量的某种平衡，从而维持南海地区的稳定，最大限度地维护东盟成员国的根本利益。第二，东盟地区论坛的成立在某种意义说是东盟方式"外溢"的结果。东盟地区论坛处理冲突的途径是建立信任措施、预防外交和探讨解决冲突，该模式充分体现了东盟方式的精神实质——循序渐进，也为参加该论坛的各方所认可。东盟利用东盟地区论坛处理南海争端，在一定程度上掌控了南海争端的情势，占据了主动。第三，东盟知道，单凭其成员国的一个或数个，甚至整个东盟也不能抗衡中国的力量。但利用东盟地区论坛，联合数方，就可以有效地抵消中国在南海争端中的影响力。

目前东盟正谋求共同的立场，采取双管齐下的手段：一方面，东盟促使东盟地区论坛机制化，以作为与中国谈判的场所，把处理南海争端纳入到东盟方式的轨道；另一方面谨慎地引入美日印等域外力量，有限地使南海争端国际化与复杂化，但不能使局势失控，从而达到平衡中国力量的目的。

四、东盟方式处理南海争端的基本效应的双重性

东盟方式处理南海争端的基本效应取决于东盟方式管理冲突作用的发挥。从管理冲突意义来看，处理南海争端的东盟方式是为实现最大限度地保证东盟各争端方的利益，以渐进之方式和平解决南海争端，促进与中国关系持续健康发展的目标，而开发、动员、协调、使用和指导东盟所拥有的政治、经济和外交资源的处理南海争端的根本操作方式。它是基于经过深思熟虑的、手段和大目标之间关系的全面行动规划，既需要全局性的精心合理的预谋和确定，又需要以灵活为关键的不断重新审视和调整。具体而言，东盟方式处理南海争端的效应取决于以下因素：第一，处理南海争端目标必须

合理、明确、集中、有限、内在平衡和充足，既不能过高也不能过低。第二，处理南海争端的手段多种多样，不能完全依赖某种手段。第三，目标与手段以及手段之间必须达到某种程度的平衡。第四，处理南海争端的东盟方式必须具备某种更新机制，动态地调整其目标与手段，达到某种最优的结果。

如上所述，东盟方式处理南海争端的目标是最大限度地保证东盟各争端方的利益，以渐进之方式和平解决南海争端，促进与中国关系持续健康地发展。但该目标具有明显的层次性，且其中某个小目标的实现有利于另一个小目标的实现。和平解决南海争端能够满足南海争端方的利益，有利于中国与东盟关系的顺利、健康和可持续的发展。东盟方式处理南海争端的手段是综合的，主要有政治、经济和外交手段，且保持某种动态的平衡。这些手段有利于目标的达成，但处理南海争端的东盟方式也有明显的局限性。第一，东盟方式中的非正式性意味着东盟在决策过程中缺乏应有的果断。因此，在处理问题时难免困难重重、步履维艰、效率低下。第二，东盟方式的对话形式，尚未形成一个区域组织应有的机制化特征。第三，由于严格贯彻东盟方式精神，东盟决策和执行机构都相当松散，缺乏约束力。这些消极因素导致东盟方式处理南海争端的目标与手段缺乏有效的平衡，最终导致东盟方式对某些成员国在南海争端上的过激行为约束不力。正因为如此，东盟方式处理南海争端基本效应表现出明显的双重性。

从积极方面来看，具有独特冲突管理风格的东盟方式促使南海争端变成了伙伴关系之间的争端，从而部分改变了南海争端的性质。东盟与中国关系的发展的过程也是东盟方式日渐成熟的过程。1991 年，中国与东盟开始正式对话。1992 年第 25 届东盟外长会议通过了《东盟南海宣言》，表达了充分体现东盟方式的处理南海争端的五点基本立场。1996 年 7 月，东盟外长一致同意中国为东盟的全面对话伙伴国。1997 年 12 月，东盟与中国发表了《联合宣言》，确定了面向 21 世纪的睦邻互信伙伴关系。2002 年 11 月，东盟与中国签署了《南海各方行为宣言》，基本缓解了双方在地区安全上的最大争端。2003 年 10 月，在第七次中国—东盟领导人会议期间，东盟与中国签署了《面向和平与繁荣的战略伙伴关系联合宣言》。在这次会议上，中国正式加入《东南亚友好合作条约》，双方的政治互信进一步增强。这是中国第一次同一个地区结成了战略伙伴关系。东盟与中国从敌对关系发展到伙伴关系完全改变了南海争端主体之间的关系。这种关系的变化，对解决相互争端的方式带来了更多的限制，同时也提出了更高的要求。它要求双方在解决包括海洋权益争端等具有重大纷争的问题上，需要更多地考虑双方的政治利益和长远战略利益，在充分协商的基础上积极寻求共赢的解决方案，同时也需要双方采取切实可行的办法和措施，争取把已经启动的共同开发进程稳步推向前进。

目前，东盟与中国的南海争端必须放在双边战略伙伴关系框架内解决，必须以大局为重，改变过去南海争端的零和博弈模式，变为多边共赢模式。东盟方式为南海争端限定了某种范围，使南海争端出现了某种秩序的特征，保证不至于因南海争端而损害东盟与中国的关系。我们应该发现并利用南海争端出现的这一特点，为我们的"搁置争议，共同开发"政策提供基本的理论与实践支持，为我们的和平发展战略提供一个良好的外部环境。

从消极方面来看，东盟方式对个别成员国在南海争端的过激行为缺乏有效约束。以不干涉主义、求同存异和循序渐进原则为核心建构的处理南海争端的东盟方式，在实践中的滞后性，已经显现出了其处理南海争端的负面效应。主要表现为东盟对以自身利益计的个别成员国在南海争端的过激行为缺乏有效约束。2007 年，越南在南海的单方面行动日益增多。自 2007 年 3 月下旬以来，越南军政部门派出多个高级代表团赴南沙其所侵占的岛礁慰问，视察军、民用设施建设情况，其人员规模、持续时间均超过历年。4 月份，越南进一步划定了南沙部分油气招标区块，还宣布将在南沙举行"国会代表"选举，并将和英国 BP 公司合作在南沙修建天然气输送管道。越南宣布将租用"北欧探索者"号地震考察测量船在南沙万安滩以西"第 12 油气区块"进行为期 75 天的地震考察。越南采取的有违《东盟南海宣言》和《南海各方行为宣言》的行动，直接挑战了处理南海争端的东盟方式。2009 年 2 月 17 日，菲律宾通过"领海基线法案"，将中国黄岩岛和部分南沙岛屿划为菲属。2009 年 3 月 5 日，马来西亚总理巴达维登陆南沙群岛的弹丸礁和光星仔礁"宣示主权"。这些过激行为严重损害了中国的核心利益，削弱了东盟方式处理南海争端的正面效应，危及南海地区的和平与稳定，不利于中国与东盟关系的健康发展。

经过 40 多年的实践，东盟方式为建立南海地区的合理秩序发挥了积极作用，尤其是东盟方式在南海争端中的运用，在某种程度上满足了东盟方式所规定的目标，取得了显著的正面效应。主要表现在东盟方式在某种程度上改变了南海争端的性质，变成了伙伴关系之间的权益之争，从而改变了南海争端的进程。但由于东盟方式的先天弱点，导致了明显的负面效应，主要表现在对个别成员国在南海争端上的过激行为约束不力。东盟方式的这种局限性严重制约了东盟在处理南海争端的积极作用，必将削弱东盟在南海地区"治理"的功能性作用，从而不利于东盟的区域发展战略。

结　　论

东盟方式凭借多种手段对南海争端进行了较为有效的控制与管理，在一定程度上防止了南海争端的激化、扩散和升级。东盟与中国战略伙伴关系的确立决定了维护南海地区的稳定和促使南海争端的最终解决是东盟的一项基本战略诉求。基于处理南海争端的东盟方式较为成功的实践，南海争端并没有对东盟与中国的关系造成实质上的损害。处理南海争端的东盟方式与中国东盟伙伴关系的深化已经形成了彼此的良性的互动。

东盟与中国的关系已经发展到了一个新的阶段，正面临进一步深化的迫切要求。当前共有利益的拓展和共同的亚洲价值观基础决定了双方关系仍旧呈现出和平共处、共同发展的良好态势。但不容忽视的是南海争端给双边关系带来的挑战。体现东盟基本特性的东盟方式可以从政治、经济和外交等方面缓解南海争端给双方带来的矛盾，降低南海争端的烈度，为中国解决南海争端、推动区域合作和创造良好的经济发展外部环境提供启发性意义。

（严双伍　武汉大学政治与公共管理学院教授、博士生导师）

（李国选　山东财经学院讲师）

美国联盟体系组织结构的演变

◎赵　嵘

【摘　要】　美国联盟体系的组织结构是由制度安排的运作模式和美国对联盟战略的设计蓝图所构成。在冷战时期，美国构筑了庞大的联盟体系，而且牢牢地掌控着它，形成了"等级制联盟"结构。在 20 世纪 70—90 年代，美国更多的是采取协商的方式与盟国沟通，联盟体系的结构向"伙伴式联盟"位移。在"9.11"事件之后，小布什政府从"先发制人"战略出发，重新恢复对联盟关系的控制，联盟体系的组织结构又出现了"等级制"的结构特征。美国企图借助联盟体系的这种组织结构，把握联盟战略的发展方向，为实现美国控制世界的目标服务。

【关键词】　等级制联盟　伙伴式联盟　组织结构　联盟战略

"二战"结束以来，美国一直追求着全球霸权，这一根本战略目标要求在美国联盟战略指导下，必须建立具有一个由不同类型的联盟构成的联盟体系。这种联盟体系将使美国在运用联盟力量时具有选择性，即美国对盟国的选择权意味着盟国处于被选择的地位，拥有选择权的美国就在无形中获得了支配性的力量资源。所以，美国相应地构建了适应当时国际局势的"等级制联盟"、"平等的伙伴式联盟"、"务实灵活的联盟"等联盟关系。这些联盟在不同时期和不同条件下发挥着各自的作用，同时反映出美国建立联盟体系的结构特点。

一、冷战前期的"等级制联盟"

"二战"结束后建立的以美国为领导、盟国为"附庸"的等级制联盟关系，是由美国全球战略目标决定的，美国超强的国家实力使之成为可能，美国可以利用自己的实力优势来建立以它为首的西方联盟。因为当时没有一个国家愿意并有能力提供联盟所必须付出的交易成本，即维持联盟体系的庞大机构的支出；对付挑战者的战争与军备竞赛成本；保卫盟国的海外驻军；给予弱小盟国的援助，等等。这就为美国成为联盟的主宰者和等级制联盟的形成提供了必要的条件。由此一来，美国始终处于联盟体系中心，占据着联盟的主导地位，成为美国国家软、硬实力的重要组成部分。

美国充分依靠本身的各种优势掌握了联盟的主导权，其表现为：第一，通过提供安全保护取得对联盟安全防务的主导权。相互依赖是联盟关系的基础，不平等的相互依赖，势必要使依赖性较大的一方受制于依赖性较小的一方。盟国在安全上对美国保护的依赖，使美国在联盟体系中承担了军事保护者的角色。美国掌握着北约欧洲盟军的最高指挥权，出于对美国保护的需要，美国使其欧洲盟国即使是在"戴高乐主义"鼎盛的时代，也"没有人可能偏向仰赖法国的兵力而不依靠美国庞大的核子武器"。① 在美日同盟中，日本一直是美国的军事仆从国，其在防务上完全依赖于美国，在外交上唯美国马首是瞻。在美国与盟国的安全关系中，美国都是以保护者或地区和平捍卫者的身份出现的。盟国对"美国保护的需要，进一步扩大了美国的影响"②，美国积极地利用盟国的这种需要来加强其领导地位，这样美国就获得了在联盟中的主导权。

第二，依靠强大的经济实力逼迫盟国按美国的意志行事。如"二战"后初期在建立国际货币体系的过程中，英国提出"凯恩斯

① ［美］亨利·基辛格著，顾淑馨译：《大外交》，海南出版社 1997 年版，第 567 页。

② ［美］约瑟夫·奈著，何小东译：《美国定能领导世界吗》，军事译文出版社 1992 年版，第 157 页。

计划"与美国的"怀特计划"相竞争，美国以将重新考虑向英国提供 30 亿美元贷款一事作要挟，迫使英国作出让步。在苏伊士运河危机中，为了使英国接受美国的意见，美国国务卿警告英国大使，一旦英镑贬值，英国将难以摆脱破产的命运，暗示美国到时将"全力抛售英镑"，如果英国停战，美国政府"愿意提供 10 亿美元的融资"。在美国的压力下，英国只有放弃对苏伊士运河的远征。为争取阿拉伯集团，美国以停止所有即将提供给以色列的融资和断绝美国犹太集团对以的援助施压，迫使以色列听从美国的安排，从西奈半岛撤军，与埃及订立和平条约。美国运用其领导地位要求盟国为美国的国家利益服务，在出现矛盾和冲突时，盟国必须屈从于美国的需要。

第三，利用技术优势特别是信息技术优势控盟国。目前，美国正利用它在信息技术方面的优势，有选择地让盟国分享它的信息资源，尤其是向盟国提供它们感兴趣的军事情报，使它们对美国更加依赖。企图像提供核保护伞那样向盟国提供所谓的"住处民保护伞"，继续主导盟国的安全事务。"正如核优势是旧时代盟主地位的关键一样，信息优势将是信息时代的关键"，① 随着美国向盟国提供这类信息能力的提高，美国就越来越被当做当然的盟主。所以，美国在它建立的所有联盟中凭借其强大的力量优势掌握着最大的主导权，其地位远高于其他盟国。

冷战初期的这种联盟结构不仅出于美国的超强实力，也出于盟国对苏联的恐惧，所以盟国对美国的需求使他们愿意在一定条件下屈从于美国，在战略上配合美国的行动。但是，正如本文所指出的那样，到了 20 世纪 70 年代，美国不得不采用"平等的伙伴式联盟"方式以便巩固裂痕斑斑的联盟体系。

二、冷战后期的"平等的伙伴式联盟"

20 世纪 70—90 年代，美国联盟体系结构一直是"平等的伙伴

---

① ［美］J. 奈伊等著，张铭译：《美国的信息优势》，载《国外社会科学》1997 年第 1 期，第 81 页。

式联盟"。在这种结构中，尽管美国依然是联盟的领导者，但是，与冷战初期相比较，美国给予盟友更多的尊重，也赋予更多的自主权力。"新的美欧关系应该在奉行独立政策的基础上取得一致，而不是以服从美国的政策为基础。"① 尼克松总统的这个表态标志着美国与欧洲盟国关系的实质性变化，而对于今后的日本外交和美日同盟，尼克松则指出，日本已经"在一个日益扩大的范围内自主地行动了"，在此情况下，美日两国的对外政策将不再一定是一模一样或必然是步调一致的，但应当是相辅相成的。"在新时代中维护我们联盟的，不是政策的一成不变，而是不断地意识到我们从稳定中共同得到的根本利益。"② 尼克松的联盟思想，应当说是适应了国际形势和美国与西方盟国力量对比不断变化的现实，是一种务实的外交思维。自此，盟国关系从战后从属与支配、依附与被依附的关系，向平等伙伴与相互协调、相互依赖的关系过渡，同时盟国的自主性明显增强。

其所以如此，是因为从 20 世纪 70 年代起，美国联盟战略遇到了"二战"以来前所未有的困难：美国实力、地位的相对衰弱，与苏联、西方盟国的实力上升形成了鲜明的对照。美国越来越依赖于盟国的配合才能实现自己的战略目标。在这样的形势下，美国不得不对其盟国采取协商、对话、平等分担责任的新联盟战略。一方面避免与盟国关系的破裂，巩固美国领导的联盟体系；另一方面把责任更多地分配给盟国，以减轻美国的压力和负担。这样，美国联盟体系的结构就从战后初期的"主从关系"、60 年代的"竞争关系"，发展为 70 年代的"平等伙伴关系"。

冷战结束后，苏联威胁的迅速瓦解使美国对外政策的重要基石——美欧、美日联盟受到了巨大冲击，联盟的基础开始松动。对抗苏联的军事威胁是西欧和日本同美国结盟的原动力；美国的军事

---

① ［美］尼克松：《尼克松 1973 年对外政策报告》，上海人民出版社 1973 年版，第 129、54 页。

② ［美］尼克松：《尼克松 1973 年对外政策报告》，上海人民出版社 1973 年版，第 183 页。

存在以及"核保护伞"则是联盟的政治"粘合剂"。对美国来讲，同西欧、日本结盟不仅有助于自身的安全，也从中获得了巨大的政治、经济实惠。现在，这一"原动力"已不复存在，西欧、日本长期以来由对付苏联而掩盖的离心倾向日益表面化。为了巩固联盟体系，防止离心倾向加剧，美国在竭力保证自己在联盟中的领导地位的同时，也重视发挥联盟的作用，强调建立盟国之间的"平等伙伴关系"。1994 年 1 月，在北约布鲁塞尔首脑会议上，美国宣布支持欧洲发展其自身的"防务特性"；1996 年 6 月初，在北约柏林外长会议上，又正式批准北约建立由西欧联盟直接指挥的多国多军种特遣部队。至此，北约的欧洲盟国拥有了更多的自主权力。在太平洋，1997 年《日美两国安全保障联合宣言》"正式使日本承诺考虑在其边界之外发挥军事作用"，日美安保体制"由防卫型变成了进攻型"，日本则由"受保护型变成了参与型"。日本在美日军事同盟中的作用得以扩大，两国间军事合作关系正由美国保卫日本加快向双方共同分担责任的"平等伙伴关系"方向发展。"在我们进入'冷战后'时代的时候，我们必须认识到，我们的联盟关系仍然具有深远的意义。同我们有着相同的基本价值观和安全利益的国家携手合作，有助于保护美国的根本利益。"① 所以，这种"平等的伙伴式联盟"结构一直持续到 20 世纪末。

三、"等级制联盟"结构的回归

小布什上台后，国际形势和美国实力又发生了变化。一方面由于美国在冷战后拥有超强的权力，尤其是拥有举世无双的军事实力，使布什政府自以为是地认为"国际体系中的其他行为者除了跟从之外没有其他选择"。② 但是，另一方面，"9.11"事件使恐怖主义"在美国傲视全球的时候以一种有效方式彻底暴露了美国不

---

① 美国国防部长切尼：《1993 财年国防报告》，第 29 页。
② 明确表达这种观点的是《华盛顿邮报》专栏作家 Charles Krauthammer，而布什政府对此完全认同。

堪一击的脆弱性",① 极大地改变了布什政府对传统联盟中的安全、共同利益、盟友等看法，明确了"在失去了苏联这一威胁作为巩固联盟要素的时代"，需要建立一个能够适应"后后冷战时代"需要的安全体系,② 小布什政府需要极大地强化美国在联盟体系中的领导权，联盟体系的结构向"等级制"结构回归。

布什一上台就采取强硬的外交立场，甚至对盟国也是用高压政策。"9.11"之后，布什总统提出了一个非常重要的新的军事原则，即进行"先发制人的军事打击"。2002 年 6 月 1 日，布什总统在西点军校的讲话就表明了这样的意图："美国拥有也愿意保持超越挑战的军事力量，这样，就会使其他地区破坏稳定的军备竞赛毫无意义，而且这也会把竞争者局限于贸易和其他对和平的追求上。"《华盛顿时报》专栏作家林德伯格对此作了这样解释，布什先生在这里所说的意思就是，美国绝不允许出现一个对等的竞争者，不能再次处于"超级大国的竞争"处境，更不要说处于一种多边权力均衡的局面了。布什的讲话实际上是告诉世界上的其他所有国家，如果它们不安于美国战略家为它们指定的卑微地位而崭露头角，美国就会把它们打下去。③

布什在 2002 年的《美国国家安全战略》报告中，强调要遏制所有美国的竞争对手，特别是遏制可能对美国领导地位挑战的大国竞争对手，其中有布什称为"大家伙"的中国、俄罗斯和印度，也有美国的盟国特别是欧洲主要盟国。美国要依仗当前"无与伦比的军事实力和巨大的经济政治影响"，要按照当前美国是世界唯一超级大国的新世界力量对比，要按照建立美国单极世界的目标，重新塑造国际关系、国际机构和国际协议，这些思想和言论体现了

---

① Michael Hirsh. The Death of A Founding Myth. *Newsweek*, Dec. 2001-Feb. 2002, 18.

② Richard N. Hass. Defining U. S. Foreign Policy in Post-Post-Cold War World, *Remarks to Foreign Policy Association*, New York, April 22, 2002.

③ 参见李少军：《美国的对外政策特点与帝国论》，载 http：//www. china. com. cn/zhuanti2005/txt/2003-01/16/content_ 5262851. htm。

布什在 2001 年 9 月 20 日国会参众两院讲话的精神："每一个地区每一个国家现在都必须作出选择：要么站在我们一边，要么站在恐怖分子一边。从今天起，任何一个继续留容或支持恐怖主义的国家都将被美国视为敌对政权。"① 由于在目前的国际形势下，美国无论在军事和经济等硬实力方面，还是在政治和文化等软实力方面都具有绝对优势，美国不会哀求任何国家参加美国的打击恐怖主义行动或对外的干涉行动，对外关系上表现为极端单边主义的特征。

布什政府强调以西方价值观统合大国利益，形成美国主导下的"利于自由的新力量平衡"。布什总统 2002 年 2 月在日本国会演讲时指出：美国应利用其超强国力担负起新的领导责任，构建一个没有"任何大国或大国联盟危及他国安全或自由"的新全球大国力量平衡体系。在这种"新均势"体系中，美国必须处于各大国力量结构之上，居绝对领导地位，掌控大国力量结构变化的方向。而且，这种大国间的"新力量平衡"必须是"建立在由普世价值观占据主导地位的基础之上"。②这种"新力量平衡"其实是指美国领导其盟国建立"美国治下的和平"，这就已经清晰地表明，在"9.11"之后，美国发现其一国单独控制世界的可能性不大，必须借助于冷战时期已经形成的联盟体系，当然要加之以"布什式"的改造。布什政府承认，在与"流氓国家"和恐怖分子斗争的过程中，美国应该寻求传统盟国的支持，但不要受其限制；在必要的时候，它应该组建"自愿联盟"来推进目标；是使命决定联盟，而不是相反。③ 所以，布什政府轻视法国、德国、加拿大等与美国对外战略有悖的盟友，漠视传统的联盟战略，而青睐通过临时拼凑

---

① George W. Bush. States of the Union Address, *Whitehouse*, January 20, 2004, p. 52.

② Richard N. Hass. Defining U. S. Foreign Policy in Post-Post-Cold War World, *Remarks to Foreign Policy Association*, New York, April 22, 2002.

③ 吴心伯：《"9·11"为何是转折点》，载《环球时报》，2004 年 9 月 10 日第 18 版。

准盟友来推行准联盟战略。① 布什政府并非放弃了"二战"以来美国深受其惠的联盟战略，只是对联盟战略的实施方式和战略重点加以改变，使美国能够借助他国力量的同时，拥有更多的行动上的自由。

以"先发制人"战略为核心的"布什主义"与以"遏制战略"为核心的杜鲁门主义，无论是出台的时代背景、应对的主要对手还是实施战略的手段都有很大的不同。但是，它们却有着极其相似的战略目标，即不允许地球上出现能与美国抗衡的力量，美国要建立独霸世界的超级领导地位和对美国绝对安全的国际环境。这个国家战略的本质没有因时代和形势的变化而变化，所变化的只是实现目标的手段的不同。所以，布什改变了20多年"伙伴式关系"，力图恢复杜鲁门时期"执盟国之牛耳"的"等级制联盟"。当然，即使是在所谓的平等协商时期，美国改变的只是对盟国的态度和采取的措施，联盟战略的目标及其实质是不会改变的，盟国或者是美国的助手或者是美国的附庸，联盟战略永远为美国独霸世界的目标服务。

美国的联盟体系在一定时期具有较稳固的结构状态，这种结构体系在世界格局演变或过渡时期内，可以保证联盟组织以其组织结构固有的"惯性运动规律"正常运作一定的时间，使联盟组织有足够的时间进行调整和改组，以适应新形势和新任务，从而平稳地渡过转型期，不至于使联盟由于不适应新情况而迅速土崩瓦解，这是美国联盟战略最重要的组织结构功能。罗勃特·考克斯指出：战后美国建立的世界秩序是一种"历史结构"，这种"历史结构"并不是机械地决定行为体的行为，而是作为一个稳定的聚拢力量塑造了"行为发生的习惯、压力、期望和限制的情境"。美国的世界秩序通过国际机制对社会行为产生影响，而国际机制按照国家利益来

---

① 赵伟明、孙德刚：《美国准联盟战略初探—以伊拉克统一战线为例》，载《西亚非洲》，2005年第5期。

组织国际关系或跨国关系。① 在美国国力强大的时期，美国采取等级制的方式建构联盟体系的组织结构，一旦力量有所下降，美国就给予盟国一定的权力空间，以维持体系的延续性。所以，无论美国与盟国的关系发生什么样的变化，在联盟体系的权力结构中，美国始终维持其领导地位，以垂直式或"扁平式"结构管理联盟体系只是体系结构的体现形式。

（赵嵘　武汉大学政治与公共管理学院副教授）

---

① Robert Cox. Social Forces, State and World Order, Beyond International Relations Theory, in Keohane（ed.,）, *Neorealism and Its Critic*, Columbia University Press, 1986, pp. 217-248.

欧洲共同外交视野中的
一体化理论及其价值评判
——从联邦主义、功能主义到政府间主义

◎冯存万

【摘　要】　欧洲共同外交是欧洲一体化的重要组成部分与发展目标之一，在欧洲问题研究领域占有重要的地位。当前的欧洲共同外交研究偏重实践分析而缺少理论批判，主要原因在于相应的理论缺乏。本文认为在欧洲一体化发展过程中，联邦主义、功能主义与政府间主义等各种一体化理论与国际关系理论都曾对欧洲共同外交的起步、目标定位与合法性基础等方面有重要的理论指引作用。本文将在对这些理论指引作用进行对比分析的基础上，指明它们对欧洲共同外交的具体影响，以进一步明确欧洲共同外交的性质与内涵，并尝试为欧洲共同外交的研究理论发展作相应的解析阐释。

【关键词】　一体化　共同外交　联邦主义　功能主义　政府间主义

自第二次世界大战结束以来，为谋求欧洲的和平与稳定，恢复并壮大发展欧洲的国际影响力，欧洲国家展开了声势浩大的一体化运动。一体化的重要目标之一，是整合各种外交力量与资源，实现欧洲各国对外政策的整体协调，提升欧洲的国际地位。围绕这一目标，欧洲各国在推进经济一体化的同时，从多方面入手，努力建设体系合理、行之有效的欧洲共同外交。历时数十年之后，欧洲共同外交不仅初现雏形，并且对欧洲一体化、地区局势乃至整个国际关

系都产生了广泛而深入的影响。

欧洲共同外交是各国为维护与提升欧洲的整体地位与利益，与相关的一体化组织依照平等原则，彼此协商，相互合作，联合处理欧洲与第三国关系的行为。欧洲共同外交的主体是欧盟成员国与相关一体化组织或其代表（欧盟委员会、部长理事会等）的结合体，而不是单独的民族国家或者一体化组织。①

由于学术界在欧洲共同外交研究领域的研究进展与现实世界中欧洲共同外交行为实践的发展演化存在着脱节现象，有关共同外交的研究理论迄今未能完整成型。尽管西方学者白里安·怀特（Brian White）等人已经明确表述了欧洲共同外交对外交研究模式带来的变革性挑战，并初步设计出在他看来较为合理的欧洲共同外交研究模式，简称"欧洲外交研究模式"②，但绝大多数的欧洲共同外交研究工作仍旧遵循传统的以国家为中心的研究模式，因此，真正意义上的欧洲共同外交研究理论还远未形成，截至目前，至多只是形成了基本合理的研究思路。正是基于这一现状，学术界普遍认为当前关于欧洲共同外交的研究手段、模式与客观要求之间还存在着较大的差距，对欧洲共同外交研究体系的学术理论支撑力度也明显不足，同时，近期内建设与发展欧洲共同外交的研究理论体系也似乎成为一种难以履行的使命。这种认识在很大程度上使欧洲共同外交的研究视角逐渐远离了当前内容丰富的国际关系理论，甚至造成了我们对相关一体化理论（这类理论的研究客体的主体即为欧洲一体化进程）的关注程度。但实际上，20世纪中期以来在西方逐渐兴起的各种国际关系理论，尤其是一体化理论，在论述与指导欧洲一体化进程与范畴的同时，也或多或少地涉及有关共同外交研究的某些层面。笔者在此愿作一尝试，将这些一体化理论对欧洲共同外交的分析与解释要点作相关阐述，以图唤起学术界对这些理论的

---

① 参见冯存万：《欧洲共同外交：定位、结构与调整——基于欧洲一体化进程的探讨》，载《外交评论》，2007年第5期。

② Brian White. The European Challenge to Foreign Policy Analysis, in *European Journal of International Relations*, Vol. 5, No. 1, 1999, pp. 37-66.

重视。

一、联邦主义与欧洲共同外交

联邦主义是发展过程较为久远的一体化理论，其思想来源主要是欧洲 17—18 世纪战争中产生的各种和平计划与美国革命（特别是美国宪法）两个方面。与其他一体化的政治理论不同，联邦主义所认知的一体化最终目标本身比实现这一目标的手段更为重要。联邦主义的最终目标是建立一个联邦国家。作为一种国际一体化理论，它希望用一个全球联邦代替松散的联合国，但现实情况只能始于并限定为建立区域性联邦。有关联邦国家的界定很多，其核心观点是权力在不同层次政府组织中的分配。麦凯（R. W. G. Mackay）在欧洲一体化背景下对联邦主义作了如下解析：联邦主义是一种分配政府权力的方法，以使中央和地方政府在有限的范围内保持既独立又相互合作的关系。检验这项原则是否实施的方法是看中央和地方的权力是否相互独立。厄恩斯特·维斯蒂里希（Ernest Wistrich）提出了一个多层次而不是两层化联邦的可能性。重新定义联邦制的原则对欧洲联盟在当代的发展有着重要意义，因为从联邦分权原则演绎出的"权力分散"原则是《马斯特里赫特条约》的核心。对于联邦主义而言，主张权力分散并不是对理论的侵犯与修正，而是承认联邦原则内在逻辑的政治实践。雷金纳德·哈里森（Reginald Harrison）指出了这种联系，他认为真正的联邦主义是权力在不同的经济、社会、文化利益之间的分散和再分配。

尽管联邦主义主要关注的是欧洲一体化进程中的权力分布，但这一关注与相应的理论分析对于构成一体化进程核心目标之一的欧洲共同外交而言仍然具有一定的理论指导意义，尤其是从国家主权让渡与演进等角度来考察欧洲共同外交的本质之时，这种指导意义就显得更加突出。

首先，联邦主义在国际经验比较及借鉴方面，对欧洲共同外交所依存的欧洲政治合作框架设定进行了有益探索。联邦主义在美国、加拿大和澳大利亚等国的成功实践使欧洲的联邦主义者受到启发，他们试图将美、加等国的联邦模式应用于欧洲各民族国家间的地区一体化实践。联邦主义者主张在欧洲采取较为激进的方式，通过建立一个具有"超国家"性质的联邦国家，"自上而下"地将欧洲国家统一起来。联邦国家一方面应拥有足够的政治权力与强制力，以满足成员国集体防卫、内部安全和经济发展的需要；另一方面，允许各成员国之间存在差别，保持各自特点，并在某些政策领域施行自治权。就一体化进程的次序而言，联邦主义者认为政治一体化应先行，理由是政治一体化可促进经济一体化，而经济一体化却不一定能促成政治一体化。总之，在联邦主义者看来，建立一个超国家的中央机构对一体化建设至关重要。在"二战"期间，意大利著名反抗派领袖，战后曾任欧洲联邦运动主席、欧共体委员会委员及欧洲议会议员的斯皮奈利（Altiero Spinelli，也有著作翻译为史匹里尼）是联邦主义理论的主要代表人物之一。他认为，由于各国对欧洲统一的态度不尽相同，如果缺乏超国家权威，各国在相互合作过程中所享有的否决权将大大降低合作的效果，一体化也将因此而难以实现。基于这一考虑，他主张先建立欧洲民主政治机构，将各国的行政、立法和司法机关的某些权力转移并授予超国家的欧洲机构；这些机构运作的法律基础将来自具有欧洲人民民意基础的议会，而不是各国政府，因此各国无权干涉。在他看来，在欧洲一体化过程中，欧洲联邦主义的倾向是否明显，将取决于超国家组织功能的强弱，或欧洲议会民意基础的深浅和功能的大小。

其次，联邦主义对欧洲政治合作框架提出了增强其公民政治基础的建议，而政治合作则是欧洲共同外交的主要构件之一。"所有的区域一体化共同体，要么从法律（指区域性的多边宪法等一体化法律机制，作者注）上来说是失败的，要么就是在事实上停滞不前。"① 基于此种认识，联邦主义认为，特定的宪法对联邦政体

---

① 罗尔夫·J. 朗哈默尔：《可供选择的一体化方案：理论依据、经验检验和实践涵义》，载［德］迪特·卡塞尔、保罗·J. J. 维尔芬斯：《欧洲区域一体化：理论纲领，实践转换与存在的问题》，许宽华、张蕾、刘跃斌译，武汉大学出版社 2007 年版，第 81 页。

具有非常重要的意义，它不仅是联邦赖以存在的公民政治基础的体现，同时还是进一步增强联邦政治体制约束力的手段，因而在实现一体化的手段中应当也必须包含起草并通过某种形式的宪法这一实践。联邦主义者穆特默（Mutimer）认为，联邦主义者有两种方法来实现其施行欧洲宪法的目标。但从其论述来看，联邦主义者对宪法施行途径的认识并非完全明朗，甚至对是否应该以及如何确定宪法创立机构这一问题都存在一定的争议，不过这也如实地反映了欧洲一体化起步阶段各种理论研究的发展状况，说明一体化进程并没有完整而成熟的既定理论可以遵循，而理论本身也处于不断演化与修订的发展与争论阶段。不过，尽管理论研究存在不明朗的缺憾，但其对欧洲一体化的现实指导意义还是不容忽视的。在联邦主义看来，实现联邦一体化的第一种方法是制宪会议。这种方法以美国经验为模式，认为应该由一个经过选举产生的制宪大会起草联邦宪法。受此启示，"二战"后初期的欧洲联邦主义运动选择了制宪会议的方法，并试图通过欧洲委员会实行制宪会议的功能并制定宪法。由于欧洲委员会未能达此目标，欧洲议会便被寄予希望行使制宪会议的功能并起草欧洲联盟条约。尽管条约并未被成员国批准，但它促进了《欧洲单一法令》和后来的《马斯特里赫特条约》的诞生。

实现联邦一体化的第二种方法是政府之间的协定，这种联邦主义的一体化过程意味着直接通过政府间的讨价还价来实现联邦式的联盟。联邦国家的建立在客观上要求成员国向中央政府分割主权，因此持这种观点的联邦主义者集中关注欧洲理事会和部长理事会而非欧洲议会。政府间主义的方法为20世纪80年代欧洲一体化的几项重要条约进展所证实：《欧洲单一法令》和《马斯特里赫特条约》以及《阿姆斯特丹条约》，像早期的《罗马条约》一样，它们都是政府间会议的结果。从"二战"后西欧国家一体化的实践过程来看，欧共体的设计者们最初试图以联邦作为最终发展目标，但实践证明以"联邦主义"来实现欧洲统一的阻力太大，因为它对于成员国来说，意味着将要丧失部分主权，并且在很大程度上意味着民族国家功能的终结，所以从共同体产生之初就受到了各成员国政府和相当数量民众的反对。事实上，即使在经历了40多年的努力之后，1992年2月7日签署的《马斯特里赫特条约》中仍未使用"联邦"一词，而采用的是"联盟"，这充分说明了联邦主义在欧洲一体化中的地位。

总体而言，联邦主义关注的是欧洲一体化进程的政治体制选择，且该政治体制选择决定着欧洲共同外交的政治体制选择。体制选择是国家间合作过程中一个永恒的话题，也是必须完成的环节之一，由此，联邦主义是迄今为止伴随欧洲一体化发展全过程的重要理论之一，也是欧洲共同外交的根本理论之一，它所涉及的众多体制设想与评价都与欧洲一体化的各个发展环节密切相关。时至今日，联邦主义关于如何实现国家间联合思路的论述，仍不断出现在众多欧洲一体化的具体事务中。比如欧洲试图通过一部欧盟宪法来增强欧洲联盟对内对外执行能力，但由于诸多国家对该宪法的机制表示怀疑，因而它在法国、荷兰等国的全民公决未能获得通过。相对欧洲在外交政策领域的一体化而言，宪法公决受阻带来的一个直接后果是，宪法中初步设定设立欧盟外交部长的创议也受到阻滞，进而使欧洲共同外交执行能力的进一步发展受到阻碍。可以说，尽管联邦主义对欧洲共同外交的指导意义是切实存在的，但这一主义所提出的发展基础与目标何时得以实现，是一个无法轻易解答的问题。

二、功能主义、新功能主义与欧洲共同外交

功能主义是在反对联邦主义者建立世界政府的主张中出现的。与联邦主义"自上而下"完成一体化的政治主张相反，功能主义者视一体化为一个过程，认为只有从各成员国的共同利益出发，通过不断加强相互间的合作，一体化才有可能"自下而上"地逐步完成，公众对一体化的态度也才会日趋积极。功能主义的创始人戴维·米特兰尼（David Mitrany）为国际一体化提出了另一种替代方法，即所谓的"功能化选择（functional alternative）"，进而建立

一个基于解决"共同性问题"所需要的"与国际性问题相一致的国际政府"。在他看来，国家间联盟组织的形式太过松散以致难以完成这一使命，而区域化联邦又过于紧密而难以真正实现，因此，必须敢于冲破旧有的法律观念，最终实现既定目标。功能主义选择的实质内涵是，区域一体化不是要消除主权国家的所有权力去实现一个统一的政治联盟，而是允许它们继续保持其权威，以便在较小的范围内实现相应的管理与服务职责。一体化的最终结果是按照功能差异而分别组织起来开展技术化管理的国际社会，这种形式也许会最终发展为某种意义上的世界性联邦。有学者进一步指出："一体化的形式应当就一体化过程的广度和深度作出抉择，因此，一体化形式是一个经过推导而得出来的因素，但它绝不是一个自发履行的因素。"① 传统的国家权力以及固有的民族文化认同基础将逐渐消失殆尽，原有的基于意识形态和区域等标准的政治划分观念也将被一个技术化的社会界定观念——以满足世界人民需要为目标的国际市民社会——所取代。

功能主义的一个重要观点是合作自动扩展。所谓合作自动扩展，是指某一部门的功能合作将会推动其他部门的合作，亦即一个部门的合作是前一个部门合作的结果，同时也是另一个部门合作的动因。举例而言，当几个国家建立了共同市场后，就会产生一种内在的压力与要求，推动它们在价格、投资、运输、保险、税收、工资、社会保障、银行以及货币政策等方面进行合作。最后，这些功能部门的合作将会形成一种功能性的互联网，逐渐渗透到政治部门。从根本上说，"经济统一"将为政治统一打下基础。

新功能主义作为20世纪50～60年代发展起来的一体化理论，是从功能主义理论中派生出来的，可以称为一种介于联邦主义和功

---

① 罗尔夫·J. 朗哈默尔：《可供选择的一体化方案：理论依据、经验检验和实践涵义》，载［德］迪特·卡塞尔、保罗·J. J. 维尔芬斯：《欧洲区域一体化：理论纲领，实践转换与存在的问题》，许宽华、张蕾、刘跃斌译，武汉大学出版社2007年版，第73页。

能主义之间的"折衷"理论，它在很大程度上是对联邦主义和传统功能主义的融合。新功能主义的主要代表人物、美国布鲁金斯学会会长厄恩斯特·哈斯（Ernest Haas）采纳了功能主义的路径，以社会多元论和利益集团之间的竞争为前提，把社会因素和超国家机构视为一体化进程中最重要的组成部分，并强调社会精英和政治家在这一进程中发挥着十分重要的作用，其基本分析单位是以领土为基础的国家体系。哈斯认为"政治一体化是一个进程，通过这一进程，几个处在不同国家环境中的政治行为体被说服将其忠诚、期望与政治行动转向一个新的中心，该中心的机构拥有或要求拥有对现存民族国家的管辖权"。① 在哈斯的研究基础上，林德伯格进一步论述了欧洲各国开展外交合作的理论前景，认为一体化是一个"各国放弃独立推行对外政策和关键性国内政策的愿望和能力，转而寻求制定共同决策或将决策活动委托给新的中央机构的过程"。②

　　总体而言，两种功能主义都较为明确地论述了欧洲共同外交可能发生的政治背景，但也各有其理论侧重点。功能主义强调共同外交创立的前提是某些经济部门的功能整合，并认为存在着经济一体化向政治一体化（共同外交的直接实现途径）演进的可能性；而新功能主义在强调经济领域一体化的同时，也指出各国外交行为逐渐融合的重要性和必要性，因而较功能主义的论述更为全面与系统。此外，新功能主义还指出了欧洲共同外交发展过程中一个关键的问题——各国政治一体化可能导致的"超国家性"（super-nationality）。超国家性的本质在于国家主权的"共享"而不是主权的转移。"外溢"过程表明，一体化是一个导致政治共同体创立的过程，越来越多的国家主权将以国家间合作的方式被共享。因此，新

---

① Ernst Haas. *The Uniting of Europe: Political, Social and Economic Forces*, 1950-1957, Stanford University Press, 1968, p. 16.

② Leon N. Kindberg. *The Political Dynamics of European Integration*, Stanford University Press, 1963, pp. 5-6.

功能主义较为准确地表明了共同外交的本质是一种权力的共享，这对共同外交的研究理论而言是具有重大意义的，尤其对共同外交的制度发展起到了积极的启迪作用。

三、政府间主义、自由政府间主义与欧洲共同外交

从 20 世纪 60 年代中期起，政府间主义作为新功能主义的主要竞争对手出现在欧洲一体化的理论群中。到 70 年代初期，政府间主义已经获得了长足的发展。

政府间主义主要是关于国家间"讨价还价"的理论。该理论在分析欧洲一体化时，把成员国政府当做首要的行为体，强调政府的优先选择和政府间的谈判。通过分析成员国政府采取的决策和行动，政府间主义对欧洲一体化进程的方向和速度作出了解释。政府间主义遵循现实主义的"国家中心论"传统，明确坚持以主权国家作为分析单位。其基本的理论假定国际体系的本质是以民族国家为核心的自助式行为体系；在现实国际体系中只有国家才是占主导地位的行为体，民族国家在欧洲国际关系中发挥着核心作用；一体化只有在符合参与这一过程的国家之利益条件下才能获得推动，而一体化的每一次实际进展都决定于成员国之间讨价还价的交易结果。

政府间主义认为国家权力依然关系重大。一体化反映了政府的意愿，在服务于国家利益的同时也受到各国权力机构的控制。换言之，国家利益决定着一体化进程的范围和深度，各国政府保持着对一体化进程及相关机构的控制。具体到欧洲一体化而言，欧盟是在成员国自愿让渡主权的基础上建立的，欧盟成员国还保留着根本主权。在国际法上，成员国依然是独立的国际法主体。① 政府的主要目的是保护其地缘政治利益，比如国家安全与国家主权。在政府间主义看来，一体化既不是经由学习和"溢出"效应而开始的自然生长过程，也不是各种制度安排约束下的螺旋式发展过程，而是各

---

① 林甦、张茂明、罗天虹：《欧盟共同外交和安全政策与中国——欧盟关系》，法律出版社 2002 年版，第 11 页。

民族国家博弈过程的最终结果。根据政府间主义的观点，共同体层次的决策过程是典型的政府间政治活动，成员国政府和非政府组织在共同体框架下的活动实际上也是成员国国内政治活动的延伸，其目的在于通过对共同体决策施加影响而使其为本国国内政治服务。政府间主义还认为，聚合中的国家利益、政府间的讨价还价以及欧盟进一步改革所受的各种限制，将在很长一段时间内决定欧洲一体化的发展速度和发展方向。从总体上来看，政府间主义主要揭示出这样一个客观事实：欧洲一体化的发展过程关键在于各民族国家之间的讨价还价，因而最终达成的结果只能是各国政策的最小公分母。政府间主义的这一理论要点同样对欧洲共同外交具有一定的理论启示。目前，诸多欧洲共同外交的研究开始关注欧盟成员国外交政策与欧洲共同外交之间的互动，试图发现后者的发展空间尺度。而欧洲共同外交目前所采取的诸多方式，经济方面如共同关税、政治方面如共同立场等，无一不是各国在可接受的范围内所达成的妥协，这说明政府间主义所指向的"最小政策公分母"将在很长一段时间内都是影响欧洲共同外交本身以及研究工作的核心要素。

　　自由政府间主义有三个基本理论假设：第一，在政治体系中，基本行为体是理性的、自主的个人和集团，这些个人和集团在自利和规避风险的基础上相互作用；第二，政府代表的只是国内社会中的一部分人，在国际交往中这些人的利益决定着国家的利益和身份；第三，国家利益的性质与结构决定了国家行为以及冲突与合作的模式选择。在此理论假设的基础上，穆拉弗切克将自由政府间主义拓展为多层次研究欧洲一体化的理论体系。同时，这些理论假设也直接决定了自由政府间主义的核心内容。从这些基本理论出发，自由政府间主义的核心内容包括三个方面。一是关于理性国家行为的假定。理性国家行为并不意味着固定的优先选择，而是对国内政体以及政治过程的动态反映。理性行为意味着国家会采取最适宜的方式来实现其目标，其中，经济相互依存的成本和收益是国家优先选择的首要考虑因素。二是国家优先选择的形成取决于国内政治因素。只有通过国内政治路径才能解释国家的目标如何受到国内压力

和相互作用的影响，而这经常要受到与经济相互依存密切相关的制约因素的影响。为此，穆拉弗切克提出了一系列的论点，例如，他认为理解欧共体成员国的优先选择和权力是对欧洲一体化进行分析的逻辑起点，而"理解国内政治是分析国家间战略互动的前提条件而绝不仅仅是补充"。"优先选择和战略机遇的需求与供给之间的相互作用影响了国家的对外政策行为。"① 三是对国家间谈判的政府间主义分析。穆拉弗切克认为，成员国政府在国家间关系中发挥着核心作用，欧洲一体化即是在成员国政府间交易的推动下进行的动态过程。穆拉弗切克运用交易成本理论和非合作博弈理论对指引国家间进行谈判的政府间主义分析所得出的论点是一体化不是自动成长的过程，而是成员国政府理性选择和相互交易的结果。

相对于政府间主义而言，自由政府间主义关注到了国家之间相互博弈的过程中非国家因素的相关作用，并指出一体化组织也是决定一体化进程的发展方向与发展速度的原因之一。它对欧洲共同外交理论的启示在于：共同外交的创建实则是各国之间对外政策经由相互博弈后所导致的协调性成果，且由于国家的理性行为，该成果也同样存在相当程度的理性。另一方面，共同外交的发展过程中将永远伴随国家之间的平等参与以及相互影响，其发展的程度将取决于各国之间协调的程度。

当然，自由政府间主义也存在一些理论不足。首先，自由政府间主义对一体化进程中许多重要因素没有给予应有的重视。这主要表现在：穆拉弗切克没有充分注意欧盟对外战略选择的影响，也没有把安全政策包括进去，这使得有关共同对外行为内涵的论述受到一定限制。在解释欧洲一体化时，穆拉弗切克仅仅注意到了经济相互依存这一促动因素，而忽视了来自政治方面的影响，这与欧洲一体化乃至欧洲共同外交的政治推动因素不甚吻合。自由政府间主义

① Andrew Moravcsik. Negotiating the Single European Act: National Interests and Conventional Statecraft in the European Community, *International Organization*, Vol. 45, No. 1, 1991, pp. 651-688.

过于重视正式的、最后阶段的决策，而忽视非正式的一体化及其对正式决策者施加的限制。其次，自由政府间主义不适当地强调了国家以及国家理性的作用。实际上，国家的行为并不总是理性的，国家的政策形成过程中时常会有"黑箱"操作，而且目标的形成、战略的追求以及所采取的最后立场如同国内的政策制定一样，存在无序的可能和不可预测性。再次，自由政府间主义的理论体系缺少了反馈这一必要环节，未能论述欧盟系统中作为决策之后果的政策反馈的重要意义。对于行为体的利益和优先选择是否受到欧盟机构和一体化进程本身的影响，该理论几乎没有涉及。最后，穆拉弗切克在对欧盟决策过程的分析中虽然涉及制度的作用，但仅仅把欧盟的制度结构视作依赖变量，没有研究欧盟的特性，未重视超国家组织和跨国行为体在政策制定过程中的重要性，其分析无法充分反映欧盟制度实际发挥的影响。与此相关，该理论低估了欧洲一体化进程中超国家行为体（比如欧盟委员会、欧洲法院）和跨国行为体（如欧洲跨国公司）所施加的影响。但值得注意的是，尽管政府间主义以及自由政府间主义存在诸多缺憾，但它着重指出了欧洲一体化的重要本质是各国平等博弈主导之下的一体化，这一点是应该值得肯定的，正是在这个意义上，有学者认为"欧共体国家在外交政策领域的合作是建立在政府间主义的基础之上"。①

四、结语：理论的选择与评判

从联邦主义到政府间主义，各类主导性的一体化理论以及同一理论中的不同流派与分支都反映了欧洲一体化的部分现实，同时也对欧洲共同外交的进展和理论研究提供了相关启示。从它们的论述与关注角度来看，各种理论又都有不同的侧重点，从而在各个方面对欧洲共同外交给予了更具体的分析研究，尽管这些分析研究并非全部以直接的方式进行。相比较而言，联邦主义从高端着眼，关注

---

① 陈志敏、古斯塔夫·盖拉茨：《欧洲联盟对外政策一体化——不可能的使命？》，时事出版社 2003 年版，第 385 页。

了欧洲一体化进程的制度模式的超国家主义选择，强调了欧洲共同外交的权力主体建设应以"超国家联邦"为模式，而共同外交的决策与执行权则相应地归集于联邦国家本身。功能主义与新功能主义则从一体化具体操作手段入手，关注发展模式的选择，尤其是所强调从经济一体化过渡到政治一体化的功能选择，为共同外交本身的发展轨迹与研究工作提供了相应的发展思路与建议。经济一体化与政治一体化之间也非简单的过渡关系，两者分别还与更为复杂的一体化内容相对应，比如经济一体化包含了初级的煤炭钢铁行业跨国联营，而更为高级的经济一体化如货币一体化等则在发展过程中受到国家权力的抵制。经济一体化本身的发展并不平衡，从经济一体化到政治一体化的过渡也非简单的质变与量变，在此过程中，纷繁复杂的变量与体系运作将使得功能主义的道路选择更为谨慎。政府间主义与自由政府间主义关注欧洲一体化的内在范畴，分析了一体化发展进程的本质并提出了理性的警告。政府间主义的最大贡献在于为欧洲共同外交的权力主体与决策过程揭示了其运作的本质为"政府间谈判"，也可以说，它将欧洲共同外交的本质界定为多边主义合作。这一点与联邦主义的理论内涵形成了鲜明的差异。

欧洲共同外交是当前欧洲问题研究的重要组成部分，客观上要求学术界对欧洲一体化理论进行深度挖掘，进行有选择的批判与借鉴。从联邦主义、功能主义到政府间主义的理论群内容浩瀚、著述众多，虽然这些理论对欧洲共同外交研究均有重要的参考价值，但同时它们也都有一定的局限性。从欧洲一体化本身来看，"今天的欧盟是一种把政府间要素和超国家要素合成在一起的综合混杂的秩序"，[1] 仅仅凭借一种理论从某一角度进行分析与观察，是不可能看到其真实面貌的。正是在这个意义上，笔者认为，众多流派的一

---

① 特蕾西亚·托伊尔：《欧洲的一体化：作为"深化的一体化"的欧盟》，载［德］迪特·卡塞尔、保罗·J.J.维尔芬斯：《欧洲区域一体化：理论纲领，实践转换与存在的问题》，许宽华、张蕾、刘跃斌译，武汉大学出版社2007年版，第106页。

体化学者们的理论主张都只关注到了一体化进程的某个具体部分。而作为欧洲一体化的外延部分，欧洲共同外交与一体化理论之间的联系既不明显也不直接，其间的"内在"联系需要更多的理论推演与论证来加以彰显其存在。尽管这些理论有不可避免的局限性，但它们对欧洲共同外交研究的理论贡献仍然值得肯定。

（冯存万　武汉大学政治与公共管理学院政治学与国际关系学系讲师）

欧安会期间英国对欧洲
政治合作的贡献（1972—1975）

◎申红果

【摘　要】　20世纪60年代末和70年代初，是欧洲政治合作的启动时期。这一时期的欧安会为欧洲政治合作提供了一次重大的实践舞台，欧共体九国纷纷以协调共同行动为目标。其间，英国对欧洲政治合作态度积极，做了很多维护团结和推动的工作。英国的行动是其维护西方联盟团结欧安会战略的重要组成部分。欧安会期间，欧洲政治合作中的英国、法国和联邦德国的关系有一定的特殊性，英国十分注意防止法国脱离西方联盟而单独同苏联及东欧国家达成妥协，也注意避免联邦德国因在欧安会诸议题上摇摆不定而有损西方联盟的整体利益。在1972—1975年间欧安会时期的欧洲政治合作方面，英国不仅比较成功地维护了欧洲政治合作和西方联盟的团结，还实现了扮演欧洲大国角色的对外政策目标。

【关键词】　缓和　欧安会　英国　欧洲政治合作

20世纪70年代初，欧洲政治合作正式创建并起步。西欧六国谨慎地探索共同政治行动，英国以及其他新成员也从一开始就参与到这一政治磋商中。欧洲政治合作起步伊始就把自己定位为一个渐进的、探索式的联合政治行动，而高度的政治一体化似乎是一个遥远的理想。在协调成员国共同对外政治行动方面，它选择了两个试验场，一个是全欧安全与合作会议①，另一个是"十月战争"后的中东。欧洲政治合作在欧安会这里获得了巨大成功，成员国之间保持了比较理想的协调一致（尽管也有一些不和谐），而在中东则不太成功。欧安会是在缓和逐渐走向高潮的过程中召开的，它的成功召开也代表着缓和达到了最顶峰。以往对欧安会期间欧洲政治合作的研究多关注欧洲政治合作的发展过程，包括政治合作原则的确定、组织机构的发展（特别是与欧共体委员会之间的关系问题）、"联邦主义"与"邦联主义"两种理念的博弈等。针对欧洲政治合作在欧安会期间的具体实践也有论述，但都比较笼统，少有从国别的角度分析欧洲政治合作，英国在此时期内与欧洲政治合作的关系则更少见到相关成果。本文以20世纪70年代前半期的欧安会为背景，深入细致地剖析了英国对欧洲政治合所作的主要贡献，展示了欧洲政治合作发展中的一个侧面，以对相关研究领域作一补充。英国确定的最重要的欧安会政策之一就是保持西方团结，包括欧共体九国团结和北约团结，以此为西方联盟争取最大的整体利益，向苏联东欧国家施加压力。在这方面，英国首先要避免欧洲政治合作内部因成员国之间的分歧而丧失对东方的谈判优势，特别是要防止法国和联邦德国这两个不够稳定的伙伴。②

一、防止法国脱离西方联盟

维护欧共体团结和西方联盟团结、为西方集团争取最大利益，是英国最主要的欧安会战略之一。在20世纪60年代的缓和潮流里，法国为追求民族主义的独立外交、扮演西欧领袖的角色，试图成为西欧民主的代言人与东方对话。在欧安会期间，它极容易和苏联搞双边行动，因而打乱西方联盟的队形。1972—1975年是欧安

---

① 关于欧洲政治合作的启动，纳特在《欧洲政治合作》中有很好的论述，其中分析了欧洲政治合作如何选择欧安会和中东问题作为试验共同政治行动的对象，还论述了1970年"卢森堡报告"以后欧洲政治合作的起伏（Nuttall. Simon J, *European Political Co-operation.* Oxford：Clarendon Press，1992，pp. 51-146）。

② 关于英国在欧洲政治合作起步初期针对欧安会的政策构想及实践，可参考申红果：《论欧安会起源时期的英国与欧洲政治合作》，载《华中科技大学学报》（社会科学版），2007年第6期。

会从多边预备会谈到正式谈判举行的时间，也是欧洲政治合作就欧安会问题进行密集准备和实践的阶段。此间，英国努力把法国留在欧共体九国合作的框架内，以寻求共同立场。

英国首先要"看住"法国。所谓的"看住"法国，是指在缓和势头下防止法国和苏联及东欧国家借欧安会而过于接近，甚至发展出超越西方联盟的法苏"双边主义"。在缓和时期，法国认为自己在东西方关系中拥有特殊地位，和苏联有着特殊关系。由于戴高乐重新执政并追求独立外交政策及其所造成的影响，法国试图在东西方之间搭起一座对话的桥梁。和东方建立特殊关系，是20世纪60年代初法国缓和政策的重要内容和表现，尽管法国的这一努力最终失败了，但它从来没有放弃。20世纪70年代初是欧洲政治合作的起源时期，在欧安会背景下，法国倾向于和苏联及东欧国家开展某种双边行动，以增加自己在东西方关系中的分量并增强在西方集团中的发言权。可是，这种特立独行无疑会损害西方联盟的整体利益。法国在欧安会期间不时脱离欧共体伙伴国并与苏联发展双边关系，也许还因为法国是欧洲政治合作方面的联邦主义者，强调的是政府间合作，而不是一体化。法国似乎并不看好欧洲政治合作这种新机制，而且没有把它朝一体化方向推进，这种态度无疑会影响欧安会期间的九国政治合作。① 在欧安会之前，法国曾给西方团结造成了一定的困难，它既不参加北约会议，也不参加北约国家在赫尔辛基举行的会议，② 这让欧洲政治合作九国保持与北约的非欧共

---

① 目前尚不能确定"联邦主义"立场对法国在欧安会对欧洲政治合作的消极影响，因为和法国类似，受"富歇计划"失败的影响，联邦德国明确表示自己是联邦主义者，英国和法国的立场很接近，三国成为阻碍欧洲政治一体化的因素，但正如本文即将要论证的，在欧安会期间，英国却是欧洲政治合作的坚定的维护者。

② 根据英国为西方联盟构想的欧安会战略，欧共体成员国和北约成员国的欧安会代表团将在赫尔辛基——欧安会预备会谈的举行地点——进行定期磋商。实际上，在欧安会日内瓦正式谈判期间，它们也定期协商。为了在欧安会议题上协调行动，欧洲各国专门于1971年2月建立了两个新机构来处理欧安会问题，一个是"欧安会分委会"（Sub-Committee on CSCE），另一个是"特别机构"（ad hoc Group），前者全面负责与欧共体相关的欧安会事宜，后者主要参与欧安会经济方面的事务，它们在日内瓦就地协商。

体国家之间的联系变得比较困难，因为法国不愿意参加定期举行的北约国家欧安会代表团会议，在某种程度上妨碍了北约十五国的合作。幸好，戴维农国家和北约有时会重复开会，可以保证两个组织及其成员国之间顺利协商。

法国谋求和苏联发展双边关系、达成双边协议的念头及其行动贯穿了整个欧安会进程。在欧安会多边预备会谈期间，法国就开始试图与苏联发展比较密切的关系。在正式谈判期间，英国代表们发现，法国和苏联两国代表经常在赫尔辛基会议大厅外的走廊上窃窃私语，当法国寻求双边行动失败之后，马上又会继续下一次行动。法国有时在九国尚未确定共同立场之前提前向欧安会提出自己的意见，或者迫不及待地在与其他国家仔细磋商之前就急匆匆往前冲。法国还在谈判陷入僵局时不顾九国磋商而企图和苏联达成协议。根据英国代表的观察，如果有争议的欧安会议题在充分考虑了法国观点的情况下没有彻底检查，没有获得九国一致同意，那么法国人就会从中挣脱，① "他们迷恋于把自己当做东—西方桥梁的搭建者"。② 另一方面，当谈判非常困难、苏联又希望取得进展时，就会在西方集团里寻找"有价值的对话者"，③ 美国、联邦德国、法国都是候选者。法国是苏联特别愿意与之对话的西方国家，苏联显得非常愿意和法国做交易，更愿意把法国作为西方集团的主要谈判对手。④ 由于英国对待欧安会的态度比较谨慎，因而被苏联视为阻挠欧安会的消极国家，是在拖欧安会的后腿，因此英国一开始就被苏联孤立，苏联希望通过孤立英国而快速前进。

在欧安会正式谈判期间，法国给欧洲政治合作带来了很多困难，比较典型和突出的是在地中海争端以及法苏关于"人道接触"文件前言的双边协议。

---

① Bennett, G, Hamilton, K. A. (eds), (1997) *Documents on British policy overseas* (*DBPO* infra), Series III, Vol. II, The Conference on Security and Cooperation in Europe, 1972-1975. Great Britain: Foreign and Commonwealth Office, p. 219.

② *DBPO*, Series III, Vol. II, p. 90.

③ *DBPO*, Series III, Vol. II, pp. 364-366.

④ *DBPO*, Series III, Vol. II, p. 219.

1973 年 7 月 17 日至 18 日，欧共体"欧安会分委会"召开会议，讨论地中海问题。"地中海之争"包括几个层面：一是非欧安会与会国的地中海沿岸国家是否有资格参与欧安会并在会上发言；二是如何处理这些非欧安会国家的要求；三是欧安会的各项决议——特别是欧洲安全措施（比如"信任建立措施"）——是否适用于地中海区域。

1972 年 10 月底，在欧安会多边预备会谈之前，在"欧安会分委会"会议上，九国曾策略性地决定：反对处理欧洲以外的任何问题，反对处理超出现存欧安会范围的议程。① 在欧安会正式谈判开始后，法国和意大利倾向于支持突尼斯、阿尔及利亚在欧安会上拥有发言权，它们表示，如果已经确定有这方面的提议的话，它们很难反对这些提议。法、意还表示，如果阿尔及利亚和突尼斯提前和它们协商，那么它们在提出反对意见的时候就会面临很大压力。② 联邦德国主张平等对待所有非欧安会的地中海国家，换言之，如果其他非欧安会地中海国家要求在欧安会上发言，那么它们就应该拥有和突尼斯、阿尔及利亚一样的发言权。丹麦、荷兰支持联邦德国的观点，美国则支持以色列拥有与阿、突同等的权利。英国认为欧安会不该处理地中海问题，因为这超越了会议议程，而且很容易导致欧安会与会国陷入中东争端；但英国提出了妥协建议：如果有必要的话，应该同等对待所有非欧安会国家的权利，九国应该考虑其他地中海国家向欧安会表达观点所产生的积极影响。③ 1973 年 9 月初，九国在地中海问题上发生了"彻底的分裂"，由此让欧安会"合作委员会"（Coordinating Committee of CSCE）的第一次会议变成一个令人不愉快的经历。九国的内部分歧是此次不愉快的部分原因，其中法国更是不顾九国团结而仓促行动，英国代表团团长埃利奥特（T. A. K. Elliott）对此感到"非常不高兴"。他提

---

① *DBPO*, Series III, Vol. II, No. 16, note 9.

② *DBPO*, Series III, Vol. II, No. 39, p. 156.

③ *DBPO*, Series III, Vol. II, No. 42, note 11.

出，英国代表团应该像在欧安会多边预备会谈期间那样"逼迫"法国和欧共体伙伴国站在一起。法国已经明显没有耐心和其他八国保持一致，也没有耐心听从其他伙伴国敦促法国达成一致立场，法国可能会越来越难以约束。因此，英国政府命令本国代表团把九国合作作为重大任务，力争使九国合作在欧安会第二阶段期间再放异彩。① 不过，法国也会批评其他欧共体国家——比如荷兰——立场太强硬，这引起荷兰的反驳。②

1974 年 12 月份的法苏双边磋商及其协议让九国合作又一次面临崩溃。这次法苏磋商是为了拟订一份欧安会"人道接触"（human contacts）最后文件的前言。"人道主义"议题是欧安会上东、西方斗争突出的领域，是西方联盟试图让苏联所渴望的欧安会更加充实的议题，同时也是苏联坚决抵制却又无法抗拒的议题。于是，苏联提出在"人道主义"最后文件里加入"相互可接受的条件"（mutual acceptable conditions）一词，以求稀释该文件、阻止西方向苏联东欧渗透。这一做法遭到西方联盟的抵制，欧安会谈判由此陷入长时间的僵局。

1974 年 12 月圣诞节休会前的最后一周，法国突然背叛九国，表现出想和苏联达成双边协议的意愿。此前，12 月 2 日至 7 日，勃列日涅夫访问了巴黎，法国人于是利用访问的边角时间和苏联秘密制定了"人道接触"前言，其中包含有"相互可接受的条件"的规定。此后，奥地利代表利德曼（H. Liedermann）被法国人说服向欧安会提交了法苏文件，因为他是"人道接触分委会"（Human Contacts Sub-Committee of CSCE）的协调者，但是利德曼本人并不喜欢这份草案。12 月 13 日，在欧安会上各国代表当着利德曼和其他欧洲中立国代表的面对这份文件进行了谈判。英国官员亚历山大（M. O'D. B. Alexander）说，利德曼之所以"走得这么远"，仅仅是因为法国人在周末的时候（12 月 14—15 日）一再告诉他，

---

① *DBPO*, Series III, Vol. II, No. 44, note 9; No. 46, p. 186.

② *DBPO*, Series III, Vol. II, No. 48, p. 190.

说九国希望由他来提交这份文件。实际上，法国人"撒了谎"，因为九国这次没有看到法苏文件。英国官员希尔德亚德（D. H. T. Hildyard）称法国人的行为是"政变"。欧共体伙伴国对新文件反应极冷淡。由于苏联拒绝修改文件内容，所以欧安会"人道接触分委会"以僵局结束了秋季会期。① 本来，当勃列日涅夫访问巴黎的时候，法国人看起来是很讲信用的，因为他们在"文化"议题方面提了很多建议，是西方联盟里的中心人物，西方阵营也希望他们始终能在文化议题方面扮演领导角色。但由于这次背叛行为和九国没能达成共识，导致了大量怨恨和不信任，时任欧共体主席国的法国以失望结束了自己的任期。② "法苏协议难堪地失败了"，法苏之间也并非十分默契。③ 在欧安会"文化分委会"里，苏联拒绝磋商在各国首都建立可阅读外国作品的阅览室的议题，这和法国希望在文化合作领域有所作为的态度完全不合拍，而法国没能利用勃列日涅夫的访问推动该分委会的谈判。希尔德亚德估计，法国人会也许会在 1975 年 1 月欧安会复会后拼命挽回信誉，但是由于届时法国不再担任欧共体主席国，也许它会因此失去雄心。④

　　法国的特立独行无疑对西方团结——特别是对欧洲政治合作——造成不利影响，所以，把法国留在西方联盟内、留在欧洲政治合作内，是英国维护西方团结的重要任务之一。维护欧共体团结和西方联盟团结，是英国的欧安会战略之一。

　　不过，尽管法国一再孤傲不逊，英国也注意到，法国背离九国政治合作的行为更多是程序上的，而不是实质性的，在实质问题上，法国总是忠于九国共同路线的。英国官员蒂克尔（C. C. Tickell）认为，如果戴维农和北约确实无法取得完全一致，那么英国应该"从理性角度尽英国所能来保证法国人遵守九国的以及被

---

① *DBPO*, Series III, Vol. II, No. 107, note 4.

② *DBPO*, Series III, Vol. II, No. 107, pp. 365, 364 and note 4.

③ *DBPO*, Series III, Vol. II, No. 107, p. 365 and note 10.

④ *DBPO*, Series III, Vol. II, No. 107, p. 365.

北约普遍接受了的共同立场"。① 与此同时，英国也常常支持法国的提议，包括"国家间关系原则宣言"②、"第三只篮子"方面③的主张和提议。英国有时还与法国积极合作，共同推动谈判。1974年7月，欧安会谈判已经长时间陷入僵局，美国国务卿基辛格此时一改对欧安会的低调态度，要求西方重新评估欧安会目标以便加快谈判进度。这使欧共体九国团结和北约十五国团结都遭到严峻考验。九国无奈根据美国的建议重新评估西方目标，法国列出了一份突出问题的清单，供九国的"第三只篮子"专家磋商。④ 此后，当欧安会第二阶段谈判面临时间压力、所有难题无法突破的时候，法国提议建立一个"活力集团"（ginger group），和英国人密切合作，尽管英国代表团态度谨慎。⑤ 所以，法国根本上仍然是一个西方联盟的成员。

二、稳住游移不定的联邦德国

欧安会谈判中国家利益承担最大风险的国家是联邦德国，领土、主权、人道接触等关键性议题都和联邦德国密切相关。苏联在1954年倡议召开欧安会的主要原因就是为了解决德国问题，试图用一个新的全欧安全体系取代北约，同时阻止联邦德国加入北约。在这样一个全欧会议上，联邦德国的东部边界、联邦德国的主权代表资格备受考验。确保西柏林与外界的顺利联系，也是包括联邦德国在内的西方联盟希望苏联作出切实承诺的。"二战"后，联邦德国主要依靠盟国帮助解决德国问题，但是随着国际形势的变化，特别是缓和的发展和60年代后期以来美苏关系的变化，盟国帮助的

---

① *DBPO*, Series III, Vol. II, pp. 85, 86, 196.

② *DBPO*, Series III, Vol. II, pp. 210-211, 212, 381.

③ *DBPO*, Series III, Vol. II, pp. 203-204。欧安会"第三只篮子"集中了促进与会国之间的非政府联系与交往，如人员、观念和信息的更自由流动（freer movements），它是西方联盟向苏联东欧进行渗透的主要途径。

④ *DBPO*, Series III, Vol. II, pp. 360-361.

⑤ *DBPO*, Series III, Vol. II, pp. 360, 389.

希望越来越渺茫，于是联邦德国开始自己寻找解决办法。对于欧安会，联邦德国一方面担心损害本国本民族利益，同时也心存期待。幸好，美国和英国都决定：必须让苏联为了欧安会而对欧洲现存问题作出切实承诺，① 于是西方联盟为欧安会设置了"柏林先决条件"（四大占领国签署了《柏林四国协定》以及《议定书》），为确认西柏林的地位、稳定西柏林的局势提供了保障，也为部分解决德国问题创造了条件。

欧安会倡议在 20 世纪 60 年代末达到第二次高潮（第一次倡议高潮是 50 年代中后期②），这个时间恰好和新"东方政策"的进展基本同步。两者相互影响，共同向前发展。正是在联邦德国的"东方条约"签署以后，特别是在两德谈判、四大占领国"柏林问题"谈判结束以后，欧安会才有可能召开多边预备会谈。联邦德国因受"二战"后长期悬而未决的"德国问题"的困扰而容易在苏联的压力面前变得软弱，或者当苏联的压力消失以后变得摇摆不定和更加冲动。因此，在欧安会谈判期间，联邦德国能否平静对待关乎本国核心利益的议题，与欧共体以及北约其他国家协调一致，是一个能否维护西方团结、争取利益的关键问题，这也是英国特别关注的。在决定何时召开欧安会的问题上，"和联邦德国保持同步"是英国的基本政策。在欧安会期间，维护欧共体九国以及西方联盟团结、争取最大的集团利益，是英国对待联邦德国的重要前提。

从筹备欧安会多边预备会谈到正式谈判结束，英国始终支持联邦德国。英国对外与联邦事务部"东欧和苏联司"的布朗（R. H. Brown）说，在西方联盟协商过程中，"英国始终采取的立场是：

---

① *FRUS* 1969-1976，Volume XXXIX "European Security 1969-1976"，p. 14.

② 关于苏联东欧国家欧安会倡议的历程，可参见申红果的《论苏联和东欧国家欧安会倡议的历程》（载《珞珈政治学评论》第 1 卷，武汉大学出版社 2007 年版）。

我们可以赞成德国人接受的任何东西"。① 英国和联邦德国保持同步、争取联邦德国支持的主要原因，一方面因为"德国问题"一直是美苏关系和东西方关系的重大议题之一，是关系西欧安全的重大主题，英国尤其把欧安会视为和联邦德国同步的残酷赌博；② 另一方面还因为英国希望从联邦德国那里得到回报，即争取联邦德国支持英国加入欧共体。由于欧安会走向开幕的时间正是英国再次申请加入欧共体的关键时期，英国希望通过在欧安会问题上支持联邦德国的行动换取联邦德国支持英国加入欧共体，而且这个态度贯穿欧安会始终。从客观情况看，勃兰特已经声明赞成英国加入欧共体，60 年代后期，英国加入欧共体的前景也基本明朗。

英国提出"留心"联邦德国，就是在欧安会上和苏联东欧的谈判过程中，让联邦德国在那些关系到本国本民族核心利益的议题上保持平静，与其他西方盟国和伙伴国保持协调。虽然联邦德国很感激西方联盟为自己所做的一切，但是欧安会期间联邦德国表现得和九国不是那么协调。1974 年 1 月起联邦德国任欧共体主席国，为此它配备了众多工作人员，但是他们摇摆不定。③ 联邦德国还为欧共体九国会议建立了单独的代表团。英国认为这没什么危害，不过这种新做法可能会增加合作的困难，④ 也许联邦德国把事情搞复杂了。担任欧共体主席国以后，联邦德国（包括联邦德国政府及其欧安会代表团）的表现不能令人满意，英国认为他们"是虚弱的和没有组织性的"，是无效率和草率的，会随时摇摆，为了本国特殊利益而非常频繁地突然改变方向。联邦德国对九国的糟糕领导一直持续到欧安会第二阶段后期。⑤ 英国"西方组织司"指导文件建议英国代表团鼓励德国在维护欧安会期间的九国团结方面扮演积

---

① *DBPO*, Series III, Vol. II, p. 107.
② *DBPO*, Series III, Vol. II, p. 210.
③ *DBPO*, Series III, Vol. II, p. 219.
④ *DBPO*, Series III, Vol. II, p. 230.
⑤ *DBPO*, Series III, Vol. II, pp. 267, 322-323.

极角色，以克服联邦德国利用欧共体主席国地位而把本国特殊观点强加给九国的倾向。① 英国一贯认为，由于欧安会谈判的复杂性和广泛性，由于九国缺乏战略和其他问题上的一致看法，所以九国团结尤其重要。但是，联邦德国的立场太不坚定，似乎随时会改变。英国多名官员——埃利奥特、希尔德亚德和沃伯顿（Miss A. M. Warburton）——指出，联邦德国代表有些软弱，或者说他们比英国"认为合适的速度要行动得更快一些"。② 比如，当1974年2月末，也许出于时间压力（当时不少代表团预计欧安会正式谈判6月就可以结束），法国和联邦德国在欧安会"欧洲安全问题委员会"上产生了放弃西方立场的倾向。德国人和其他人为了快速达成协议而不那么坚定地维护其草案里的细节了，英国代表认为这是不成熟的表现。③ 英国始终坚定地主张，应认真考察各项议题、以保证西方各国能在谈判中"随心所欲"地提出自己的建议，从而给苏联方面制造压力并争取谈判优势。1974年圣诞节休会前，经过长时间的僵局，苏联决定要行动了。可是苏联却不知道如何前进，于是它坚持不懈地从西方寻找"有价值的对话者"。除了法国外，英国注意到，苏联和联邦德国的关系总是相当特殊的类型。尽管如此，希尔德亚德认为，联邦德国不是苏联很理想的谈判对手，因为联邦德国虽然有比其他西方国家更迫切的要求，但是它没有让盟国充分了解它的想法，而是"频繁地玩着自己的游戏，并不时改变心意"④。

总之，经常摇摆不定的联邦德国并没有从根本上违背西方联盟的整体目标，也没有背叛欧洲的政治合作，只是比较软弱和善变。和法国一样，英国是要防止联邦德国的这种摇摆不定的；但是英国对欧洲政治合作的维护并非通过强力或逼迫，更多的是通过说服和

---

① *DBPO*, Series III, Vol. II, p. 267.
② *DBPO*, Series III, Vol. II, p. 196.
③ *DBPO*, Series III, Vol. II, p. 249.
④ *DBPO*, Series III, Vol. II, p. 365.

多方协调，或者在不同极端意见面前提出妥协方案，争取一致路线。正是这种坚定维护九国政治合作的实践，使英国一方面保住了九国团结和西方联盟团结，另一方面成为欧安会期间欧洲政治合作的领袖。这是英国在欧安会期间的重要外交成就。

三、结　语

欧洲政治合作自一启动，就选择欧安会作为第一次重大的实践场合。欧共体九国在欧安会期间的政治合作和团结取得了很好的效果，对苏联和东欧国家保持了长时间的巨大压力，这正是英国此前设定的目标。欧安会期间的欧洲政治合作主要目标是迫使苏联接受"人员、信息、观念等的更自由流动"议题（即"人道主义"议题）。这是东西方关系中少有的大规模向苏联东欧推销人权及相关主张的行动，因而在欧安会上显得十分抢眼，这些议题对未来东西方关系也颇具深远影响。

以欧安会为背景，从英国和欧洲政治合作之间的关系看，英国对欧洲政治合作付出了巨大努力，作出了较大贡献。本文可以得出以下结论：

首先，英国十分重视欧洲政治合作，视之为推动其扮演大国角色的重要途径之一。追求大国地位、扮演大国角色是英国为本国确定了的欧安会战略目标之一。20 世纪 60 年代后期至 70 年代也正是英国外交的重大调整期，欧安会以及欧洲政治合作等重大外交进程，是英国借以调整本国对外政策、取得大国地位的重要机遇。

英国试图在九国政治合作这一新的机制中有效提高本国地位，进而增强对东西方关系的影响力。英国使自己在欧安会绝大多数事务上"在九国中占据了中心的、有影响力的位置"；在欧安会进程中，英国"在提出西方观点方面已经普遍扮演了突出角色"。① 英国对欧安会的基本态度是"不想要、但不可避免"，但在准备欧安会相关工作的过程中，英国逐渐接受了欧安会并进行了比较细致的

---

① *DBPO*, Series III, Vol. II, p. 220.

准备。英国对欧安会态度的转变，主要是受 20 世纪 60 年代缓和发展的影响。60 年代以来，英国在缓和潮流中日益落后于自己的盟国，它非常担心因为过于消极而失去对东西方关系的影响力。1970年 10 月，"卢森堡报告"确定了欧洲政治合作的原则；11 月，六国外长在慕尼黑召开会议，这些标志着政治合作正式起步。① 欧安会是欧洲政治合作选择的一个实验对象。英国主张西方各国联合起来共同应对苏联对西欧构成的地缘政治压力。尽管英国在欧洲一体化方面是一个联邦主义者，可是它却非常重视九国政治合作，因为这除了能使英国加强对欧洲联合的影响外，还能让英国进一步影响东西方关系，从而挽救英国在缓和潮流里日益被边缘化的劣势。

欧安会期间的欧洲政治合作是英国发挥大国作用的主要阵地，也是其获得巨大成功的领域。英国加入欧洲政治合作的时间早于英国正式加入欧共体。"卢森堡报告"规定了西欧六国与新申请成为成员的国家之间的政治合作安排。联邦德国主张英国从一开始就参与共同的政治合作，法国则反对。不过，实际上，六国很快就和新成员国之间建立了非正式的、更紧密的联系。② 正是这一时期的欧洲政治合作，使英国成了欧洲大国。英国的行动还印证了其对欧政策进行了重大调整。英国多次向苏联坦陈，欧共体被置于英国外交的首要目标。相比较而言，欧安会只被置于次要地位。此外，欧安会期间英国与欧洲政治合作的关系表明，英国属于欧共体，而不属于英美"特殊关系"。除了欧安会的"安全"议题外，跨大西洋联系在欧安会上远没有欧共体政治合作那么突出。

其次，英国对欧洲政治合作的维护，其出发点是维护欧共体团结，进而维护西方联盟团结；其目标是取得对苏东的谈判优势，为西方联盟争取整体利益。

通过欧洲政治合作为西方联盟争取利益是一个比较理想的途径。尽管欧安会具有"非集团"性质，欧洲中立国和不结盟国家

---

① Nuttall, *European Political Cooperation*, p. 51.
② Nuttall, *European Political Cooperation*, p. 54.

在会上所拥有的权利一点也不比苏联或者美国少，尽管它们甚至形成了"中立集团"，但是在谈判中仍然存在较多的两大集团之间的交易。一方面，西方联盟与华约集团之间斗争不断。由于美国长期对欧安会持低调态度，使得北约内部协商的地位和作用并不突出，更多的是欧共体与苏联交手①。另一方面，欧洲中立和不结盟国家更多的是两大集团拉拢的对象，而不是谈判的重要对手。苏联多采取威胁手段，而英国则始终认为不能把这些国家的支持看做理所当然的事情，并力劝西方联盟为此付出努力。因此，英国重视并维护九国的共同政治行动是理所当然的。

欧安会期间西方集团内部特殊的合作模式为九国政治合作发挥重要作用创造了条件。欧共体九国和北约十五国间的合作模式是先由九国协商出一致立场，再传达给北约，最后形成联盟的共同立场。因此，欧洲政治合作是西方集团内部合作的核心，对北约影响很大。这样，通过欧洲政治合作，英国完全有能力影响整个西方联盟的立场，特别是当美国对欧安会态度冷淡的时候。② 九国合作是英国协调各国分歧的主战场，也正是通过它，英国才扮演了大国角色。

在欧安会期间，英国力图把法国和联邦德国留在九国合作框架内，以推动九国定期协商，这是英国对早期欧洲政治合作的主要贡

---

① 除了欧洲政治合作外，欧共体委员会也参与了欧安会，但是欧共体委员会参与欧安会显得十分艰难，甚至连是否需要做一个欧共体委员会的座签摆在谈判桌上都成问题，其权利完全不能保证（可参考 Nuttall, *European Political Cooperation*, Chapters 3）。此外，欧共体委员会肯定参与了欧安会的"经济合作"谈判，但暂不能肯定其参与方式及其程度如何。不过，欧安会的经济合作是一个进展相对比较顺利的方面，因为东西方已经通过现有的经济合作组织积累了很多相关经验。

② 美国对九国政治协商这一新机制比较敏感，当基辛格认为九国协商似乎比北约内部磋商占据优先地位时，美国对欧安会的态度就改变了（Nuttall, *European Political Cooperation*, p. 57）。

献之一。① 其实，在维护西方团结方面，除了"看住"法国和联邦德国外，英国还试图说服一些更强硬的伙伴国，比如荷兰，有时还有比利时、意大利、卢森堡，它们有时对某个议题紧抓不放。事实上，即使是法国这个非常希望和苏联东欧国家建立某种"特殊关系"的国家，也不认为应该破坏九国团结。

（申红果 武汉大学政治与公共管理学院讲师）

---

① 英国的另一个贡献是为九国拟订一些重要文件，有的成为西方联盟的共同文件。

后霸权语境下的美国对华认知讨论 *

◎阮建平

【摘　要】　美国 2007 年以来的金融危机使得此前由个别学者所提出的"中美国"和"G-2"概念迅速成为有关方面争论的焦点。在一定程度上可以说，这是美国国内关于"霸权衰落"和"中国崛起"两大讨论现时交汇的一个集中体现。如果说"中美国"概念还只是反映了近年来两国经济相互依赖而呈现出的某种共生关系的话，那么"G-2"的提法则带有很大的意向性，即希望将这种经济共生关系扩展为对全球治理的某种伙伴关系。不管各方持何种观点，这场争论的核心主要是对中国崛起的认知以及如何因应迟早到来的后霸权时代对美国的挑战。

【关键词】　后霸权时代　"中美国"　"G-2"

对华认知是美国制定对华政策的内在机制。它包含了对中国的发展趋势及其对美国利益的影响的基本判断，以及由此应该采取的对策建议。自两极格局解体以来，美国社会对中国的发展先后提出过多种论调。虽然这些论调并不能代表当时美国政府对华政策的全部内容，但在某种程度上反映了美国对中国的一种认知倾向，围绕这些论调而展开的讨论往往成为捕捉美国对华政策趋向的一种重要

＊ 本文是教育部人文社会科学研究 2007 年青年基金项目（07JCGJW003）研究的一部分。

线索。

一、"中美国"和"G-2"概念的提出及其相关争论

2007 年 2 月 5 日，美国哈佛大学教授尼尔·弗格森（Niall Ferguson）和经济学者莫里茨·舒拉里克（Moritz Schularick）在《华尔街日报》上首次公开提出"中美国"（Chimerica）概念。他们指出，当时全球资本市场的繁荣是由于中美经济高度融合而形成的一个新的经济共同体——"中美国"的出现，并将其视为理解当今世界经济的关键因素。① 在当年的《国际金融》冬季刊上，弗格森和舒拉里克对此观点进行进行了深入具体的论证。②

鉴于中美两国的全球影响和相互合作的不断扩大，美国彼得森国际经济研究所所长弗雷德·伯格斯藤（Fred Bergsten）早在 2004 年就产生了建立某种形式的中美集团（"G-2"）的想法。随着 2005 年美中"战略对话"和 2006 年美中"战略经济对话"的开启，关于"G-2"的讨论逐渐增多。2008 年，伯格斯藤在《外交事务》7/8 月刊上正式提出应该建立一个由美中两国所组成的"G-2"集团，以应对从双边到全球的各种问题。他认为，由于没能调整国际治理结构以适应成员国之间相对经济力量的巨大变化，大多数国际经济组织失去了其合法性和有效性。"G-8"被认为已经过时，而"G-20"的效率太低。对此，美国应采取一种微妙的却是根本性的方式调整对华经济战略，使其成为一个拥有充分权力的真正伙伴，

---

① Niall Ferguson, Moritz Schularick. Chimerical? Think Again, *The Wall Street Journal*, 2007-02-05. A17. 美国国务院情报研究局中国问题分析专家克里斯托弗·克拉克（Christopher M. Clarke）于 2009 年 8 月 6 日在耶鲁全球研究中心发表的《美中双寡头是一个白日梦》（US-China Duopoly Is a Pipedream）一文中指出，尼尔·弗格森第一次使用"中美国"（Chimerica）概念是在 2006 年。但克拉克所提供的引注却是弗格森 2007 年 3 月 4 日发表在国际电讯上的《不是两个国家，而是一个国家："中美国"》（Not two countries, but one: Chimerica）。笔者暂时还未找到 2006 年关于"中美国"提法的文献资料。

② Niall Ferguson, Moritz Schularick. "Chimerica" and the Global Asset Market Boom, *International Finance*, Vol. 10, Issue 3, Winter 2007, pp. 215-239.

以对全球经济体系提供一种联合领导。①

"中美国"和"G-2"概念提出不久，恰逢美国金融危机爆发，一时间成为美国各界讨论的一个热点话题。

"中美国"概念的提出者——弗格森教授建议，为了避免金融危机进一步恶化，并使美国尽快走出危机，奥巴马总统不要等到4月份的"G-20"会议之后，而应在就职的第二天就召开中美"G-2"会谈，因为现在只有中国才能够提供美国刺激经济复苏所需要的大量资金。② 以佐利克、基辛格和布热津斯基等为代表的美国政界精英纷纷对建立中美"G-2"表示认同。佐利克认为，没有一个强有力的由美中两国所构成的"G-2"集团，"G-20"将会令人失望。只有通过一种前所未有的双边合作，全球经济才能复苏。基辛格主张，美中两国应建立一种"命运共同体"结构，将两国关系提升到类似"二战"后大西洋两岸关系的高度。布热津斯基表示，应当召开由美中两国参与的"G-2"峰会。他强调，美中之间的关系必须真正是一种与美欧、美日关系类似的全面的全球伙伴关系，美中高层领导人应进行例行的非正式会见，不仅就美中双边关系，还应就整个世界问题进行一种真正个人之间的深入讨论。克林顿总统时期的财政部副部长罗杰 C. 阿尔特曼（Roger C. Altman）认为，中美两国不仅在经济上，而且在地缘政治上都拥有相似的利益，"没有什么理由不使中美两国关系成为一个合作和全球稳定的关系"。③

面对空前严重的金融危机，新上任的奥巴马总统多次表示，美中关系是 21 世纪最重要的双边关系之一，建议将此前两国之间的"战略对话"和"战略经济对话"合并提升为"战略与经济对话"（Strategic and Economic Dialogue）。在 2009 年 7 月底首次中美"战

---

① C. Fred Bergsten. A Partnership of Equals, *Foreign Affairs*, Jul/Aug, Vol. 87, Issue 4, 2008, pp. 57-69.

② Niall Ferguson. Team "Chimerica", *The Washington Post*, 2009-11-17, 2008. A19.

③ Roger C. Altman. Globalization in Retreat, *Foreign Affairs*, Jul/Aug, Vol. 88, Issue 4, 2009, p. 7.

略与经济对话"召开前，美国国务卿希拉里和财政部长盖特纳联合撰文指出加强中美合作的重要性："很少有哪个全球问题能够由中国或美国单独解决，也很少有哪个全球问题能够在没有中美合作的情况下解决。"①

从 2005 年到 2008 年，中美已举行了 6 次战略对话。从 2006 年至 2008 年，中美举行了 5 次战略经济对话。迄今为止，中美已建立起 60 多个对话机制。通过这些对话机制，中美双方可以就双边和全球的众多问题进行探讨，促进合作。因此，有人将中美之间的这些高层对话机制视为一种新的全球治理模式——"G-2"的雏形。但也有不少美国学者和政府高层对中美关系的性质以及组建"G-2"表示不同意见。

美国前国家安全委员会中国部主任、东亚事务高级主管，现布鲁金斯学会访问学者丹尼斯 C. 怀尔德（Dennis C. Wilder，中文名韦德宁）2009 年 4 月 2 日在《华盛顿邮报》上撰文指出，将扩大与中国的经济合作比做一个新的"G-2"集团，将危及美国与亚洲长期朋友和盟友的关系，因为"虽然更紧密的中美伙伴关系对当前全球经济的复苏是至关重要的。但将中美关系贴上'G-2'的标签将在亚洲内外产生令人担忧的地缘战略影响，将使美国与亚洲长期朋友和盟友（如日本和印度）的关系付出沉重的代价。而美国与这些国家共享的东西比中国多得多"。② 美国前助理国务卿莫顿·阿布拉莫维茨（Morton Abramowitz）对此表示认同。他认为，中美两国以某种方式共管大局的模式，将对日本带来非同一般的打击，并在其国内引发危险的政治后果。③

美国外交学会亚洲问题研究部主任伊丽莎白 C. 伊科诺米（E-

---

① Hillary Clinton, Timothy Geithner. A New U. S. Dialogue with China, *Wall Street Journal*, 2009-07-27, p. A15.

② Dennis C. Wilder. How a "G-2" Would Hurt, *Washington Post*, 2009-04-02, p. A21.

③ Morton Abramowitz. Triple Threat, *National Interest*, 2009-05-01. http: // www. nationalinterest. org/Article. aspx? id = 21402.

lizabeth C. Economy）和中国问题高级研究员亚当·西格尔（Adam Segal）在 2009 年 5/6 月份的《外交事务》上撰文指出，呼吁美中两国增进合作是符合逻辑的，因为如果单独应对全球问题，两国都会失败，当前的双边关系也不能完成这样一个工作。但将双边关系提升到全球治理层面的 "G-2" 模式并非解决问题的根本之道。那将抬高对两国开展高层合作的期望值，而这种期望值不仅无法实现，反而会加深两国之间业已存在的实质性分歧，并导致相互指责，因为 "美中两国当前缺乏合作的根本原因并非美国没有意识到中国的重要性，也非两国领导人不重视美中双边关系。其根源在于两国的利益、价值观和实力不相匹配……甚至当共享价值和利益允许双边合作向前进时，政府治理和执行方面的巨大鸿沟常常导致相互沮丧和指责"。①

刚刚退休的美国国务院情报研究局中国问题分析专家克里斯托弗 M. 克拉克（Christopher M. Clarke）认为，"中美国" 或 "G-2" 所暗示的中美双寡头体制只是一种 "白日梦"。他指出，仅凭经济上的相互依赖并不足以产生一个共同体。鉴于中美之间存在根深蒂固的战略猜忌，组建 "中美国" 或 "G-2" 不可能成为解决当前世界所面临的各种挑战的办法。从根本上讲，这是由于两国在价值观、政治体制和安全上的巨大分歧所造成的。即使就中美经济交往而言，并非如弗格森所描述的那样类似于一种 "完美婚姻"，它们在金融危机中的合作实际上是一种 "为避免一起掉下悬崖的绝望拥抱"，因此是不可能持久的。②

不管对中美关系的性质和对组建 "G-2" 的看法如何，上述各方都有一个基本的共识，即随着中国经济的持续快速增长，中国的影响正在不断扩大。对美国而言，关键的问题是中国的崛起对美国

---

① Elizabeth C. Economy, Adam Segal. The G-2 Mirage, *Foreign Affairs*, May/Jun, Vol. 88, Issue 3, 2009, pp. 15-16.

② Christopher M. Clarke. US-China Duopoly Is a Pipedream, *Yale global*, 2009-08-06. http：//yaleglobal. yale. edu/article. print？ id＝12646.

意味着什么，该如何应对？围绕"中美国"和"G-2"的争论实际上就源自于此。在一定程度上可以说，这是近年来美国国内关于"霸权衰落"和"中国崛起"两大讨论交汇的一个集中体现。

二、美国国内关于"霸权衰落"的相关讨论

"二战"后以来，每一次严重的危机都会引发美国对自身霸权是否衰落的讨论。最早的讨论可以追溯到 20 世纪 60 年代中后期。由于此前长达 20 年的扩张政策大大消耗和透支了美国的资源，使得美国的超强经济和军事优势日渐丧失，并陷入内外交困之中。这场争论持续到 20 世纪 80 年代中后期，直到苏东剧变开始。苏东剧变后，关于"美国霸权衰落"的讨论暂时告一段落，许多美国人开始欢呼"美国单极时代"的到来。但时隔十多年之后，随着美国陷入伊拉克战争的困境以及遭遇自 20 世纪 30 年代大萧条以来最严重的金融危机，关于"美国霸权衰落"的讨论再次成为人们关注的一个焦点。

就经验层面而言，关于"美国霸权是否衰落"的一个主要焦点是绝对标准和相对标准的侧重问题。与战后初期相比，美国今天的绝对优势显然是大大下降了。但就相对优势而言，美国仍然是最强大的。特别是在苏联解体之后，没有任何一个国家或国家集团具有能够同时在经济、政治、军事和科技等方面与美国进行全面竞争的实力。约瑟夫·奈认为，美国不仅在经济、科技和军事等"硬实力"方面仍然是最强大的，而且作为其"软实力"的政治文化影响、议程设置和制度塑造等方面也是无可匹敌的。纵观战后历史，美国可能会因为一些危机而暂时受挫，但由于美国社会强大的自我修复能力和危机转嫁能力，每一次危机过后，美国不仅没有持续衰落下去，有时甚至获得了更强的竞争力。美国《时代周刊》（Die Zeit）杂志主编、斯坦福大学教授约瑟夫·约菲（Josef Joffe）指出，战后以来关于美国霸权衰落的预言，没有一次变成了现实。美国不仅在经济和军事上仍然具有其他国家无法比拟的优势，而且在教育、研发，以及自我选择能力等方面也是无人能比的。21 世

纪的美国仍将比其竞争对手更年轻、更有活力。① 就此次空前的金融危机而言，虽然许多人认为它将加剧美国霸权的衰落，但尼尔·弗格森指出，它对"金砖四国"和欧盟等潜在竞争者的打击实际上比对美国的打击要大得多。虽然全球权力转移不可避免，但预言美国将因此而衰落为时尚早。当然，美国正变得比以往任何时候更依赖于其他国家来应对自己所面临的各种挑战，也是不争的事实。

相对于经验层面的标准之争而言，理论层面的讨论主要不是"美国霸权是否衰落"，而是霸权衰落之后"美国应该怎么办"。从理论上讲，美国霸权的衰落是迟早的事情，因为历史上没有任何一个国家能够永远保持其霸主地位。对美国而言，最重要的是在尽可能延长美国霸权的同时，如何因应美国霸权衰落时可能面临的各种挑战，最大限度地维护美国利益。

早在 20 世纪 80 年代的讨论中，保罗·肯尼迪就指出，从历史发展规律来看，美国不可能永远保持其现有的地位。但这并不意味着美国将像历史上的那些大国一样衰落到默默无闻或崩溃的地步。同它们相比，美国所面临的挑战要小得多。即使当美国衰退到仅占有它"本来的"一份世界财富和实力的时候，美国仍然是多极世界中举足轻重的大国。对美国实际利益的唯一严重威胁将来自不善于明智地适应新的世界秩序。鉴于"军事过度扩张"和"财政困难"是历史上许多盛极一时的帝国衰落的主要原因，美国应该像沃尔特·李普曼所告诫的那样，使"国家的承诺和国家的实力相平衡"。如能适当地安排资源，明智地承认美国实力的限度与可能两个方面，那么美国的力量仍然是巨大的。②

苏东剧变后，当许多美国人为美国单极时代的来临而欢呼的时候，布热津斯基就清醒地指出，美国确实是有史以来第一个和唯一

① Josef Joffe, The Default Power, *Foreign Affairs*, Sep/Oct, Vol. 88, Issue 5, 2009, pp. 21-35.

② ［美］保罗·肯尼迪：《大国的兴衰》，蒋葆英等译，中国经济出版社1989 年版，第 647~649 页。

的真正全球性超级大国，但同时可能也是最后一个全球性超级大国。虽然美国的全球性主导地位至少在一代人的时间内还不可能被任何一个国家单独取代，但美国全球性主导地位的下降是必然的。因此，美国必须未雨绸缪，在尽可能地延长自己主导地位的同时，为迟早到来的后霸权时代做好地缘政治上的准备，以将霸权衰落对美国利益的损害降到最低。在布热津斯基看来，首要的是要促进和保持地缘政治的多元化，"确保没有任何一个国家或国家联盟获得将美国驱逐出去的能力，即使是削弱美国主导作用的能力也不行"；① 同时，逐步建立一个包含各种合作层次的地缘政治框架，使"这一框架既能化解社会政治变革必然带来的冲击和损害，又能演变成共同承担和平管理全球的责任的地缘政治核心"。②

随着冷战后全球化的加速发展，国际政治逐渐呈现出不同于以前的很多趋势：各国相互依赖进一步加深，跨国联系渠道越来越多样化，国际行为主体日益多元化，全球性挑战不断凸显……简言之，由主权国家垄断国际事务的局面正在被打破，美国所面临的挑战也变得多元化。在这种背景下，关于"美国霸权衰落"的争论焦点不再仅仅集中在"如何应对可能的挑战国"这一传统问题上，还包括如何应对全球化给美国带来的新的挑战。

约瑟夫·奈将当前的国际实力结构比做一盘"三维国际象棋"：最上层的军事格局仍然是美国单极独霸；中层的经济格局早已出现能够与美国竞争的欧盟（欧共体）和日本，中国也正在崛起成为一支新的经济力量；下层是不受任何一国政府所控制的各种跨国关系，包括形形色色的非国家行为者，力量非常分散，"根本无法用单极、多极或霸权加以描述"。在后两个层面里"不仅有新的角色需加以考虑，而且许多跨国问题——无论是金融动荡、艾滋

① Zibgniew Brezinski. A Geostrategy for Eurasia, *Foreign Affairs*, Vol. 76, Issue 5, 1997. p. 51.

② ［美］兹比格纽·布热津斯基：《大棋局——美国的首要地位及其地缘战略》，中国国际问题研究所译，上海世纪出版集团 2007 年版，第 174 页。

病传播还是恐怖主义，没有其他国家的合作都无法解决"。① 因此，美国不仅必须维持其硬实力，同时还必须加强其软实力。这就要求美国进行更多的自我约束，不能高傲自大，一味将国内的狭隘利益置于全球公益之上，而不顾及其他国家的利益和感受。否则，尊重就会变成失望和不满，增加美国受攻击的危险，加速优势的丧失。

美国《新闻周刊》的国际主编费力德·扎卡里亚（Fareed Zakaria）也认为，"在除了军事之外的每一个维度，工业、金融、社会、文化——权力的分配正在从美国的主导下转移。这并不意味着我们正在进入一个反美的世界，但我们正在进入一个由很多地方和很多人所界定和管理的后美国世界（a post-American world）"。这就要求美国除了采取措施增强自己的经济社会竞争力外，还需要进行一个战略和态度的更大改变，即"通过接纳新兴国家来稳定正在出现的世界新秩序，转让自己的部分权力和特权，接受一个更多声音和观点的世界"。②

2008 年，美国对外关系学会会长、前国务院政策规划室主任理查德·哈斯在《外交事务》5/6 月刊上发表了《无极时代》（The Age of Nonpolarity）。他认为，美国当前的强大实力不能掩盖其在世界所处地位的相对衰落以及在影响力和独立性上的绝对衰落。从历史发展来看，新兴大国的崛起不可避免地会削弱美国的绝对优势，而美国在能源、经济和伊拉克战争上的政策失误也加快了美国的衰落。此外，全球化发展对包括美国在内的所有国家的控制能力都提出了挑战，使非国家行为主体获得了更大的影响力。这些都导致了美国单极时代的终结，并促进了国际权力的分散化。但未来的世界不会是一个由一两个或几个大国所控制的两极或多极世界，而是一个由几十个拥有并运用其权力的各种行为主体所控制的

① ［美］约瑟夫·奈：《美国霸权的困惑——为什么美国不能独断专行》，郑志国等译，世界知识出版社 2002 年版，第 151 页。

② Fareed Zakaria. The Future of American Power, *Foreign Affairs*, May/Jun, Vol. 87, Issue 3, 2008, p. 43.

"无极世界"。这些行为主体除了世界性大国之外，还包括地区性大国、国际组织、跨国公司、国际媒体、恐怖组织、宗教团体和非政府组织等。这样的一个"无极世界"增加了美国所面临的威胁种类，以及在应对全球或地区挑战时采取集体行动的难度。对此，美国应该放弃布什政府时期的"单边主义"和"非友即敌"的外交政策，恢复多边主义，"促成一个由政府和其他行为者所组成的致力于合作性多边主义的核心群体"。哈斯将其称为"协调性无极秩序"（Concerted Nonpolarity）。虽然这样并不能消除无极世界，但有助于对其进行管理，并降低国际体系恶化或破裂的可能性。①

综上所述，美国近年来关于"霸权衰落"的讨论，不仅关注国家之间权力的结构性变化，还开始关注全球化对当前国际治理结构的冲击。正如美国普林斯顿大学教授约翰·艾肯伯里（G. John Ikenberry）所意识到的，"单极时刻终将过去，美国的主导地位也将终结。美国的大战略相应地应该由这样一个关键问题来驱使，即什么样的国际秩序将是美国所希望的"。② 如果美国能够将其占主导时期所确定的规则合法化和系统化，则美国的利益在其霸权衰落后仍然能够得到有效的维护。

三、后霸权语境下的对华认知演变

鉴于历史上许多大国的衰落往往与某个新兴大国的出现密切相联，美国往往自觉不自觉地都会将对自身霸权衰落的每一次担忧投射到对某个新兴国家的警惕上来。从20世纪90年代中后期开始，美国将对其霸权衰落的担忧又投射到迅速崛起的中国身上。

苏东剧变之初，沉浸在单极喜悦中的很多美国学者并没有将中国视为一个有资格的竞争者。相反，由于苏联解体，美中合作的既

---

① Richard N. Haass. The Age of Nonpolarity, *Foreign Affairs*, May/Jun, Vol. 87, Issue 3, 2008, pp. 44-56.

② G. John Ikenberry. The Rise of China and the Future of the West, *Foreign Affairs*, Jan/Feb, Vol. 87, Issue 1, 2008, pp. 36-37.

有基础削弱，意识形态分歧凸显出来。美国一些保守派希望挟冷战胜利的余威趁势攻下最后的社会主义中国。他们认为，连有 70 年历史的苏联都垮台了，中国也难逃这样的宿命。从当时的国内形势看，中国似乎正处于政治崩溃和领土分裂的边缘。只要加以外部压力，中国很快就会步苏东剧变的后尘。一时间，"中国崩溃论"甚嚣尘上，与此相伴随的是对中国的经济制裁和政治孤立。

但中国政府不仅顶住了外部压力，还在保持国内政治稳定的同时通过深化改革和扩大开放实现了经济的持续高速增长，综合国力稳步提升，国际影响不断扩大，使"中国崩溃论"不攻自破。虽然一些人还不愿承认中国持续发展的现实，但"中国崩溃论"的市场迅速萎缩，至少不再是美国当前制定对华政策的主要依据，而逐步代之以对"中国崛起"的讨论。①

从 1991 年至 2008 年，中国 GDP 年均增长高达 10%，已先后超过意大利、法国、英国和德国等发达国家，并将很快超过日本，与美国的差距也在不断缩小。据世界银行统计，从 1990 年到 2008 年，中国 GDP 年均增长速度是美国的 3 倍左右。按当年人民币对美元的汇率折算，中国 GDP 从不到美国的 8% 上升至 30% 左右。美国高盛公司在关于"金砖四国"的最初报告中估计，按照当前中美两国经济增长的相对速度，考虑到未来的调整，中国按汇率计算的 GDP 将在 2040 年赶上美国。2008 年金融危机爆发之后，这一进程被认为可能提前至 2027 年左右。因为在此后的一段时间内，美国经济年均增长率将只有 1% ~2%，而中国经济因政府主导型基础设施投资扩大和不断增加的国内消费，仍能够保持 8% 以上的年均增长速度。如果按照购买力平价计算，中国经济规模将更快超

---

① 虽然从概念被明确讨论的先后次序来讲，"中国威胁"比"中国崛起"要早，但实际上，"中国威胁"作为一个议题本身就隐含了某种程度的"中国崛起"的前提。"中国威胁"只不过是一些人根据对中国意向的负面认知来解读"中国崛起"对其影响的一个表现，因而是关于"中国崛起"讨论的早期形式。同样就"中国崛起"的影响，也有人提出"中国机会论"。

过美国。据经合组织经济学信息部（OECD，Economist Intelligence Unit）估算，中国按照购买力平价计算的 GDP 将在 2020 年左右超过美国。随着中国经济的增长和利益的全球化，中国的军事支出也将相应增加，并逐步缩小与美国的能力差距。

如果中国的崛起不可避免，那它对美国意味着什么？美国应该怎么办？这直接取决于对中国崛起的认知倾向，而后者在时空上又逐渐与 20 世纪 90 年代以来关于美国霸权衰落的讨论紧密相连。

如前所述，对"中国崛起"的讨论最初主要是以"中国威胁论"的方式表现出来。基于历史习惯和意识形态立场，一些美国人认为，"中国崛起不仅将是对美国实力的公然挑战，还是对美国价值观、对美国关于一个社会如何取得进步的思想以及对我们摇摇欲坠的国际统治地位的打击"。[1] 遏制中国理所当然就成为他们所推崇的对华政策选择。

历史现实主义认为，崛起大国对现存秩序的不满必然会转化为对既有霸主的挑战。因此，历史上大国之间的权力转移往往是通过战争进行的。美国著名的专栏评论家罗伯特·卡根（Robert Kagan）认为，中国的"近期目标是取代美国成为远东的主宰，长期目标是在全世界挑战美国的主宰地位"。[2] 进攻性现实主义的代表人物约翰 J. 米尔斯海默（John J. Mearsheimer）则从每个国家都要追求权力最大化的假设前提出发认为，无论是否具有主观意愿，任何崛起的大国都注定要挑战美国的主导地位。随着中国经济的持续高速增长以及由此必然带来的军事力量的壮大，中美两国可能进行一场具有潜在战争可能性的、紧张的安全竞争。鉴于中国巨大的人口和财富规模，"这种未来的中国威胁最令人头痛的一点是，中国

① Morton Abramowitz, Red Dawn, 2009-07-09. http：//www. nationalinterest. org/Article. aspx? id＝21788.

② Robert Kagan. What China Knows that We don't, 1997-01-20, *The Weekly Standard*. http：//www. carnegieendowment. org/publications/index. cfm? fa＝view&id＝266&prog＝zch, zgp&proj＝zusr.

将比 20 世纪美国所面临的任何一个潜在霸权国家都更强大、更危险"。① 因此，美国应扭转这一进程，想办法延缓中国的崛起。

在政治保守主义者看来，随着中国实力和影响的不断扩大，不仅将对美国的"硬实力"构成挑战，还将对其"软实力"构成挑战，其中一个重要表现就是对"北京共识"的警惕。虽然目前"北京共识"还不能像"华盛顿共识"那样就一个国家如何实现现代化提供一个具有内在逻辑一致性的理论体系来，但不排斥随着经验的积累和理论提炼，"北京共识"将逐步提升为一个不同于"华盛顿共识"的现代化理论体系。届时，"北京共识"即使不会取代"华盛顿共识"，至少将打破其垄断地位，表明另一种现代化道路和价值取向的可行性。这必将削弱美国政治文化和对外政策的逻辑说服力。

然而，很多美国学者对"中国威胁论"有不同的看法。

第一，在可预见的相当长一段时间内，中国还不具备挑战美国的能力。目前，美国的 GDP 是中国的 3 倍多，人均收入是中国的 16 倍以上，军事预算是中国的 9 倍以上。尽管很多人估计，在 20 年左右的时间里，中国的 GDP 将赶上美国。但这个预计本身就存在很多变数。资源短缺、环境恶化、人口老龄化和社会政治压力等都会对中国经济的持续高速增长构成制约。从长期看，中国经济的增长速度肯定会下降。即使中国的 GDP 赶上美国，中国人均收入仍然远远低于美国，加上日益严重的老龄化，意味着中国必须继续将其绝大部分的财富用于解决内部需求，不可能用于对外征战。与此同时，在当今的时代，要成为一个世界性主导大国，仅有"硬实力"还是不够，还需要文化和制度等方面的"软实力"。约瑟夫·奈认为，中国在这方面根本无法取代美国。一些国家对"北京共识"的认同在一定程度上是由对美国政策的不满所促成的。尽管美国的"软实力"在布什时期受到了损害，但只要放弃布什的一些单边主义做法就能很快恢复起来。

① John J. Mearsheimer, The Future of the American Pacifier, *Foreign Affairs*, Sep/Oct, Vol. 80, No. 5, 2001, p. 57.

第二，即使中国具备了一定的实力，也未必会与美国发生冲突。约翰·艾肯伯里认为，历史上大国的权力转移并不一定总会导致战争，关键看当时国际秩序的性质。与历史上所有的帝国秩序不同，美国在战后所主导建立起来的国际秩序很容易加入，但很难推翻。因为它是建立在非歧视和市场开放的规则体系之上，以联合领导为基础，有一个广泛的和不断扩大的参与者和利益攸关者，不仅可以使包括中国在内的所有新兴大国的经济利益和政治要求能够在体制之内得以实现，而且使推翻它的成本很高——因为那样将面对众多国家的反对。中国领导人已发现，中国不仅需要继续进入该体系，还需要该体系的规则和制度所提供的保护。因此，中国的崛起并不必然导致与美国围绕国际规则和领导权的暴力冲突。美国需要做的只是领导西方各国加强和扩展现有秩序的规则体系，这样，即使将来美国霸权衰落了，美国的利益依然能够得到有效保护。①

第三，促进中美合作的基础在不断扩展。就双边关系而言，随着中美经贸往来的迅速扩大，相互依赖不断加深，形成了一种经济上的"恐怖平衡"（Horrible Balance）抑或"确保相互摧毁"（Mutual Assured Destruction）状态。美国是中国最为重要的进出口市场和投资来源地之一，而中国不仅是美国最重要的贸易伙伴之一，还是美国国债的最大购买者。两国经济联系如此之密切，以至于任何一方经济的稳定运行都离不开对方的合作。不要说这两个核大国发生战争的灾难性后果，仅仅中断相互经贸往来就可能对双方造成难以承受的后果。因此，包括美国前助理国防部长劳伦斯·科伯（Lawrence Korb）在内的很多美国高层认为，中美之间发生直接冲突的可能性微乎其微。②

与此同时，中美两国还面临着越来越多的共同挑战，如阻止疾

---

① G. John Ikenberry. The Rise of China and the Future of the West, *Foreign Affairs*, Jan/Feb, Vol. 87, Issue1, 2008, pp. 23-37.

② 2009 年 2 月，笔者曾访问过包括劳伦斯·科伯在内的一些美国学者。这是他们对中美关系的一个基本看法。但科伯对"中美国"和"G-2"提法也有担心，即认为中国可能高估美国对中美关系的评价而忽视双方的分歧，从而在台湾问题上采取冒险行动，最后使双方陷入谁都不希望的危机之中。

病传播和气候变化、应对世界经济动荡、打击跨国犯罪和国际恐怖主义、防止大规模杀伤性武器及其运载工具的扩散等。这些挑战对包括中美两国在内的所有国家都构成了现实威胁，但又非任何一个国家能够单独应对的。加强相互合作，不仅是各自的利益要求，也是国际社会对中美两个大国的期待。这就使中美之间潜在的结构性矛盾不得不被全球治理所需要的功能性合作所缓和。

总之，中国发展势头强劲，但在可预见的将来还不可能取代美国的世界地位。即使目前的发展"对美国提出了许多挑战，但都不必然导致冲突。两国广泛的共同利益为其全球伙伴关系提供了机会……权衡利弊，中国的崛起能够变成美国的一件好事"。① 事实上，只要不主动威胁中国至关重要的核心利益，中国崛起本身并不必然给美国带来现实的挑战，相反还会给美国带来巨大的机遇。如果执意要将中国视为威胁加以遏制的话，那很可能导致"预言的自我实现"。正如约瑟夫·奈所警告的："如果你把中国视为威胁，中国就会成为你的威胁。"为一个可能的挑战制造一个现实的敌人显然并不明智，而且也缺乏必要的国内外支持。

鉴于美国的全球主导地位终将过去，而遏制中国也面临诸多现实困难，越来越多的美国学者和政治领导人赞成继续与中国接触，希望借此影响中国对自身利益的界定和计算，从而塑造其行为方式。因此建议"给予中国更大的奖励融入而不是反对（美国所主导的国际体系），增加该体系在美国的相对权力衰落以后的生存机会"。② 如若成功，中国的崛起对美国所主导并深受其利的国际体系不再是一个巨大的外部挑战，而是一个新的支持力量，这是应对中国崛起的最好办法。布热津斯基早在 20 世纪中后期就指出，"对美国而言，中国这个地区大国在被吸引进更广泛的国际合作框架之

---

① C. Fred Bergsten, Charles Freeman, Nicholas R. Laroly, Derek J. Mitchell. *China's Rise: Challenges and Opportunities*, Washington DC: Peterson Institute for International Economics & Center for Strategic and International Studies (CSIS), September 2008, pp. 237-239.

② G. John Ikenberry. The Rise of China and the Future of the West, *Foreign Affairs*, Jan/Feb, Vol. 87, Issue1, 2008, p. 25.

后，可以成为一种保障欧亚大陆稳定的、十分重要的地缘战略资产。在这个意义上，其重要性不亚于欧洲，其影响力超过日本"。①这可能是关于"G-2"的更早设想。面对新世纪的挑战，约瑟夫·奈认为，没有什么比使崛起的中国作为国际体系中负责任的一员融入进来更重要的事情。在这种考虑之下，佐利克提出的"负责任的利益攸关者"（Responsible Stake-Holder）取代"战略竞争者"成为美国高层对中国的新的角色期待。

从"中国崩溃论"到"中国威胁论"，再到"中国责任论"，显示了冷战结束以来美国对华认知倾向的转变轨迹，导致这种转变的关键是对中国崛起趋势的某种承认和对迟早到来的后霸权时代的因应考虑。

四、"多伙伴世界"中的责任分摊与权力制衡

客观地讲，只要不出现持续重大的政策失误，在可预见的一段时间内还不太可能出现一个能够对美国构成全面挑战的国家或国家集团。相对而言，对当前国际秩序的各种冲击更容易损害美国的实际利益和全球威望。在这种背景之下，加强与包括中国在内的有关各方的合作，就成为美国对外战略的现实选择。但如果说美国已准备大幅调整国际治理的权力结构，甚至要将美中关系提升至与美欧或美日同等水平，显然言过其实。

2009 年 7 月 15 日，美国国务卿希拉里在参议院对外关系委员会上就美国新政府外交政策发表演讲时表示，其他国家的崛起和美国经济上的困难，并不意味着美国实力的衰落。"问题不是我们能否领导，或是否应该领导，而是如何领导。"在当今世界，没有任何一个国家能够单独应对全球挑战。但由于历史、地理、意识形态和习惯等原因，又难以形成有效的国际合作，这就需要一种新的鼓励各国合作并承担自己责任的全球治理结构。美国应发挥领导作用，将愿意为共同关注的问题而承担责任的各种行为者联合起来，

---

① ［美］兹比格纽·布热津斯基：《大棋局——美国的首要地位及其地缘战略》，中国国际问题研究所译，上海世纪出版集团 2007 年版，第 168 页。

除相关国家外，还包括非政府组织，甚至个人，从而将一个"多极世界"转变成一个"多伙伴世界"（Multi-Partner World）。当然，美国不会放弃必要时使用武力来维护自身利益的做法。

显然，美国并不希望出现一个霸权旁落的多极世界，而是准备利用其建立伙伴的领导能力将各种"利益攸关者"拉入进来，分摊对国际秩序的治理责任，这是缓解霸权危机的传统手段。20世纪70年代初，为了应对与苏联竞争态势的逆转，美国提出要与欧共体建立"平等的伙伴关系"，其实际目的就是要欧洲帮助美国分摊经济和军事上的负担，但对欧洲寻求更大安全自主权的任何努力至今仍然保持警惕。对今天的美国而言，中国也是其所期望的众多责任伙伴中的重要一员。但即使为提高国际治理效率而不得不提高中国在某些国际事务中的权力地位，也是以不损害美国的主导权为前提的。

奥巴马政府的"多伙伴世界"理念是对布什政府中前期单边主义做法的纠正，但又不是对多边主义的简单回归。由于美国拥有对大多数国际议程设置和"责任"解释的主导权，"多伙伴世界"在向各种行为主体开放讨论空间的同时，将有助于对"不合作"或"合作不积极"的国家施加更大压力。因为大多数非国家行为主体只具有行为影响能力，而不具有责任承担能力，任何决议最终还得靠主权国家来落实。更多行为主体的参与只会增加对相关国家的责任压力。

为了促使中国分担责任，美国将借重其盟友和其他伙伴加大对中国的压力。伊丽莎白·伊克罗米和亚当·西格尔主张，美国"应该支持一种更加灵活的多边方式对待中国，即奥巴马必须继续与中国协调共同应对全球问题，但也需要争取其他国家的帮助来应对中国崛起所引发的问题……作为第一步，奥巴马政府应该与日本、欧洲和其他一些大国一起协调对中国的政策"。① 希拉里国务卿和盖特纳财政部长在强调加强中美合作的必要性时也指出，"虽

---

① Elizabeth C. Economy, Adam Segal. The G-2 Mirage, *Foreign Affairs*, May/Jun2009, Vol. 88 Issue 3, pp. 19-20.

然我们正在致力于使中国成为这样的一个伙伴，但我们将继续与亚洲和世界其他地方的长期盟国和朋友密切合作，将继续依赖恰当的国际集团和组织"。① 对于中美在苏丹达尔富尔和缅甸等问题上的分歧，斯蒂芬·克莱尼-阿尔布兰特（Stephanie Kleine-Ahlbrandt）与安德鲁·斯莫尔（Andrew Small）建议，美国应该鼓励苏丹和缅甸内部的反对团体以及周边国家和国际组织对中国施加影响。② 伯格斯滕对此表示赞同，他认为美国应该超越欧洲和日本等传统盟友，在一些敏感问题上与相关的发展中国家合作，就能增强对中国的压力，从而更有效地改变中国的行为。③

对中美关系而言，更大的挑战还是来自于美国对中国根深蒂固的不信任。2009 年 9 月 15 日，美国政府公布的《美国国家情报战略》延续了对"中国威胁"的一贯指控。该报告指出，在有能力以传统的和新的方式挑战美国利益的国家中，除了伊朗、朝鲜和俄罗斯外，就是中国，"虽然中国与美国有很多共同利益，但中国不断强化的资源外交和军事现代化是促使其成为复杂的全球性挑战的因素之一"。④ 这就决定了美国尚不可能放弃对中国的防范，也使美中关系难以达到像美欧和美日那样的亲密程度。因此，很多美国学者认为，加强中美合作并不意味着"中美共同体或联盟"。⑤ 布热津斯基在一次访谈中也指出，日本不应对美中合作感到担忧，因为美国与日本所共享的比与中国所共享的要多。莫顿·阿布拉莫维

① Hillary Clinton, Timothy Geithner. A New U. S. Dialogue With China, *Wall Street Journal*, July 27, 2009, p. A15.

② Stephanie Kleine-Ahlbrandt, Andrew Small. China's New Dictatorship Diplomacy, *Foreign Affairs*, Jan/Feb, Vol. 87, Issue1, 2008, pp. 54-55.

③ C. Fred Bergsten. A Partnership of Equals, *Foreign Affairs*, Jul/Aug, Vol. 87, Issue 4, 2008, p. 22.

④ Office of the Director of National Intelligence. National Intelligence Strategy of the United States 2009, September 15, 2009. p. 3. http: //www. dni. gov/reports/ 2009_ NIS. pdf.

⑤ Kenneth Lieberthal, David Sandalow. *Overcoming Obstacles to U. S. -China Cooperation on Climate Change*, Washington, D. C. : the Brookings Institution, 2008, p. 2.

茨更直接主张，在加强与中国合作的同时，"我们不必也不应该抛弃我们的盟友、理想和对中国的劝诫……以及改变中国政策和在我们认为根本利益受到威胁时与之对抗的努力"。①

无论是制度安排还是权力制衡都是应对霸权挑战的手段。中美利益的相互渗透和应对全球挑战的共同需要，将有助于缓解两国之间的结构性矛盾，促进相互合作。但美国对华认知的负面倾向仍将是制约两国关系发展的一个主要障碍。围绕"中美国"和"G-2"的讨论实际上就体现了美国对华政策的这种多重特性。

（阮建平　武汉大学政治与公共管理学院副教授）

① Morton Abramowitz, Red Dawn. *National Interest*, 2009-07-02, http：// www. nationalinterest. org/Article. aspx? id＝21788.

学术动态

在第四届青年政治学论坛的闭幕讲话

（2009 年 9 月 20 日，武汉大学明珠园）

各位青年同仁：

这两天大家欢聚在一起，以文会友，以论识友，积极热烈，白天、晚上都在交流、讨论，使研讨会取得了很大成功，我代表武汉大学政治学的几代同仁，向大家表示热烈祝贺。

这次论坛被称为"第四届青年政治学论坛"，但我想告诉大家的是，这次论坛其实应该称为"第六届青年政治学论坛"。早在 1992 年，当时的一些中青年政治学者积极联络筹办，在苏州大学举行了首届全国中青年政治学研讨会。第二年 11 月，又在武汉大学举办了全国第二届中青年政治学者研讨会，为适应此前不久中共十四大确定建立社会主义市场经济体制改革目标所提出的实践问题，这次研讨会以"市场经济与政治发展"作为会议的主题。当时，我们中青年学者所能掌握的资金有限，所以这次研讨会是由武汉大学政治与行政学院和中央编译局当代马克思主义研究所、南开大学政治学系、天津师范大学政法系、苏州大学政治学系、湖北省社会科学院政治学所、武汉市政治学会、武汉钢铁公司商业公司八个单位共同集资举办的。

遗憾的是，中青年政治学论坛在 1993 年以后就中断了。究其原因，首先是经济上的困难，那个时候，各个学校的财力都不宽裕，而且多数学校青年学者还没有取得支配经费的便利。其次就是由于历史的原因政治学队伍中存在一个年龄的断层。1994 年、1995 年我们一些中青年学者都积极推动，希望有学校接下去办第三届。再后来，我们都接近 50 岁了，不好意思再折腾这件事了。因此，13 年后，青年政治学论坛能在 2006 年举办，并得以延续，每年举办一次，是非常有意义的。我还听说，积极申办下一次论坛的单位非常踊跃，南京大学派了系主任孔繁斌教授专程来申办、接受举办下一届论坛的任务。真是令人高兴、令人欣喜。我认为，大家能把青年论坛办起来、接下去，这是一件非常好的事情。为什么这样说，我想借此机会简单地回顾一下政治学的恢复和发展的历史，回顾一下几代政治学学者所作出的贡献。

政治学的恢复和发展的第一代政治学学者都是出生于 20 世纪初，留学欧美专攻法学和政治学，于 20 世纪 30 年代回国。如张友渔、钱端升、石啸冲、杜汝辑、楼邦彦、吴恩裕，等等。①

第二代政治学学者有夏书章、赵宝煦、王惠岩、徐大同、丘晓、陈哲夫、岳麟章、韦庆远、邹永贤等。他们都是 20 世纪 20 年代出生，有的曾留学欧美，于中华人民共和国成立前夕回国，有的是 1949 年前后在国内大学学习政治学，也有学习其他相关学科的。

1979 年酝酿恢复政治学时，国内能找到的 50 年代初以前修习政治学的科班学者十分稀少，因此，第一代、第二代就成为中国政治学得以恢复和发展的种子，他们有着丰富的同时也是坎坷的人生经历和对社会、对政治的深刻感悟，而且学融贯中西，是"中国现代史上真正受过中西两面学术训练的学者"，在国难深重的年代

---

① 张友渔（1899—1992），20 世纪 30 年代曾受中国共产党派遣三次东渡日本求学并从事革命活动；钱端升（1900—1990），1924 年获哈佛博士，同年归国；龚祥瑞生于 1911 年，曾留学英国；石啸冲生于 1908 年，1930 年留学德国，入柏林大学政法专业，1933 年回国；楼邦彦生于 1912 年，1936 年获中英庚子赔款公费资助赴英国留学，1939 年回国先后在清华大学、北京大学、武汉大学执教；吴恩裕生于 1909 年，1936 年公费留学英国，入伦敦政治经济学院研究政治思想史，师从拉斯基，获政治学博士学位，1939—1952 年曾任重庆中央大学、北京大学政治学教授，1954 年开始致力于《红楼梦》作者曹雪芹的生平家世研究。

里，他们向往民族的解放和国家的兴旺，追求真理。遗憾的是，正当他们意气风发、年富力强的时候，政治学学科却被取消了，而当政治学学科恢复时，第一代的这些学者年事已高，历史给他们留下的时间已经不多（其中，楼邦彦、吴恩裕两位先生在 1979 年同年去世，还没有来得及在政治学学科的恢复和发展中显露自己的才华，就带着终身的遗憾走了）。但第一代的学者们本身就是政治学的一面旗帜，他们为政治学学科的恢复奔走呼号，发挥了至关重要的号召和引领的作用，而具体运作和组织政治学学科恢复和发展、维护它的存在权利的任务主要是第二代学者完成的，第一代、第二代学者为政治学学科的恢复和发展所从事的呕心沥血、卓有成效的工作，我们将永远铭记在心。当然，他们也有历史的缺憾和局限，主要表现在：无论是在国外还是在国内攻读政治学，他们所学习的都是 20 世纪 40 年代以前的传统的政治学，概念体系、关注的问题和使用的研究方法也都是 20 世纪 40 年代的。而在 1949 年以后，他们失去了专心治学的时光，被迫中断了对政治学的研究和教学，有的甚至转向其他学术研究来消磨自己旺盛的精力，同时也就中断了与世界政治学界的联系，而正是在这 30 年中世界政治学随着第三次科学技术的革命发生了巨大的变革。因而当政治学在中国内地恢复时，所恢复的只能是 1949 年以前的政治学，其学科体系、概念体系、课程体系，都基本上呈现了 20 世纪 40 年代政治学的面貌，而对于"二战"后世界政治学的发展尤其是研究方法、研究范式的重大变化，国内的政治学界知之甚少。

我们可以把 20 世纪 30 年代到 40 年代初（抗战胜利前）出生的政治学者归为第三代，如王邦佐、李景鹏、曹沛霖、刘德厚、王松、孙关宏、王乐夫、张永涛、白钢，等等。这一代学者都是在 20 世纪 50 年代、60 年代接受大学教育，在当时作为一门学科的政治学被取消的背景下，没有政治学可学，他们所学习和从事的主要是科学社会主义、历史学、经济学等学科，同时，他们也经历了中华人民共和国前 30 年的风风雨雨，对取消政治学给国家和社会带来的损失感受深切，因此，当改革开放启动、酝酿恢复政治学学科的时候，他们敏锐地看到了恢复和发展政治学学科对于我国社会发展的重要意义，也抓住了实现个人学术转向和发展的历史机遇，毅然转向政治学，并承担起具体规划和组织各个高校政治学专业的设置、开办和建设的重任，正是由于他们的精心组织和策划，政治学学科在国内主要高校迅速恢复重建并取得了长足的发展，形成了基本的教学和研究队伍，搭建起从本科到硕士、博士层次政治学人才培养的基本构架。但是，他们对政治学的学科体系、理论体系和研究方法的掌握，是在组织学科建设、培养后代人才的过程中一边工作一边吸收新的知识，其中的付出和艰辛可想而知，但是要求他们透彻地了解"二战"后世界政治学的发展，掌握研究方法、研究范式的重大变化，无疑是过于苛求了。

我个人大概可以归入第四代政治学学者之列。所谓第四代正是第一届、第二届中青年政治学论坛的主体，当时的中青年，正好包括了经过"文革"洗礼的一代人和"文革"前夕出生的一代人，也就是抗战胜利后到 20 世纪 50 年代末、60 年代初出生的一代人。这一代人的人生经历中，有磨难也有思索，因而有比较强烈的历史使命感和社会责任感。这一代人的年龄跨度将近 20 年，却几乎是在三五年的同一时段里进入大学，形成了学术史上年龄结构与知识系统对应非常奇特的景观。这一代人在高考恢复后接受了大学正规教育（包括本科生、研究生教育），在国门刚刚打开的背景下，如沐春风，如饥似渴地接受一切新奇的知识、学科和理论。这一代人在后来从事政治学教学和研究的生涯中，积极拓展学术视野和研究领域，进一步发展政治学的学科平台，并且仍然活跃在学术舞台上。但是，我们这一代人同样有着自己的缺憾和局限。由于政治学刚刚恢复，我们这一代人当年所接受的正规教育本身其实又是不"正规"的，政治学的教学体系、教学内容都不够完善，尤其是研究方法和研究手段的训练还十分欠缺，在大学求学的阶段基本上没有受到适应 20 世纪的研究方法的系统训练，因此，尽管在引进和介绍世界政治学的最新发展和研究方法的变革方面做了艰苦努力，但是学科训练的先天不足仍然在相当的程度上限制了我们这一代人对新的研究方法的直接掌握和运用。

所以，总的说来，从受教育和接受政治学的系统训练的经历来看，政治学的几代人各有自己的优势和贡献，也有各自的缺憾和局限。正是由于上述缺憾和局限，以至于中国政治学与世界政治学的对话至今仍然存在一定的隔膜和障碍。但是，我们有理由感到鼓舞的是，这种情况正在改变，这个改变就发生在你们这一代身上。参加今天这个论坛大概就是政治学的第五代吧，你们这一代人大多是在 20 世纪 90 年代接受政治学的教育和训练，政治学的学科体系和培养体系趋于成熟和完善，世界政治学的发展被更多地介绍到了国内并直接引入了教学过程。尤其是近年来，中国政治学界一批中青年积极推动研究方法的教学和训练，在此期间，国外的政治学研究方法也在发生深刻的转变，并迅速传到国内，如新制度主义的兴起很快就在国内有了相当详细的介绍，并且开始有人尝试运用新制度主义的方法来研究中国政治的问题。这表明，中国政治学与国外政治学的差距和隔膜正在缩小和消除，这种变化在这一届的论坛上就有生动的体现，从提交论文选题到研究方法、论证方法，与十多年前相比都有了很大的变化，展现出新的面貌，连开会的方式也有创新，更强调平等的探讨、坦率的交流，白天晚上都开会，少了繁琐的礼仪和客套，充分体现了新一代中国青年政治学者的风格。你们这一代人是不是也会有缺憾和局限呢？当然会有。但我也相信，只要大家能够发扬这次论坛上的平等、坦率的学术精神，这些局限和缺憾是能够由你们自己去发现、认识和克服的。因此，我希望，全国青年政治学论坛将有第七届、第八届，一届一届办下去，成为中国政治学的一个重要讲坛和对话平台，并促进中国政治学整体水平的提高。我相信，只要坚持下去，中国政治学将取得在国内国外的充分话语权，在国内能与其他学科平等地交流，在国际上能与各国的同行实现平等的、没有学术障碍的对话。

最后，我把我在第二届中青年政治学研讨会的闭幕词的一段话送给大家："我们在这里的相聚是短暂的，但友谊是永存的。我们的研讨是有限的，我们不企求在这里解决什么问题，更不能穷尽真理，对研讨会来说，交流和互相启迪就是一切。科学是无止境的，作为科学的政治学也应是无止境的，而我们对真理的追求则是永恒的。"

　　谢谢大家！

（谭君久　武汉大学政治与公共管理学院教授）

中国式民主国际研讨会综述

◎陈　刚　朱海英　付小刚　刘　伟

2009 年 11 月 14—15 日，"中国式民主国际研讨会"在风景旖旎的武汉大学举行。本次研讨会由武汉大学主办、政治与公共管理学院承办，来自美国、法国、韩国、波兰、新加坡和中国的近 60 位专家和学者出席了会议，还有武汉地区高校的师生 60 余人旁听了这次研讨会。会议进程紧凑、有序，在为期两天的研讨中，中外学者围绕相关议题展开了热烈而严肃的讨论。

与会中外学者首先就民主理论、中国式民主的基本特征和民主化的道路等问题展开了讨论。关于民主的理论和研究方法，讨论集中在民主的分析框架、民主的目的和中国民主转型的逻辑等话题。香港中文大学教授、清华大学长江学者王绍光认为，代议制民主的实质是"选主"，其弊病是整个民主实践的过程中公众的参与十分缺乏。在这种背景下，需要研究中国公民参与决策过程的趋势和特点。在他看来，公众参与决策的过程实为公众与政府的互动过程，互动机制包括政府信息公开、听取民意和吸取民智，实行民决，这四个方面具有从低到高的位阶排序，信息公开是最低的位阶，听取民意是次低的位阶，依次类推。根据这个公众参与的框架，可以认为群众路线是一种逆向参与模式。公众参与模式强调的是民众的权利，敦促决策走出去；群众路线则把民众请进来，强调干部与群众的紧密联系，群众是决策的主角，而不是决策者，这二者有异曲同工之妙。新加坡国立大学的郑永年教授认为，民主具有普世价值，在世界范围内已经不可避免，发展中国家在民主扩展中出现的问题并不能等同于民主政治本身的问题，而在于缺乏相应的制度支持。关于民主的含义，他认为民主就是一种制度安排，即政治民主，对民主的概念需要进行限制，不可泛民主化，不应把所有好的价值都贴在民主的标签下。民主适用的领域很少，仅仅是在政治领域内适用，很多领域不需要民主。政治民主就是竞争民主或者选举民主，但是，民主不等于多党制，政党只是组织竞争的方式，其他方式也可以组织竞争。来自美国俄亥俄州克利夫兰大学的谭青山教授则从有效治理的角度阐述了民主的目的，他提出，民主化并不是政府唯一值得追求的目标，基于对现有民主实践的反思，有效的治理才是政府要做的事。有效的治理不等于要一个强势政府，而是政府能够提供有效的服务，其衡量标准是回应性、绩效性、问责性、透明性、公平性及包容性、法治性、参与性。针对当前的现实，治理的重点需要从经济治理转向社会治理，例如现在很突出的环境问题。在治理的效果与成本上尤其要重视社会成本。有效治理能够减轻民主化的阵痛，推动民主化的有序发展。上海财经大学的汪庆华博士则试图从国家转型的视角来解释中国政治—经济转型的逻辑，他认为中国的现代国家建设是由执政党发起并主导的，目的是在国家的性质、职能、能力等方面做出调整，以有利于市场经济的建立和经济体制的改革。目前我国已经是一个现代行政国家和监管国家，这个基本成功的国家转型有助于增强国家能力和党的执政能力，同时也为党的领导提供了坚实的合法性基础。

关于中国式民主的性质和特点，武汉大学虞崇胜教授从三个维度进行了描述和分析，他认为，中国的民主可以概括为人民民主与党内民主、选举民主与协商民主、高层民主与基层民主三个维度。以往在选择民主发展的攻防点和突破口时，大多数学者偏重党内民主、协商民主、基层民主。这种拆分式的理解阻滞了民主的整体推进，模糊了民主的要旨。因此，要真正推进中国式民主，就必须以人民民主、选举民主和高层民主为本位。复旦大学长江学者林尚立教授则着重从政党制度探讨了中国的民主，他认为，在中国谈民主化把政党排除在外是不可能的，政党对民主生长的意义需要加以探

讨。中国现行的政党制度包括领导、合作和协商三个层面，其制度化是在改革开放后形成的。邓小平提出的多党合作制为政党执政找到了制度资源，与此同时，政党建设也以权力为核心转向以能力为核心。他指出，只有政党制度有效嵌入国家制度体系，人民民主才能得到巩固和发展。国家体系与政党制度的完善可以相互促进，政治协商是国家、政党互动的桥梁。美国卡特中心的刘亚伟研究员则认为，中国当前的民主模式还不够完整，还在不断完善，因此过多地谈论中国模式将会冻结政治改革。未来中国要深化民主，就必须坚持政治改革与经济改革并行。因此，他不赞成用"威权政府加市场经济"来概括中国式民主的内涵，也不赞成过早地将"中国模式"凝固起来加以膜拜。

关于中国民主化的进程和发展道路选择，与会专家就中国的民主化进程中的诸问题展开了讨论。吉林大学的周光辉教授和殷冬水博士在总结30年中国民主化进程的经验的基础上指出，中国政治民主化的进展，归因于坚持了经济体制改革的优先性，注重了政府责任和能力的建设，突出了民主政治发展的自主性与平衡性，通过渐进改革的方式来实现民主化的基本目标。他们认为，民主是当代中国政治发展的一个重要目标，而以民主化为取向的改革则是推动当代中国社会文明进步的内在动力。改革开放30年是中国政治民主化道路不断探索并取得稳步进展的30年，而政治民主化改革对我国经济的繁荣发展具有重要价值。南开大学朱光磊教授认为，近30年来中国的民主政治建设取得了巨大进展，但整体而言，中国民主政治的发展依然存在诸多问题，其中最突出的是地方政治发展的滞后。为了推动地方民主政治建设，需要依靠中央的大力引导与地方的主动推进；总结党政结合的经验以实现党政关系规范化；把两会机制进一步建设好；适时解决官本位的问题；扩大两票制的适用范围，在选人用人上切实做到德才兼备、以德为先。郑永年教授认为，在民主化之前，需要先完善国家制度的建设。中国已经具备民主化的动力，也找到了实行民主的路径。中国的民主包括党内民主、社会民主和宪政民主，不能只包括党内民主和社会民主，要用宪政民主来保障党内民主和社会民主的有序互动。在中国，结合自身的传统，可先挑选（selection）再选举（election），先选出好的苹果再让人们来决定用哪一个，而不是在两个坏苹果中选一个。天津师范大学佟德志教授分析了中国的政治体制改革的复合结构，他认为，中国政治体制改革主体表现为党内民主与人民民主结合、国家权力与公民社会结合等多种形式，在客体上表现为民主与法治复合、民主与经济复合、民主与文化复合等多种表现形式。这种复合结构决定了中国式民主政治建设应该采用综合推进的战略：既要注重培养民主政治的主体并发挥其能动性，又要协调好民主建设与经济发展、政治稳定以及文化发展的关系。苏州大学沈荣华教授则主要从地方政府在政治体制改革中的角色进行了分析，他认为，30年的改革开放进程伴随着地方政府角色形态、基本功能、行为模式和价值导向等方面的广泛变革。在实践中，这些变革所采取的形式各不相同。以利益调整为核心的渐进式改革形式回避了改革可能带来的激烈的摩擦成本，极大调动了地方政府的积极性，但它具有成本高积累的趋势，会导致地方政府权力约束的软化；中央统合主义的改革策略避免了地方政府改革可能带来的政治利益冲突、经济不稳定和社会震荡，但也使地方政府的创新能力和积极性受到了很大抑制；以行政力量为推动力的强制性改革手段为地方政府改革提供了强有力的外部保障供给，但会导致制度供给与制度需求之间的脱节，导致"寻租"。

在过去的 30 年里，中国的民主化进程是多层次、多方面的，与会专家分别探讨了中国式民主在诸多领域的发展。不少学者对当代中国主流民主观念的变化提出了自己的观察，武汉大学的唐皇凤副教授以问卷调查和访谈及调研样本的实证材料，通过对政治精英、基层公务员、企业人员以及一般公民政治观念的分析，对当代中国人的民主观念的变化进行了评估。他归纳了中国人的民主观的特点：第一，中国老百姓具有强烈的民主诉求，但在对民主本质与内涵的理解方面，与西方主流的民主观念之间存在较大差距；第二，中国人的民主观具有很强的民本色彩和开明专制色彩；重视民主的实质性意义，民主在很大程度上是达成有效治理的工具和手段，对民主本身，中国老百姓没有太多的内在信仰；第三，在选举问题上，中国老百姓的能力主义倾向明显增强。中国社会科学院法学研究所刘小妹博士从合法性与宪政转型的角度探讨了近代以来中国民意机制运行的历史与经验。她指出，在中国的近代化语境下，合法性来源于救亡求强的基本生存需求，权力集中在一个具有 charisma 的领袖之手，决定合法性的民意授予了"统治者"，而非内化于宪法文本中，进而导致了在中国政治生活中，对"由谁统治"的关注远远超过了"如何统治"，因此统治行为具有极大的灵活性和弹性。在议院制度中的民意表达机制因"议而不决"而失灵后，舆论中的民意表达成为合法性更替的主要推动力。不过这一民意合法性更替不是从统治者向统治规则的转化，而是从统治者甲向统治者乙的转移。将决定合法性的民意从政府转移到宪法，解决宪法本身的合法性问题，是近代中国的一个宪政理想。而培育具体的、"对事"的、既议且决的民意机制是实现这一宪政转型的可能途径。武汉大学的刘伟博士通过对 10 省 22 村调查问卷的统计分析，结合不同类型的群体性活动，着重考察了村民对村落内部事务的信任状况。他认为，一方面，村民在总体上对群体性活动尤其是涉及村落公共事务的活动信心不足；另一方面，村民对各类精英的期待与精英现实之间存在落差，村民对现有精英的信任不足，并在一定程度上期待不同类型的自生性精英出现。可以发现，村民当前的信任状况既延续了传统村落的差序特征，又潜藏着转型期村民与外部世界包括国家的新型关系的可能。这对我国的乡村治理将带来深远的影响：村落的有效治理一方面需要国家的介入，另一方面却又可能使国家的介入变成低效甚至是无效的，也就是"难以产出的村落政治"。湖南省委党校的资金星副教授则对农民工的政治参与问题给予了关注，他从政治资源的角度关注农民工的政治参与问题，他指出在当今中国社会，农民工由于受多种因素的影响，已经逐渐成为政治资源配置的"边缘人"。而农民工参与政治资源的分配是民主政治本质要求，是农民工维权的基本途径，也是维护政治稳定的有力武器，因此，需要为农民工提供文化、经济、组织和立法的保障，以建立与完善农民工参与政治资源的合理分配机制。电子科技大学叶本乾博士将中国的民主进程归纳为从"广场政治"到

"日常政治"和"人民大会堂政治"。他认为自 1919 年到 1989 年，中国的主要政治生态是"广场政治"，其具有的特点是：一是动员性，二是革命性，三是整体性。从 90 年代初起，中国共产党进一步展开了推动民主的战略部署，即走向日常政治和人民大会堂政治。具体内容就是通过基层民主和党内民主的路径选择实现人民民主，也就是通过社会民主与执政党党内民主实现政治民主化，在中国政治的时间和空间上展开中国民主化进程，进而实现中国民主的目标。

中国式民主在基层的发展是中外学者近十年来比较关注和感兴趣的一个领域，也是这次研讨会的一个重要话题。美国加州大学伯克利分校的欧博文教授对中国乡村选举进行了多年的研究，他认为，中国乡村选举的程序已经取得了极大的进步，在许多地方已经实现了较为公平自由的选举；但是农村"权力运作方式"的变化并没有能够跟上"权力获取方式"的变化。在许多村庄，乡镇政权、村党支部以及一些社会力量（如宗族、宗教团体、甚至黑社会）仍然阻碍着基层民主的运作。因此，光靠村委会选举显然不能够保证农村基层的民主治理，政治行为者的行动方式也必须加以民主化。伦敦经济学院的博士候选人罗婷则介绍了她在对广东农村选举的田野调查中所获得的发现，农民在公共表达和参加选举的时候是理性的。在经济因素与村庄民主的关系上，那种经济特别好和特别不好的村庄，其民主选举展开得都不是特别好，正是那些经济发展处在中间状况的村庄，其民主发展才相对优良。她还发现，有集体经济的村，村长连任的较少，因为竞争比较激烈；而那些没有集体经济的村庄，村长连任的则比较多。自然村的选举要比行政村的选举规范一些，行政村的选举则普遍存在贿选的现象，因而，监督机制（如理财小组）就显得非常重要。浙江海洋学院的翁志军副教授则对岱山县户代表会议的出现给予了关注，并通过个案分析探究了中国参与式民主的基层模式。他认为，正是因为当前农村村民会议这一直接民主不可行，村民代表会议这一代议制民主又存在诸多不足，才产生了户代表会议。户代表会议在民主知情、民意表达、民主监督和农村建设等方面都发挥了重要作用。岱山县的实践可以为我们思考中国参与式民主带来一些启示。

城市的社区民主是基层民主的另一个方面。美国东北大学欧苏珊教授和她指导的博士研究生饶兆斌则以业主委员会为考察对象，分析了中国城市民主的发展。他们认为，中国城市社区中业主委员会的发展揭示了基层民主发展的一种模式，作为一个特殊/公共利益集团，它构成了中国公民社会的一部分。近年来业委会的维权行动说明城市居民越来越多地认识到自己的基本权利，而在此过程中采纳的一些制度创新又有助于导向更多的社会自治，并为中国公民社会的成长奠定更强有力的基础。虽然现实中业委会的发展遇到某些障碍，还没有真正成为公民社会中的一支重要力量，但它对社区民主贡献很大，因为它在社区提供了可选择的参与和组织渠道。南京师范大学的陈辉副教授对中国城市基层民主发展的困境与路径选择作出了分析，他认为，中国城市基层民主是扎根于社区、以居民自治为核心，将直接民主与代议制民主有机结合的制度设计。在实践中城市基层民主的发展存在着困境，具有动员式民主的特征，即有序性有余，而有效性不足。要破解此种困境，需要从社区外部和内部两个方面着手，即一方面完善基层民主的外部运作机制，转变政府职能，构建服务型政府；另一方面优化基层民主的内部运行机制，立基于协商民主而建设社会资本。浙江温岭市泽国镇出现的"民主恳谈会"则引起了海峡两岸学者的共同关注。台湾大学的徐斯勤副教授则分析了温岭出现的"民主恳谈会"，他认为这是近年来中国地方政府改革最值得关注的事件，它们扩展了基层参与，推动了政府工作的透明化，减少了信息的不对称，增强了对行政部门的监督，促进了妥协和对歧异的容忍。不过，要全面评估改革的影响，我们还应聚焦于民主恳谈会对公共部门责任的积极作用，具体来说，它们有助于将公民的要求更好地输送到公共官员那里，让行政部门向立法机关承担更多的政治责任，提高地方干部的回应性，并迫使他们为其绩效作辩护。温岭市委党校的朱圣明副教授认为，浙江温岭市泽国镇通过随机抽样产生民意代表的方式来实现公民对预算过程的参与，在不少实践者和专家看来，这是一种协商民主恳谈。然而它其实是起点的抽样民主与结果的代议民主的结合，是一种既不同于古典直接民主又有异于现代代议民主的基层民主创新。它用随机抽样来保证了所有公民参政上的机会平等，又用代议民主赋予其合法性的支持。它的出现昭示了民主的多样性，丰富和发展了民主的内涵和内容。

关于中国共产党内的民主，北京师范大学施雪华教授认为，从党内民主到社会民主，是从理论和实践上证明的中国民主政治发展的有效路径之一。这是由中国共产党的领导地位与中国社会政治民主和社会民主的现实决定的。党内民主的示范效应能够有效地"拉动"社会民主，党内民主同时具有推动社会民主的功能，党内民主与社会民主的良性联动可以实现中国民主的发展。而这一路径能否成功的关键是，发现并解决党内民主到社会民主转换的相关问题。上海市委党校刘红凛副教授认为，党内民主与人民民主在层次、范围和目标上不同，民主的本质决定了二者具有价值共性，组织特性则决定了二者具有显著的特点差异。而就我国而言，二者之间是一种非直接耦合式的关联与互动关系。无论党内民主带动人民民主，还是人民民主促进党内民主，都需要借助于一定的制度平台。

来自台湾世新大学的邱志淳副教授从民主而有效的公共行政何以建立的角度，着重分析了现代政府中文官的角色，并就此对中国的文官发展提出了期待。他认为，只有具备创新性、弹性和有改革能力的政府，才能使文官的功能得到最好、最大的发挥。

从中国的传统文化中挖掘中国民主政治建设的本土资源是近年来学界讨论比较热门的一个话题。在本次研讨会上，中外学者提出了一些值得注意的分析。武汉大学张星久教授主要从现代民主理论与儒家思想的对话和冲突中，分析了儒家思想的现代意义。政治理论中对人性的预设是建立其基本理念和制度框架的基础。现代民主理论肯定每个人都有参与政治、在政治上自我实现的愿望和能力，因此赋予每个人基本的人权，给与每个公民平等的参政权利，同时对每个人的道德缺陷保持同等的警惕。而儒家思想对人性同样具有肯定和质疑的两面，儒家肯定人人皆有向善的端苗和可能，对所有人的价值、所有人的人性给与同等的肯定；但在一定程度上，对人性也具有戒慎恐惧之心。由此，现代民主理论和儒家民本思想在对于保护公民个人权利、认定民意的合法性作用，对统治者的定位和政府职能的范围等方面的内容，都存在对话与通约的可能。尽管与现代民主相比，儒家思想对人的道德的规定存在等级的区别，也缺少民治的内容和刚性、可操作的制度，但是在儒家所依托的传统社会制度、政治制度和纲常伦理体系成为历史之后，儒家民本思想中的诸多合理成分就会脱离原来的语境，成为中国民主政治的丰厚资源。在对待儒家与现代民主理论关系上，美国泽维尔大学白彤东副教授对"从儒家思想中导出民主观念"的观点提出了质疑。根据罗尔斯的重叠共识理论，白彤东副教授认为儒家可以在不背离本身的基本观念的情况下对民主与人权有一番与当今通行解释不同的解释。他从孟子的思想出发，建立了一个回应当代主流政治价值下的儒家的理想制度的框架，即"孔氏中国"。第一，"孔氏中国"认可并牢固地建立起法治和基于法治之上的人权；第二，在"孔氏中国"里，政府应对人民的物质和精神需要负责。第三，在具体政制上，主张采取一个德制或家长制与民主制混合的制度，设立元老院和贤士院。这个制度设计试图把民意削减到咨询的角色，以抑制当代民主社会里过度民粹化的倾向，并试图在民主制与精英制之间找到一条中庸之道。海南大学李英华教授则从宗教的角度分析中国传统中可利用的文化资源。他认为古代中国存在着"敬天"和"祭祖"的宗教活动。"天祖教"是属于一种无形、无名的国教，它决定了中华政教文明的基本内容与核心价值。在中华政教文明中蕴涵一种"三维合法性"的政治理念，由敬天而"奉天"，由尊祖而"法古"，由重社稷而"爱民"（或"重民"）。这对于今日"中国式民主"建设具有重要意义。来自台湾交通大学的王冠生博士将儒家思想与当代西方主流价值的内部争论进行对照，进一步凸显儒家社会发展民主政治的路径。他认为儒学是介于自由主义与社群主义之间的理论，并不完全符合任何一方。在强调人格尊严与证成普遍的道德原则上，儒学与自由主义立场一致；然而在讨论个人与社会的关系时，儒学较接近于社群主义。不过，由于儒学与自由主义、社群主义各有一些兼容之处，因此儒学自由主义与儒学社群主义皆是合理的理论。此外，由于儒学自由主义与儒学社群主义都同意立宪政府与儒家伦理，因此他认为儒家社会在发展民主政治的过程中，应先立基于自由主义，建立宪政体制、保障基本人权，再辅之以东方社会所强调的传统价值、社群伦理、道德修养，进而发展出结合自由主义与社群主义特长的儒家式民主。

在关于民主的研究中，民主模式的多样性一向是学界广泛关注的问题，而中外学者在本次研讨会的相遇为探讨民主模式的多样性以及不同模式之间相互借鉴提供了很好的机会。台湾大学的赵永茂教授以"台湾民主发展模式及其转型"为题介绍和分析了台湾的民主化过程，他谈到，中国台湾地区 1949 年后实施的地方自治提供了台湾地区社会精英争取地方政治权力的制度性管道，引发了政治参与热潮，并使台湾民众培养出一定程度的自治能力，发展出更自主的公民意识。此后数十年间台湾的政党政治逐渐向多元竞争方向发展，这反映了高度的民间活力，也形成了台湾公民社会成长的有力根基。不过，在威权转型的同时，台湾的民主化巩固也面临着如何建立政权机器与公民社会之间良好的协力机制的问题，对此台湾必须发展能够整合政府与民间社会资源以促成合作关系的治理型政府，而其他华人社会可以从台湾特有的民主发展模式中吸取有益的经验参考。深圳大学吕元礼教授分析了新加坡民主政治建设的经验，他认为新加坡式的民主是由三个方面的要素构成的，即英国的制度、东方传统和共产党的优良作风。英国的制度主要包括所沿袭的议会制民主模式、一人一票、司法独立原则及多党竞争等，体现的是让民做主；东方传统主要指东亚价值观，表现为托管式的做法和为民做主；共产党的优良作风表现为革命式民主和任民做主。与西方把政府看做"必要的恶"不同，新加坡政府被视为是"必要的善"。法国国家科学研究中心甘伯纳教授比较了法国和中国中介组织在民主表达中的作用，他认为，应该用多种视角去看待不同国家的不同的民主表达方式和民主的建造方式，并通过具体的事实来衡量民主。中间体组织在建立民主体制过程中具有重要作用，例如在今天法国政治生活中构成其民主活力的因素就是中间体组织的介入。不过在基层建立起来的中间体组织的构成方式是多样的，中国

浙江省经济领域的中间体组织经历了自然产生、有组织活动、与政府协商而逐渐被接纳并最终得以推广的过程，这其中反映出中国民主模式的一种独特性。波兰弗罗茨瓦夫斯大学的维克多教授介绍和分析了波兰民主发展现状及其发展前景，他指出，波兰民主具有悠久的历史，其来源可以追溯到 16 世纪至 17 世纪的两院制贵族议会民主。近代以来，波兰民主制度受法国议会制和选举制度的影响很大，并在波兰第一共和国（1880—1939 年）时期建立了代议制民主。1944 年，波兰建立苏联模式的社会主义制度后仍然保留了议会制民主传统，但是实行一院制。在当时的情况下，统一工人党实行了多党合作，在十次大选中都占据明显的主导地位，人民民主得到了较大发展，但也存在着严重的形式主义。1989 年波兰社会主义制度解体后实行了两院制、多党制和半总统制。但是，波兰由于经济因素，民主的发展并不理想，总统大选的投票率只有55% ~ 60%，议会选举更低于 50%。同时，统一工人党被解散，共产党人遭到迫害。国家的经济状况也很糟糕，失业率很高，居民的收入下降，社会福利和社会保险减少甚至取消。因此，很多人都在思考波兰的民主究竟应该怎样发展的问题。韩国高丽大学李正男教授认为，从最近中国领导人有关民主的论述可以看出，现今的中国政府开始把民主看做是一种跨越阶级和体制的共适性价值，而不仅仅是一种阶级统治，它强调中国应在自身的历史和当前的现实基础上创建一种不同于西方的中国式民主模式。不过，从实践来看，中国式民主理论的出现更多地反映出中国在试图优化党领导的政府结构及实现治理方式的理性化，以应对改革之后的经济社会变革。未来的中国仍将坚持在中国共产党的领导下实行稳定和渐进的政治变革，仍将维持既有的人民民主模式，并维护强有力的中国共产党对民主化过程的控制。新加坡国立大学薄智跃批驳了一些西方学者采用西方政治学通用的标准来衡量中国的政治体制并认为中国政治发展的唯一出路是建立西方式的民主制的观点。他指出，一个政权是否具有正当性，取决于人民是否接受该政权。他通过分析各国领导人的威望、人民对本国政策的满意度，从而为中国政权的正当性进行了辩护。另一方面，薄智跃教授也对中国国内有人认为"中国已经实现民主化"等一些阻碍民主化进程的观点进行了剖析。他认为，中国目前的政治制度还不是完全的民主化，因此，当前中国的民主政治建设仍然有待加强，而中国的民主化发展应当建立在中国的现有体制上。未来的中国民主模式应当有三个特点：依法治国；中国共产党应当在宪法的框架下作为一个执政党运作；完善人民代表大会制度。

（陈刚　武汉大学政治与公共管理学院讲师）
（朱海英　武汉大学政治与公共管理学院讲师）
（付小刚　武汉大学政治与公共管理学院讲师）
（刘伟　武汉大学政治与公共管理学院副教授）

《珞珈政治学评论》征稿启事

《珞珈政治学评论》由武汉大学政治与公共管理学院主办，武汉大学出版社出版，每年出版 1~2 卷。本《评论》通过刊登政治学各学科的基础性、前沿性和独创性的学术研究成果及其相应的科研文献资料，为国内政治学界提供一个具有特色的理论研究与学术交流的平台。

一、征稿内容

《珞珈政治学评论》刊载如下有关内容：政治学理论与方法；政治文明与政治发展；政治理论与实践；政治思想与政治文化；比较政治与政治制度；国际政治与国际关系，等等。

二、来稿要求

1. 论文稿件字数一般在 10000~15000 字为宜。其他稿件可根据具体情况确定字数。

2. 来稿中请注明作者的单位、职称、学位、研究方向、联系电话、通讯地址、邮政编码和电子邮箱，便于联系。

3. 来稿需附上摘要（300 字以内）和关键词（3~5 个）。

4. 来稿请附上英文标题。

5. 来稿请采用"页下脚注"的注释方法，且每页重新连续编号。例如，第 1 页①、②、③，第 2 页则另起①、②、③。所引用文献的具体要求是：

（1）中文专著或主编类，应当如：何平：《中国传统政治思维探源》，天津人民出版社 2003 年版，第 49 页；徐大同：《20 世纪西方政治思潮》，天津人民出版社 1991 年版，第 411 页。

（2）中文论文集类，应当如：卢风：《处于国家和个体张力中的人权》，载李鹏程等主编：《对话中的政治哲学》，人民出版社 2004 年版，第 88 页。

（3）中文论文类，应当如：褚松燕：《公民资格定义的解释模式分析》，载《天津社会科学》，2002 年第 3 期，第 50 页。

（4）中文译著类，应当如：〔美〕布坎南等：《原则政治，而非利益政治——通向非歧视性民主》，张定淮等译，社会科学文献出版社 2004 年版，第 1 页。

（5）中文报纸类，应当如：傅达林：《"红头文件"应当接受法律审查》，载《工人日报》，2002 年 1 月 17 日，第 2 版。

（6）中文辞书类，应当如：《辞海》，上海辞书出版社 1979 年版，第 35 页。

（7）引用原版外文著作，应遵从该文种的注释习惯。

（8）引用互联网文献，应当按格式注明文献、详细网址及访问时间。

6. 本刊反对抄袭，来稿文责自负，请勿一稿多投。

三、投稿方式

1. 电子邮件投稿。投稿信箱：

chengangwuhan@ yahoo. com. cn （陈刚）

2. 纸质文稿投稿。

投稿通讯地址：湖北省武汉市武昌珞珈山，武汉大学政治与公共管理学院

收件人：陈刚

邮编：430072；电话：13396075602

《珞珈政治学评论》编委会